古典文獻研究輯刊

三六編

潘美月・杜潔祥 主編

第3冊

群書校補（三編）
——出土文獻校補（第一冊）

蕭　旭　著

國家圖書館出版品預行編目資料

群書校補（三編）——出土文獻校補（第一冊）／蕭旭 著 --
初版 -- 新北市：花木蘭文化事業有限公司，2023〔民 112〕
目 4+224 面；19×26 公分
（古典文獻研究輯刊 三六編；第 3 冊）
ISBN 978-626-344-261-0（精裝）
1.CST：古籍 2.CST：校勘
011.08   111022048

古典文獻研究輯刊
三六編 第 三 冊   ISBN：978-626-344-261-0

群書校補（三編）
——出土文獻校補（第一冊）

作　　者　蕭旭
主　　編　潘美月、杜潔祥
總 編 輯　杜潔祥
副總編輯　楊嘉樂
編輯主任　許郁翎
編　　輯　張雅淋、潘玟靜　美術編輯　陳逸婷
出　　版　花木蘭文化事業有限公司
發 行 人　高小娟
聯絡地址　235 新北市中和區中安街七二號十三樓
　　　　　電話：02-2923-1455／傳真：02-2923-1452
網　　址　http://www.huamulan.tw 信箱 service@huamulans.com
印　　刷　普羅文化出版廣告事業
初　　版　2023 年 3 月
定　　價　三六編 52 冊（精裝）新台幣 140,000 元　　版權所有·請勿翻印

群書校補(三編)
——出土文獻校補(第一冊)

蕭旭 著

作者簡介

蕭旭，男，漢族，1965 年 10 月 14 日（農曆）出生，江蘇靖江市人。南京師範大學客座研究員，曾任常州大學兼職教授。中國訓詁學會會員，中國敦煌吐魯番學會會員，江蘇省語言學會理事。無學歷，無職稱，無師承。竊慕高郵之學，校讀群書自娛。出版學術專著《古書虛詞旁釋》《群書校補》《群書校補（續）》《淮南子校補》《韓非子校補》《呂氏春秋校補》《荀子校補》《敦煌文獻校讀記》《史記校補》《道家文獻校補》凡 10 種，都 750 萬字。在海內外學術期刊發表學術論文 140 篇，都 230 萬字。

提　　要

　　乾嘉以還，學者校理古籍，將文字學、訓詁學、校勘學研究成果以札記形式集錄成書，亦已尚矣。其著明者有王念孫《讀書雜志》、王引之《經義述聞》、盧文弨《群書拾補》、洪頤煊《讀書叢錄》、俞樾《群經平議》《諸子平議》、孫詒讓《札迻》等。余慕高郵之學，居新時代，做舊學問，近四十年來，校書百種，所作札記近千萬字。《群書校補》已於 2011 年出版，《群書校補（續）》於 2014 年出版，此則《群書校補（三編）》也。

　　本書所收錄諸篇，傳世文獻的經史子集，出土文獻的秦漢簡帛，皆有所涉及。我以「考本字、探語源、尋語流、破通假、徵方俗、系同源」的治學理念貫穿整個研究過程，尤致力於探語源、系同源，考釋《爾雅》、《方言》、《說文》、《釋名》、《慧琳音義》、《玉篇》、《廣韻》、《龍龕手鑑》中的難字難義，即以此法，此有異於時下流行的比列字形、歸納文例者也。群書有未及通校者，或已通校而有剩義者，以單篇札記形式寫出，彙為「三餘讀書雜記（續）」。書末有二篇書評，非欲攻訐時賢，實欲說真話耳。

目

次

出土文獻校補

《周家臺 30 號秦墓簡牘》校補

　　《周家臺 30 號秦墓簡牘》，收錄於《關沮秦漢墓簡牘》，中華書局 2001 年版。又收錄於陳偉主編《秦簡牘合集（三）·周家臺秦墓簡牘》，由劉國勝、彭錦華撰著，武漢大學出版社 2014 年出版。本文以前者為底本作校補，引用前者說法稱作「整理者注」，引用後者說法稱作「新注」。

（1）求斗術曰：以廷子為平旦而左行，數東方平旦以雜之，得其時宿，即斗所乘也（《日書》，P117）

　　整理者注：廷，直也，此處意為正值。雜，合也。

　　新注：雜，周匝。《淮南子·詮言訓》高誘注：「雜，匝也。」（P35）

　　按：《淮南子·詮言篇》為許慎注。雜，當徑讀為帀（匝）。

（2）凡小礜（徹）之日，利以行作、為好事。取（娶）婦、嫁女，吉。氏（是）謂小礜（徹），利以羈謀（《日書》，P120）

　　整理者注：羈，讀為奇，古音同。

　　新注：羈，方勇（2009A）：應該通假為「寄」字，表示托人代為做什麼事情的意思。謀，方勇（2009A）：應讀為「媒」字。「羈謀」讀為「寄媒」，即託人說媒。（P38）

　　按：方勇之說早見於 2007 年〔註1〕。羈，讀為寄，指寄留。「謀」讀如字，指謀事。「羈謀」指二事而言，當點作「羈、謀」。睡虎地秦簡《日書》

_____

〔註1〕方勇、侯娜《讀秦漢簡札記四則》，《古籍整理研究學刊》2007 年第 4 期，第 41 頁。

乙種：「閉日，可以蓋臧（藏）及謀，毋（無）可有為也。」「謀」即指謀事。

（3）已腸辟（《病方及其他》，P126）

整理者注：腸辟，也作「腸澼」，《素問・通評虛實論》記有「腸辟便血」、「腸辟下白沫」和「腸辟下膿血」三種病候，即痢疾。

按：「腸辟」亦見張家山 247 號墓漢簡《脈書》第 9 簡、《引書》第 49 簡、《蓋廬》第 44 簡，又見《居延漢簡》462.1、504.9 及阜陽漢簡《萬物》W075。「辟」取衰僻為義，作「澼」者，謂水穀往來之道有邪熱不能順暢〔註2〕。《證類本草》卷 23、27 又作「腸癖」。

（4）善布清席（《病方及其他》，P128）

按：清，讀為凊、瀞，俗字或作儬、凔。《集韻》：「瀞、儬，冷也。吳人謂之瀞，或從人。亦作凔。」〔註3〕清席，今吳語稱作「涼席」。

（5）病心者，禹步三，曰：「皋！敢告泰山，泰山高也，人居之，□□之孟也。人席之，不智（知）歲實。」（《病方及其他》，P131）

新注：孟，王貴元（2009）：排行最大的。今按：疑當讀為「猛」。《說苑》卷 10：「虎豹為猛，人尚食其肉、席其皮。」「之孟」上一字，看字形輪廓似為「孤」。（P63）

按：當點作：「敢告泰山，泰山〔之〕高也，人居之。□□（虎豹）之孟（猛）也，人席之。」劉國勝等已訂其讀。「高也」上脫「之」字。缺文補「虎豹」或「虎狼」二字。讀孟為猛，是也。馬王堆帛書《稱》：「虎狼為孟（猛），可揗（馴）。」為，猶雖也〔註4〕，《意林》卷 3 引《說苑》作「虎豹雖猛，人食其肉」。「之孟」亦猶言雖猛也〔註5〕。《荀子・王制》：「故虎豹為猛矣，然君子剝而用之。」《淮南子・兵略》：「今夫虎豹便捷，熊羆多力，然而人食其肉而席其革者，不能通其知而壹其力也。」此簡言泰山雖高，但人可居之；虎豹雖猛，但人可席其皮也。

〔註2〕參見《六書故》卷 8「僻」字條。
〔註3〕參見蕭旭《〈世說新語〉吳方言例釋》，收入《群書校補》，廣陵書社 2011 年版，第 1381 頁。
〔註4〕參見蕭旭《古書虛詞旁釋》，廣陵書社 2007 年版，第 42 頁。
〔註5〕「之，猶雖也」，參見王叔岷《古書虛字新義》，聯經出版事業公司 1978 年版，第 110 頁；又參見徐仁甫《廣釋詞》，四川人民出版社 1981 年版，第 454 頁。

（6）禹步三，汲井，以左手袤〈牽〉繘，令可下免癭（甕）（《病方及其
他》，P131）

整理者注：繘，《方言》卷 5 郭璞注：「汲水索。」免，《廣雅》：「脫也。」

王貴元曰：免，通「挽」，義為牽拉〔註6〕。

方勇曰：其中的「袤〈牽〉」字應從衣從弔（或叔）形，而不從矛形，
應隸定為「袠」或「褏」。「牽」字在秦簡中字形應分析為從衣、矛、牛諸偏
旁……整理者讀為「牽」，應該是能說得通的……所從的「弔」或者說「叔」
形應該是「矛」旁的進一步訛形〔註7〕。

方勇又曰：其中「袤」字，紅外線圖版作「　」形，應隸定為「　」形，
即此形中間部分的「弔」字左側還有一個小小的口旁。其所從「呷」形即是
「弔」字，「　」形即是「衷，或可讀為「佻」，表示懸吊之義。簡文中「以
左手　（衷）繘」即是以左手懸吊井繩之義〔註8〕。

新注：「袤」疑當讀如字，訓為延。「袤繘」是向下延伸汲水索的意思。
免，王貴元（2009）云云。（P65）

湯志彪曰：應該隸作「衷」（或「褏」），在此當讀作「縮」，訓作「綸」或
「抽」〔註9〕。

按：王氏讀免為挽，是也，本字作輓，「挽」則是俗字。「袠（衷）」字無
考，整理者隸定作「袤」或不誤。袤，讀為縶。《玉篇殘卷》引《埤蒼》：「縶，
縛也，益州云。」P.2011 王仁昫《刊謬補缺切韻》、《廣韻》、《集韻》並云：
「縶，縛也。」是「縶」有束縛義。《說文》：「𨊠，車軸束也。」又「槷，車
歷錄束交也。」《玉篇》：「𨊠，曲轅束也，亦作槷。」「歷錄」即「轣轆」，指
圓形的車軸。束縛車軸的皮繩謂之𨊠（槷），與「縶」同源。簡文言以左手束
縛汲水的繩索，使之可向下牽引吊水的甕。王寧讀袤為繆，訓纏繞、絞合，
舉上博簡（五）《鬼神之明》把「秦穆（繆）公」寫作「遙孟公」為證〔註10〕，

〔註6〕 王貴元《周家臺秦墓簡牘釋讀補正》，《考古》2009 年第 2 期，第 72 頁。原載
簡帛網 2007 年 5 月 8 日。又見王貴元《簡帛文獻字詞研究》，中國社會科學
出版社 2020 年版，第 170 頁。

〔註7〕 方勇《讀關沮秦簡札記四則》，《中國國家博物館館刊》2012 年第 12 期，第 74
～75 頁。

〔註8〕 方勇《讀關沮周家臺秦簡札記一則》，簡帛網 2015 年 12 月 22 日。

〔註9〕 湯志彪《讀關沮秦漢簡牘札記五則》，《出土文獻與學術新知學術研討會暨出土
文獻青年學者論壇論文集》，吉林大學 2015 年 8 月 21～22 日，第 126 頁。

〔註10〕 參見李家浩、楊澤生《談上博竹書〈鬼神之明〉中的「遙孟公」》，《簡帛》第 4

亦備一說，附識於此。如其說，本字作「摎」，亦束縛、絞纏義。

（7）左操杯，鯖瓹（甕）水（《病方及其他》，P131）

整理者注：鯖，疑讀作清，澄也。

王貴元曰：甕水是從井中打出的水，不必澄清，而且若釋為「清」，則與前一句「左操杯」文意不能聯貫。鯖，疑通「倩」，借取也。「左操杯，鯖甕水」，即左手拿杯從甕中取一杯水〔註11〕。

按：王氏說釋為「清」與「左操杯」文意不聯貫，是也，但取水不能說成借取的「倩」。當「左操杯鯖甕水」六字作一句讀。鯖，亦讀為清、瀞。《玉篇》：「鯖，倉經切，又音征。」此當音征。段玉裁曰：「瀞，吳人謂冷也。今吳俗謂冷物附他物，其語如鄭國之鄭，即瀞字也。」〔註12〕段說是也，但不全面。吳俗謂以熱的東西浸於冷水中使之冷卻亦曰瀞，音鄭。如云「粥太燙，放冷水中瀞一瀞」，指把裝熱粥的容器浸於冷水中使之冷卻。章太炎曰：「《說文》：『清，寒也。』七正切。福州謂寒為清，若通語言冷矣。」〔註13〕福州謂寒為清，當亦是古吳語之遺存。剛吊上的井水，自是冷水。左操杯鯖甕水，謂以左手操杯瀞於甕水中並取出一杯井水。王寧說「鯖」讀為「盛」，「誠」與「請」、「情」通假，是其例，亦備一說，附識於此。

（8）取大白礜，大如母（拇）指，置晉斧（釜）中，涂而燔之（《病方及其他》，P135）

整理者注：晉，讀作煎，火乾也，熬也。斧，讀作釜。

按：劉國勝等（P76）、白于藍皆取整理者說〔註14〕。「斧」讀如字。《易·旅》：「得其資斧。」馬王堆帛書《周易》、《昭力》並作「溍斧」，漢石經作「齊斧」。《易·巽》：「喪其資斧。」帛書本《周易》亦作「溍斧」，漢石經、《漢書·王莽傳》引俱作「齊斧」。「晉斧」即「溍斧」，亦即「資斧」、「齊斧」也。

輯，上海古籍出版社 2009 年版，第 177～185 頁。

〔註11〕王貴元《周家臺秦墓簡牘釋讀補正》，簡帛網 2007 年 5 月 8 日。又刊於《考古》2009 年第 2 期，第 72 頁。又見王貴元《簡帛文獻字詞研究》，中國社會科學出版社 2020 年版，第 170 頁。

〔註12〕段玉裁《說文解字注》，上海古籍出版社 1981 年版，第 563 頁。

〔註13〕章太炎《新方言》卷 7，收入《章太炎全集（7）》，上海人民出版社 1999 年版，第 119 頁。

〔註14〕白于藍《戰國秦漢簡帛古書通假字彙纂》，福建人民出版社 2012 年版，第 843 頁。

齊，整肅也，莊敬也，後出字亦作齋，音轉則作「資」。斧有肅殺之威，故稱作「齊斧」。簡、帛作「晉」、「濇」，又「資」字音轉，亦「齊」字音轉。晉（濇）斧，泛指斧耳〔註15〕。

（9）肥牛，善食之，而歙（飲）以餗，一月已（《病方及其他》，P135）

整理者注：肥牛，即使牛肥壯之術。餗，疑讀為沫，當指雨潦之水。

方勇曰：「餗（秣）」應該用為本字。「秣」字，《說文》曰：「飤曰穀也。」（引者按：《說文》原文作「秣，食馬穀也」。）本義是指餵養牛馬的穀物或者飼料〔註16〕。

湯志彪曰：餗當讀作秣，「秣」字見於《說文》，是「鬻」字或體。《說文》：「鬻，涼州謂鬻為鬻。」《玉篇》：「秣，糜也。」《廣韻》：「秣，糜也。」《慧琳音義》卷27：「秣，粥糜也。」〔註17〕

按：劉國勝等（P76）兼取整理者及方勇說，無所按斷。飲牛以雨潦而使之肥壯，不合於常理。湯志彪說是也，「餗」當是「秣」異體字〔註18〕。《說文》：「鬻，涼州謂鬻為鬻。從弼糜聲。秣，鬻或省從末。」（徐鍇《繫傳》本「鬻」作「糜」）。《廣雅》：「秣、粥、粹、糜、饘也。」P.2011 王仁昫《刊謬補缺切韻》：「秣，糜也。」字亦作糏，《說文》：「糏，麩也。」（大徐本「麩」誤作「麩」。）米粥謂之秣、糏，麥粥謂之麩，其義一也。豆粥亦謂之秣。其語源都是「末」，取細末、細粉為義。簡文言飲牛以粥糜也，特不知是米粉還是麥粉或豆粉製作的粥糜。

（10）以給、顛首、沐汩歃，並，參（三）熅（溫）煮之（《病方及其他》，P135）

整理者注：「歃」字疑從「界」。

方勇錄作「沐浥歃」，云：整理者、《簡帛醫藥文獻校釋》、《秦簡牘合集（叁）》都無說解。歃，此字可分析為從竹、從佃或甸，如何解讀，仍待考。

〔註15〕參見蕭旭《馬王堆帛書〈周易〉經傳校補》，唐山師範學院《中文研究集刊》2018 年第 1 期，社會科學文獻出版社 2018 年 12 月出版，第 105～108 頁。
〔註16〕方勇《秦簡札記四則》，《長春師範學院學報》2009 年第 3 期，第 65 頁。
〔註17〕湯志彪《讀關沮秦漢簡牘札記五則》，《出土文獻與學術新知學術研討會暨出土文獻青年學者論壇論文集》，吉林大學 2015 年 8 月 21～22 日，第 128 頁。
〔註18〕本文首發於復旦古文字網站 2015 年 8 月 26 日，其時尚未見湯志彪文，余說「餗」當是「秣」異體字與湯君暗合，今改作湯說。

按照我們的理解將簡文作如下句讀：「以給、顛首、沐浞歃，並參（三）熅（溫）煮之。」「給」字疑讀為「及」字，「及」又可讀為「芨」，《說文》：「芨，堇草也。」《爾雅》：「芨，堇草。」郭璞注云：「烏頭苗也。」其又名「蒴藋」，《本草綱目》記載其氣味「酸，溫，有毒」，主治「風瘙隱疹，身癢濕痹，可作浴湯」。「顛首」一詞，《簡帛醫藥文獻校釋》一書指出其又見於阜陽漢簡《萬物》第66號簡，當是藥物名，但具體所指不明，且懷疑關沮秦簡的「顛首」是指頭微微抖動、搖曳（周祖亮、方懿林《簡帛醫藥文獻校釋》，學苑出版社2014年版，第37～38頁）。陳劍認為「顛首」應是藥物名。我們認為「顛首」為藥名是正確的，但具體所指仍需考證。「沐浞歃」的「沐」可以是動詞詞性，表示濯髮之義。同時「沐」又可指米潘，即淘米水。《史記‧外戚世家》：「丐沐沐我。」司馬貞《索隱》：「沐，米潘也。」「浞」字，《說文》曰：「濡也。」《廣雅》：「漬也。」總之，我們認為簡文可能是將「給（芨）」、「顛首」、「沐」等藥物去漬濡「歃」（或者考慮「沐浞歃」皆為藥物名），並且進行煮液處理〔註19〕。

按：方君說「歃」字分析為從竹從佃，「給」、「顛首」是藥物名，讀給為芨，可取。但方君「沐浞」二字拆分後單獨從字書取義，則其義支離。當「以給、顛首、沐浞歃並」句，「以」是介詞，「歃並」是動詞，「給」、「顛首」、「沐浞」是三物名。馬王堆一號墓竹笥木牌有「僕粿笥」，一號墓竹簡遣冊有「僕遪一笥」，唐蘭說「僕遪」是「餢飳」、「麷麳」變音，亦即唐宋時的麵食「餺飥」〔註20〕；《長沙馬王堆漢墓簡帛集成》引一號墓報告說略同〔註21〕。我另文考證，唐說不合，「餢飳」與「餺飥」是二物〔註22〕。「僕遪」又是另一語源，疑即「糒糫」，亦即「糒糗」，指炒焙的米粉或麥粉〔註23〕。「沐浞」疑即「僕遪」、「僕粿」音轉。歃，讀為實、填，《慧苑音義》：「周匝填飾：賈注《國語》曰：『填，加也。』言加之以飾，又或宜作鈿，音與填同。」《慧琳音義》卷22轉錄同。《慧琳音義》卷11：「廁填：賈逵注《國語》云：『填，加也。』《廣

〔註19〕方勇《讀秦簡札記（二）》，簡帛網2015年8月23日。
〔註20〕唐蘭《長沙馬王堆漢軑侯妻辛追墓出土隨葬遣策考釋》，《文史》第10輯，1980年版，第18頁。
〔註21〕《長沙馬王堆漢墓簡帛集成》第6冊，中華書局2014年版，第191～192頁。
〔註22〕參見蕭旭《麵食「餺飥」、「餢飳」、「蝎餅」名義考》。
〔註23〕參見蕭旭《馬王堆〈一號墓竹簡遣冊〉校補》。

雅》：『填，塞也。』鄭注《禮記》云：『填，滿也。』」《廣韻》：「填，塞也，加也，滿也。」三義相因，簡文取加義。「填並」是加合、混合義。

清華簡（五）校補

清華簡（五）收錄《厚父》、《封許之命》、《命訓》、《湯處於湯丘》、《湯在啻門》、《殷高宗問於三壽》六篇文獻〔註1〕，茲據整理者釋文注釋作校補。

一、《厚父》校補

（1）王監劼〈嘉〉練（績）

整理者曰：監，視也。練，即「績」，功業也。「劼」為「嘉」字省變。（P111）

按：王寧曰：「所謂『劼績』當即《酒誥》所說的『劼毖殷獻臣』之績，『劼』是『劼毖』的省語。」〔註2〕子居曰：「『劼』當讀為原字。《說文》：『劼，慎也。』練，當是『絲』字，讀為跡。」〔註3〕白于藍等曰：「劼，當讀作懿，美、大之義。」〔註4〕高佑仁曰：「『劼』應即今語的謹慎、努力、勤奮等正面意涵。」〔註5〕「劼」讀如字，勤苦用力也。參見清華簡（八）《攝命》校補〔註6〕。練、績、跡三字語源同，皆言積也。

〔註1〕李學勤主編《清華大學藏戰國竹簡（五）》，中西書局 2015 年版。

〔註2〕王寧《清華簡五〈厚父〉之「厚父」考》，簡帛網 2015 年 4 月 30 日。

〔註3〕子居《清華簡〈厚父〉解析》，清華大學出土文獻網站 2015 年 4 月 28 日。下引其說亦出此文。

〔註4〕白于藍、吳祺《清華簡〈厚父〉校釋四則》，《簡帛研究》2016‧秋冬卷，廣西師範大學出版社 2017 年版，第 8 頁。

〔註5〕高佑仁《〈清華伍〉書類文獻研究》，萬卷樓圖書股份有限公司 2018 年 4 月版，第 46 頁。

〔註6〕拙文曾以《清華簡（八）〈攝命〉校補》發佈於復旦古文字網站 2018 年 12 月 7 日；又以《清華簡〈攝命〉詞語考釋》為題提交上海大學 2019 年舉辦的「清

（2）肆女（如）其若龜筮之言亦勿可迬（專）改

整理者曰：迬，即「遱」字。遱，讀為專。《廣雅》：「專，擅也。」（P114）

按：某氏曰：「遱疑當讀為轉，與『改』義近連用。」〔註7〕某氏曰：「遱讀為斷或轉，訓為棄。當然，讀『轉』，訓更、徙也是可以的。」〔註8〕整理者說可通。又疑迬讀為楇。《說文》：「楇，一曰剟也。」楇、剟一聲之轉，謂削除、除去。字亦作揣，《廣雅》：「揣，除也。」

（3）引（矧）其能丁良于者（友）人，廼洏（宣）弔（淑）氒（厥）心。

整理者曰：丁，《說文》：「夏時萬物皆丁實。」丁良，約相當於「良實」。簡文中為形容詞使動用法。（P115）

按：王逸清、劉力耘曰：「丁良，讀為『貞良』。」〔註9〕鵬宇說同〔註10〕。黃國輝曰：「丁有強、壯之意。《釋名·釋天》：『丁，壯也。』《白虎通·五行》：『丁強猛衛其外。』丁、強同義聯用。良，當是善賢之意。」〔註11〕子居曰：「當於『丁』字後斷句。丁當讀為顛，顛即倒。《厚父》這裏是以反問句的方式提出本末不能倒置。『良于友人』當是指司民待民應該比民的友人還親近。」連劭名曰：「丁，當也。當，合也。良，善也。」〔註12〕黃國輝說「丁」訓強壯，是也。《論衡·無形篇》：「身氣丁彊。」丁之言當，言當壯年〔註13〕，因而有彊義，指體格而言。良讀作彊。

華簡《攝命》研究高端論壇」，此說見《論文集》第92頁。其時尚未得見高佑仁說。新見連劭名亦訓「劫」為勤勞。連氏說見《清華大學藏楚簡〈厚父〉與〈說命〉新證》，《文物春秋》2002年第2期，第26頁。

〔註7〕「暮四郎」說，《清華簡五〈厚父〉初讀》，簡帛網2015年4月10日。下引省稱作《初讀》。

〔註8〕「蚊首」說，《初讀》，簡帛網2015年4月14日。

〔註9〕清華大學出土文獻讀書會《清華簡第五冊整理報告補正》，清華大學出土文獻網站2015年4月8日。

〔註10〕鵬宇《〈清華大學藏戰國竹簡（伍）〉零識》，清華大學出土文獻網站2015年4月10日。

〔註11〕黃國輝《清華簡〈厚父〉補釋》，復旦古文字網2015年4月27日。《潛夫論·實邊》「丁彊武猛衛其外」，黃君錯其出處，又奪「武」字。

〔註12〕連劭名《清華大學藏楚簡〈厚父〉與〈說命〉新證》，《文物春秋》2002年第2期，第29頁。

〔註13〕參看黃生《義府》卷下，黃生、黃承吉《字詁義府合按》，中華書局1954年版，第177頁。

二、《封許之命》校補

（1）向（尚）屖（純）氒（厥）悳（德）

整理者曰：屖，即「晨」字，與「純」同為禪母文部，此指文王之德。《詩・維天之命》：「於乎不顯，文王之德之純。」（P119）

按：馬楠曰：「屖疑當讀為祗，訓為敬。《皋陶謨》『日嚴祗敬六德』，《夏本紀》作『振敬』。」〔註14〕某氏曰：「屖當讀為慎。《墨子・非命下》：『禹之總德有之曰……不慎厥德，天命焉葆？』」〔註15〕蘇建洲曰：「屖讀為振即可，《夏本紀》作『日嚴振敬六德』。《孟子・滕文公上》：『勞之來之……又從而振德之。』向讀為廣，或是讀為響。」〔註16〕子居從蘇說〔註17〕。張富海曰：「『純厥德』、『祗厥德』意皆可通，讀為『祗』的可能性更大。疑此『向』字讀為『竟』。『竟』與『純』（或『祗』）並列。竟，強也。」〔註18〕高佑仁曰：「『向』讀為『尚』是比較理想的說法，訓為重視、崇尚。『屖』讀為『祗』可能會是比較適切的說法。」〔註19〕蘇說未允，所引《史記》「振敬」乃「祗敬」之借字，所引《孟子》「振德之」猶言振之德之（「德」是動詞），皆與簡文無涉。某氏讀屖為慎，是也。《書・五子之歌》：「弗慎厥德，雖悔可追？」又《旅獒》：「明王慎德，四夷咸賓。」慎厥德，猶言慎修其德。向，讀為常。《說文》謂「尚」從向得聲。古陶文有人名「陳向」，唐蘭說即《史記》之「田常」〔註20〕。

（2）諗（憃）光氒（厥）剌（烈）

整理者曰：諗，讀為憃，《說文》：「慎也。」光，《詩・韓奕》鄭箋：「榮

〔註14〕清華大學出土文獻讀書會《清華簡第五冊整理報告補正》，清華大學出土文獻網站2015年4月8日。

〔註15〕「暮四郎」說，《清華簡五〈封許之命〉初讀》，簡帛網2015年4月10日。下引省稱作「《初讀》」。

〔註16〕《初讀》，簡帛網2015年4月24日。

〔註17〕子居《清華簡〈封許之命〉解析》，清華大學出土文獻網站2015年7月16日。下文引其說亦見此文。

〔註18〕張富海《清華簡字詞補釋三則》，《古文字研究》第31輯，中華書局2016年版，第353頁。

〔註19〕高佑仁《〈清華伍〉書類文獻研究》，萬卷樓圖書股份有限公司2018年版，第282～283頁。

〔註20〕唐蘭《陳常匋釜考》，《國學季刊》第5卷第1號，1935年版，第79頁。又收入《唐蘭全集》卷2，上海古籍出版社2015年版，第419頁。

也。」（P119）

　　按：王寧曰：「古人以『剌（烈）』代指功業，以『光』形容之，有『明、廣、大』等義，故有『光烈』之語。『光厥烈』乃使文王的功業更加顯明廣大之意，『榮』非其訓。」〔註21〕子居曰：「『謐光乓剌』句還可以與《晉姜鼎》銘文的『揚乓光剌』句對照。」「謐」當是「謐」省形，讀為毖，謹慎勤勞義。「毖」字《說文》說是從必得聲，余謂當是雙聲符字。《爾雅》：「毖，慎也。」《玉篇殘卷》「謐」字條引作「謐，𡨄（慎）也」〔註22〕，《慧琳音義》卷30引作「謐，慎也」。《慧琳音義》卷82引《韻英》：「謐，慎也。」《玉篇》：「毖，勞也。」字亦作閟，《慧琳音義》卷60：「閟彩：孔注《尚書》云：『閟，慎也。』或從比作毖，訓義同也。」《玉篇》：「閟，慎也。」字亦作祕，《廣雅》：「祕，勞也。」王念孫曰：「《大誥》：『無毖於恤。』傳云：『無勞於憂。』又『天閟毖我成功所。』《漢書·翟方進傳》『毖』作『勞』。『毖』與『祕』通。」〔註23〕《書》「閟毖」只是一字複用，孔傳：「閟，慎也。言天慎勞我周家成功所在。」《漢書》作「毖勞」，顏師古注引孟康曰：「天慎勞我國家成功之所在。」《大誥》下文云「天亦惟用勤毖我民」，「閟毖」即「勤毖」之義，「謹慎」與「勤勞」其義相因，《賈子·道術》：「吻䭦（勤）勉善謂之慎，反慎為怠。」「慎」為勤勞義，猶今言勤奮工作，故與「怠」為對文。

（3）□司明型（刑），釐（釐）乓（厥）猷

　　整理者曰：釐，治也。猷，謀也，圖也。（P119）

　　按：某氏指出缺釋字是「珷」，乃「武王」二字合文〔註24〕。某氏曰：「釐當徑讀為理。」〔註25〕「釐」是「釐」異體字，《汗簡》卷上：「釐：𨤲（釐）。力之切。出郭顯卿《字旨》。」又卷下：「釐：釐。出《尚書》。」《集韻》：「釐，或作釐。」都有明文記載。「理」則是同源字，「釐」是雙聲符字。

〔註21〕王寧《讀〈封許之命〉散札》，復旦古文字網2015年4月28日。下文引其說亦見此文。

〔註22〕《篆隸萬象名義》「𡨄」誤作「𡩋」，呂浩《篆隸萬象名義校釋》已作校正，學林出版社2007年版，第130頁。

〔註23〕王念孫《廣雅疏證》、《補正》，收入徐復主編《廣雅詁林》，江蘇古籍出版社1992年版，第79頁。

〔註24〕「松鼠」說，《初讀》，簡帛網2015年4月14日。

〔註25〕「暮四郎」說，《初讀》，簡帛網2015年4月10日。

朱駿聲曰：「釐本義當為治邑，理邑為釐，猶治玉為理也。」〔註26〕

（4）趄＝（桓桓）不（丕）苟（敬），嚴塂（將）天命

整理者曰：桓桓，武貌。苟，讀為敬。大保簋「王降征命於大保，大保克芍（苟），亡譴」，苟字亦讀為敬。嚴，尊敬也。將，猶奉也。（P119）

按：孟蓬生曰：「隸定為『苟』的字，原形作『多』。試比較同書《厚父》中兩次出現的『苟』字：芍、㚞，不難發現，二者有明顯的不同。該字其實就是金文中常見的『象』字，當讀為『弛（佖）』。桓桓，傳世典籍多訓為『威武貌』，施於此處不太合適，當別尋他解。金文有『趄』字。秦公鎛：『十又二公，不象上下，嚴龏夤天命。余雖小子，穆穆帥秉明德，叡專（敷）明刑，虔敬朕祀，以受多福，協龢萬民，唬（疑『虔』之訛字或誤摹）夙夕，剌剌趄趄。』復封壺甲（《金文通鑒》12447）：『敨（翼～）龏威（畏）諆（忌），不象（弛）夙（夙）夜，從其政事，趄乍（將？）聖公命。』簡文『桓桓』與秦公鎛『趄趄』和復封壺之『桓（引者按：當是『趄』）』用法相近，都是指作器者自己而言，若據傳世文獻解作『威武』，不僅有自伐之嫌，而且與前文『虔敬』、『勤勉』之語意不相諧調。《逸周書·謚法》：『克敬勤民曰桓。』用這個解釋似乎較『威武』更為合適。『虔敬』和『勤勉』語義相近……蔡侯䣄鎛云：『余雖末少子，余非敢寧荒，有虔不惕，左右楚王，崔崔為政，天命是遜（將），定均庶邦，休有成慶。』清華簡《封許之命》云：『桓桓不象（弛），嚴塂（將）天命。』兩處文字可以互參。『桓桓不象（弛）』與『有虔不易（弛）』語意略同，『嚴塂（將）天命』與『天命是遜（將）』語意略同。」〔註27〕王寧曰：「桓桓，威武義。多，此字可能是從犬口聲，即『狗』之或體。『不狗』即『不苟』。『桓桓不苟』即威武而嚴謹不隨意。」子居曰：「『嚴將天命』明顯可與春秋前期《秦公鐘》、《秦公簋》的『嚴恭夤天命』及同屬春秋前期的《尚書·無逸》的『嚴恭寅畏天命』、清華簡《厚父》的『乃嚴寅畏皇天上帝之命』句對應，故不難知道，『嚴將』即『嚴寅』、『嚴恭寅』，所以『將』當訓恭敬。」「將」無恭敬義，「將」訓奉者，正所以表示恭敬，子居說未達故訓。趄趄、桓桓，舊訓威武貌（也作「狟狟」），亦可以訓為勉彊貌、努力貌，二義相因，皆謂彊而有力也，孟蓬生所舉之例皆取後一義。《廣雅》：「桓

〔註26〕朱駿聲《說文通訓定聲》，武漢市古籍書店1983年版，第185頁。
〔註27〕孟蓬生《釋清華簡〈封許之命〉的「象」字——兼論「象」字的古韻歸部》，復旦古文字網2015年4月2日。

桓、趩趩、勍勍、競競、仡仡，武也。」「勍勍」、「競競」一聲之轉，與「趩趩」、「仡仡」皆彊而有力之貌，故同訓武也。「趩趩」、「桓桓」的語源是「查查」，大貌，指力彊貌。《說文》：「查，奢查也。」段玉裁曰：「今經傳都無『查』字，有『桓』字。《商頌・長發》傳曰：『桓，大也。撥，治也。』箋云：『廣大其政治。』此可以證『桓』即『查』之叚借字。《檀弓》『桓楹』，注亦云『大楹』。《周禮》『桓圭』同解。《周書・謚法》：『辟土服遠曰桓，辟土兼國曰桓。』皆是大義。《釋訓》曰：『桓桓，威也。』《泮水》傳曰：『桓桓，威武皃。』《詩序》曰：『桓，講武類禡也。』蓋此等『桓』字亦『查』之叚借字，大之義可以兼武也。」王筠曰：「『奢查』蓋亦連語。本篆上承『誇，奢也』則『奢查』蓋亦誇張之意，亦可倒之為『查奢』，秦《詛楚文》『宣夆競縱。』『夆』者『奢』之籀文，則『宣』非『查』之借字，即『查』之譌字。」〔註28〕「不夅」當是不懈怠義，與「趩趩」訓勉力義同。「不」讀如字，「夅」字待考。

（5）攼（干）敦殷受，咸成商邑

整理者曰：干，《說文》：「犯也。」敦，殷墟卜辭作「臺」，有攻伐之義。殷受，《書・無逸》作「殷王受」，即紂。咸，悉也。成，猶定也。（P120）

按：鵬宇曰：「整理者意見可從。又《逸周書・世俘》：『武王遂征四方，凡憝國九十有九國。』孔晁云：『憝，惡也。』翟氏灝云：『憝國，謂不順服之國。』顧頡剛云：『憝字應作動辭講，憝國謂討伐所惡之國。』孔晁、翟灝所論之謬不辯自明，而顧頡剛認為憝謂討伐所惡，最得其實。簡文『干敦殷受』與『憝國』句式相同，其義似當相近，疑皆表示攻伐不善之義。」〔註29〕黃人二等曰：「攼，整理者讀為干，訓為犯。此說似可通，然『干敦』連文，不見古書，終嫌生澀。此字不妨視作從干為義符，從攴為聲符。干旁字表征討，此字蓋可讀為『撲伐』之撲。《猷鐘》：『王敦伐其室，撲伐厥都。』正是『敦』、『撲』對文之例。『撲』、『鋪』音近，《詩經》有成詞『鋪敦』，即『薄伐』、『敦伐』之意，《大雅・常武》：『鋪敦淮濆，仍執醜虜。』『鋪敦』又作『敦搏』，《不嬰簋蓋》：『汝及戎大敦搏。』凡此諸詞多用於周人攻伐四方夷

〔註28〕段玉裁《說文解字注》，王筠《說文解字句讀》，並收入丁福保《說文解字詁林》，中華書局 1988 年版，第 10095 頁。

〔註29〕鵬宇《〈清華大學藏戰國竹簡（伍）〉零識》，清華大學出土文獻網站 2015 年 4 月 10 日。

狄之戰爭，亦有用於表述武王滅商之戰者，《魯頌・閟宮》『敦商之旅，克咸
厥功』是也，正可與此句『撲敦殷紂，咸成商邑』相參證。」〔註30〕某氏曰：
「玫或當讀為刊，伐之義。」又補充說：「『玫』與表示殺義的『虔』是同一
個詞。」〔註31〕某氏曰：「玫，應讀為翦（或踐）。」〔註32〕蘇建洲曰：「玫，
讀為翦（或踐），其說可從。《上博七・吳命》簡5下：『余必玫芒（亡）爾社
稷，以廣東海之表。』筆者曾指出玫讀為『翦』、『踐』、『殘』、『戩』、『剗』
和『淺』等一系列從戔得聲或精系元部的字是妥切的，並有詳論。『咸成商邑』
顯然與《清華一・祭公》簡6～7『克夾卲（紹）墬（成）康，甬（用）臧（畢）
墬（成）大商』的『臧（畢）墬（成）大商』相當。『咸』即『畢』，悉也。
『成』皆訓為安定。」〔註33〕某氏曰：「玫疑可讀為刊，訓為削、剗。此義項
雖較實，稍加抽象似即與『敦』之『攻伐』義接近。」〔註34〕子居曰：「整理
者引卜辭說『敦』，取例似乎過遠。《詩經・閟宮》：『敦商之旅，克咸厥功。』
鄭箋：『敦，治。』《詩經・常武》：『鋪敦淮濆，仍執醜虜。』林義光《詩經
通解》言：『鋪讀為搏。見《江漢》篇。敦猶逼迫也。《釋文》引《韓詩》訓
敦為迫。敦與追雙聲對轉。凡言敦迫者即追之引申義。搏、敦連文，搏亦逼
迫之義也。搏、迫古同音。不嬰敦「我（引者按：當作「汝」）及戎大臺戟」，
「臺戟」即「敦搏」。《閟宮》篇「敦商之旅」，宗周鐘「王臺伐其至」，敦、
臺皆即「搏敦」之敦。』可見『敦』有『攻伐』之義在《詩經》中春秋前期
諸篇猶然。」①「玫」從干得聲，非從攴得聲，黃人二等說不可信。「玫」是
「敦（敦）」省文，字亦作扞、捍。《說文》：「敦，止也。《周書》曰：『敦我
於艱。』」今《書・文侯之命》作「扞」，猶言抵禦、抗擊。②「敦」從臺得
聲，「臺」即「臺」字。林義光說「敦」、「臺」是「追」音轉，訓逼迫，是也；
又訓作攻伐，義亦相會。《閟宮》「敦商之旅，克咸厥功」，楊樹達解云：「敦

〔註30〕黃人二等《〈清華大學藏戰國竹簡（伍）〉書後（一）》，簡帛網2015年4月12
日。

〔註31〕「蕓四郎」說，《初讀》，簡帛網2015年4月10、14日。

〔註32〕「ee」說，《初讀》，簡帛網2015年4月12日。

〔註33〕蘇建洲《〈封許之命〉研讀札記（一）》，復旦古文字網2015年4月18日。下
文引其說亦見此文。單育辰（即「ee」）後又重申蘇建洲說，見《〈清華大學藏
戰國竹簡（伍）〉釋文訂補》，《戰國文字研究的回顧與展望國際學術研討會論
文集》，復旦大學2015年12月12～13日，第236～237頁。

〔註34〕「日古氏」說，蘇建洲《〈封許之命〉研讀札記（一）》文下評論，復旦古文字
網2015年4月19日。

者，伐也。咸者，終也，竟也。知者：《不娶毀》云：『汝及戎大臺戟。』王
靜安云：『臺、戟皆迫也，伐也。《宗周鐘》云：「王臺伐其至。」《寡子卣》
云：「以臺不淑。」皆臺之訓也。《詩·常武》「鋪敦淮濆」，鋪敦即臺戟之倒
文矣。』（《不娶敦考釋》七葉）樹達按王說是也，《逸周書·世俘解》云：『憝
國九十有九國，服國六百五十有二。』『憝』與『敦』同，憝國謂伐國也。」
〔註35〕攷敦，言或戕擊之，或攻伐之。③簡文「咸」，亦當從楊樹達說解為終
也、竟也。清華簡（一）《祭公》「畢」亦此義。

（6）女（汝）惟竷（臧）耇爾猷，虔（虔）血（恤）王家

整理者曰：臧，《說文》：「善也。」耇，《左傳·宣公十二年》杜注：「致
也。」恤，《說文》：「憂也。」「虔恤」詞見春秋金文叔尸鐘、鎛。西周追簋「追
虔夙夕恤厥死事」，癲鐘「今癲夙夕虔敬恤厥死事」，詞意亦同。（P120）

按：某氏曰：「『臧耇爾猷』應讀為『壯耇爾猷』。壯、耇都是強的意思。」
〔註36〕何有祖曰：「臧，可訓善、好。『耇』可指師長，長者。長者的謀略堪
稱老成之謀。可見臧、耇應該都是用來修飾『猷』的。猷，謀略；計劃。『臧
耇爾猷』似指你的謀略善且老成。」〔註37〕某氏曰：「說謀略如何，用『壯』
來修飾形容似乎不辭，『臧』如字讀如字解釋（依其常訓『善』）反而更通順。
至於《詩·采芑》：『方叔元老，克壯其猷（引者按：《詩》原文作『猶』）。』
《詩集傳》：『言方叔雖老，而謀則壯也。』其中的『壯』很可能亦當讀為
『臧』，訓為善。」〔註38〕蘇建洲曰：「裘錫圭指出『耇』有『強』義，如《國
語·晉語九》『耇其股肱』之『耇』即其例〔註39〕。鄔可晶進一步指出這種意
思的『耇』如非假借為『佶』或『劼』，至少所代表的詞也應與『佶』、『劼』
音義皆近。《詩·六月》鄭箋：『佶，壯健之貌。』壯健與強力義相因，『劼』

〔註35〕楊樹達《〈詩〉「敦商之旅，克咸厥功」解》，收入《積微居小學述林》卷6，
中華書局1983年版，第223頁。

〔註36〕「ee」說，《初讀》，簡帛網2015年4月9日。單育辰（即「ee」）《清華大學
藏戰國竹簡（伍）釋文訂補》又重申其說，《戰國文字研究的回顧與展望國際
學術研討會論文集》，復旦大學2015年12月12～13日，第237頁。

〔註37〕何有祖《讀〈清華大學藏戰國竹簡（五）〉札記》，簡帛網2015年4月12日。
原文先以「易泉」為名發表於《初讀》，簡帛網2015年4月9日。

〔註38〕「奈我何」說，《初讀》，簡帛網2015年4月10日。

〔註39〕原注：裘錫圭《〈睡虎地秦墓竹簡〉注釋商榷》，《裘錫圭學術文集》第2卷，
復旦大學出版社2012年，第97頁；《讀書札記四則》，《裘錫圭學術文集》第
4卷，第475頁。

有『用力』義是很自然的。而『劫』、『佶』、『耆』古音很近〔註40〕。」王寧
曰：「ee 認為應讀為『壯耆爾猷』，壯、耆都是強的意思，可從。壓字當讀為
壯。耆，《左傳・昭公二十三年》『不懦不耆』，杜注：『耆，彊也。』《廣雅》：
『強也。』『壯耆』即漢人言之『壯強』。」子居曰：「易泉對『臧』訓『善』
的補充甚是，對『耆』訓『老』的更正也甚確。《禮記・坊記》引《尚書・君
陳》有『爾有嘉謀嘉猷』句，上博六《用曰》有『嘉德吉猷』句，皆是謀猷
用善來修飾的辭例。《國語・晉語一》：『既無老謀，而又無壯事，何以事君？』
則同樣是以老來修飾謀。」《詩・采芑》「壯」與「老」對舉，當讀如字，某
氏讀作「臧」，非是。某氏讀壓為壯，是也。《說文》：「耆，老也。」「壯」、
「耆」平列，古人認為壯、老之人多謀略。某氏及子居所引的《詩》、《晉語
一》都足以說明。「壓耆」即「耆壯」，《鹽鐵論・未通》：「所以輔耆壯而息老
艾也。」

（7）柬（簡）脬（乂）四方不叔

整理者曰：簡，《爾雅》：「大也。」脬（或作「𣍦」），金文多用為「薛」，
而以「𦥑」、「辥」讀為「乂」，此處「脬」即讀「乂」，《爾雅》：「治也。」叔，
《說文》讀若踝，此處讀為果，《孟子・盡心下》趙注：「侍也。」史墻盤（《集
成》10175）：「方蠻無不叔見。」侍見有朝見之意。（P120）

按：「叔」當是會意兼形聲字，從𦥑從戈，戈亦聲。手持兵戈之義，指執
戈朝奉、降服〔註41〕。

（8）䜌（鑾）鈴（鈴）索（素）旂，朱笰元（輗），馬四匹

整理者曰：元，試讀為輗，《說文》：「車轅耑持衡者。」笰，《釋名》：「係
也。」朱笰當為輗部所繫紅色裝飾。（P120～121）

按：某氏曰：「簡文疑當斷讀作『素旂，朱笰。元馬四匹』。『朱笰』疑
為素旂的一部分。」〔註42〕某氏曰：「應讀為：『索（素）旂，朱笰（漆）元
（干或杆）』，『朱漆干』是說素旂的附屬物的。望山、包山等遣策都有『中
干（杆）』。」〔註43〕某氏曰：「『元馬』應即『騵馬』。」〔註44〕蘇建洲曰：

〔註40〕原注：鄔可晶《〈墨子〉「畢劫」、「畢強」解》，《文史》2014 年第 3 輯。
〔註41〕參見蕭旭《甲骨文、金文「叔」字考釋》。
〔註42〕「蕃四郎」說，《初讀》，簡帛網 2015 年 4 月 10 日。
〔註43〕「ee」說，《初讀》，簡帛網 2015 年 4 月 13 日。
〔註44〕「明珍」說，說，《初讀》，簡帛網 2015 年 4 月 17 日。

「鸞應讀為鑾，即金文常見的『綝（鑾）旂』。《爾雅·釋器》：『鑾，鈴也。』《爾雅·釋天》：『有鈴曰旂。』」〔註45〕石小力曰：「『朱筓』與『素旂』並列，亦當為旗幟之一種。望山2號墓遣策簡：『帠旌，白市，翡翠之首。彤幵……冢毛之首。』（望山2.13）簡文「幵」字，過去多誤釋為『类』，范常喜改釋為『幵』，讀為旜／旃，指一面紅色的旆旗。按之文例，甚為允恰。清華簡『筓』字據范先生之說，亦當讀為旃／旜，『朱旃／旜』與望山簡所記『彤旃／旜』相同，指紅色的旆旗。『朱旃』又見於曾侯乙簡，無疑就是清華簡之『朱筓』，皆指紅色的旆旗。」〔註46〕子居曰：「筓當讀為軝。《周禮·夏官·大馭》鄭玄注：『故書軧為軝……杜子春云：「軝當作軝，軝謂兩轊也……或讀軝為簪筓之筓。」』『朱筓元』當是指朱漆的車軸端和車轅端。」整理者讀元為轅，子居讀筓為軝，是也。筓從幵得聲，屬支部，讀作軝、軝，俗作軝。《說文》：「軝，長轂之軝也，以朱約之。軝，軝或從革。」《詩·采芑》毛傳：「軝，長轂之軝也，朱而約之。」孔疏：「言朱而約之，謂以朱色纏束車轂以為飾。《輪人》云：『容轂必直，陳篆必正。』注云：『容者，治轂為之形容也。篆，轂約也。蓋以皮纏之，而上加以朱漆也。」約者，束縛、包絡也。《集韻》：「軝、較，以朱絡轂，或從支。」軝指以皮革或絲纏束而又加以朱漆的車轂，故簡文曰「朱筓」。又指所纏束之車轊，即車軸兩端，字作軝、軝。《釋名》：「軝，指也，如指而見於轂頭也。」程瑤田曰：「『軝』本當為『軝』……軝在轂末，故書作『軝』……軝之言氏也，氏之言著也……皆令相依著之事。」〔註47〕段玉裁曰：「《考工記》此『軝』字，即《毛詩》之『軝』字……軝即軝，說本歙程氏瑤田《通藝錄》，其說冣確，於古音冣合，而古無有言之者。」〔註48〕朱駿聲曰：「軝，段借為軝……軝亦謂之軝，此說發之程氏瑤田，精覈不磨。」又「軝者，軝之借字。軝者，軝之古字。」〔註49〕杜子春讀軝為筓，簡文則借「筓」為「軝」。

〔註45〕《初讀》，簡帛網2015年4月25日。

〔註46〕石小力《清華簡（伍）〈封許之命〉所載「朱旃」考》，清華大學出土文獻網2015年4月12日。

〔註47〕程瑤田《通藝錄·考工創物小記》，收入《程瑤田全集》第2冊，黃山書社2008年版，第7頁。

〔註48〕段玉裁《說文解字注》「軝」字條，上海古籍出版社1981年版，第725頁。

〔註49〕朱駿聲《說文通訓定聲》「軝」、「書」字條，武漢市古籍書店1983年版，第512、562頁。

（9）羅綬（繸）

整理者曰：羅，即縠，見《淮南子·齊俗》高注。羅繸，應即「樊纓」。（P121）

按：今本《淮南子·齊俗篇》是許慎注，非高誘注。羅繸，羅綺製作的馬頸飾物。「繸」與「樊」是二物，「樊」是「鞶」借字，指馬腹的大帶。

（10）𦟀𧖓

整理者曰：𦟀𧖓，試讀為「遂兆」。《國語·晉語三》韋注：「兆，見也。」（P121）

按：王寧曰：「此二字當是器名，釋為他義均非是。𦟀，懷疑簡文此字當釋『腏』。『𧖓』當分析為從此兆聲，很可能是『到』的異構。前者可能是『敦』，《爾雅》孫炎注：『敦器似盂。』《廣雅》作『𧀒』，亦云『盂也』。後者當是『銚』，溫器也，是一種釜。也有可能是『銚銳』的簡稱，亦即盂。還有一種可能是此二字為一種器物名，『腏到』讀為『銳銚』，即『銚銳』倒文，是指盂這一種器物。」子居曰：「𦟀當讀為燧，即陽燧。𧖓當讀為珧，即陰燧。『𦟀𧖓』或正是祭祀所用取明火、明水之器。」𦟀，讀為璲，指佩玉。𧖓，讀為珧，指用作飾物的蚌殼。

（11）𣂁𠂤

整理者曰：「𣂁」疑係「旅」字誤寫。「𠂤」即「勺」字。《說文》：「勺，枓也，所以挹取也。」或說「勺」讀為「爵」。（P122）

按：謝明文曰：「『𣂁𠂤』疑讀為『瓚（？）勺』，是長柄斗、勺一類的器物。」〔註50〕王寧曰：「秉太一者認為『𣂁』字當從『斤』得聲，可讀作『斠』〔註51〕。此說可從。『𣂁』從老斤聲，可能是『耆』之或體。『𣂁』從斤聲讀為『斠』固當，正字作『㪻』，《說文》訓『蠡也』，即瓢。又『耆』古通『黎』，與『蠡』雙聲音近。『𠂤』當即「酌」本字，會手持勺斟酌意。此用為『勺（杓）』。『耆（㪻、蠡）』、『勺』均挹取之器。」子居曰：「『𠂤』即『勺』是，『𣂁』則似當讀為『希』，即『稀』字，借為『瓵』，酒器。」

〔註50〕謝明文《談談青銅酒器中所謂三足爵形器的一種別稱》，復旦古文字網 2015 年 4 月 1 日。發表於《出土文獻》第 7 輯，中西書局 2015 年版，第 11 頁。

〔註51〕「秉太一者」說見謝明文《談談青銅酒器中所謂三足爵形器的一種別稱》文後評論，復旦古文字網 2015 年 4 月 2 日。

整理者說「勺」即「勺」字，是也。「斥」從斤得聲，讀為斝。斝亦勺也，均是飲器。

三、《命訓》校補

（1）女（如）又（有）佴（恥）而亙（恆）行，則尼（度）至於亟（極）

整理者曰：今本作「若有醜而競行不醜，則度至於極」。「佴（恥）」與「醜」字義通。恆，常久也。（P127）

按：高佑仁曰：「『競』有戒慎一類意涵。《說文》：『恆，一曰謹重貌。』『亙行』無論是依據今本讀作『競行』，還是據簡本讀作『恆行』，應當都是戒慎敬謹之義。」〔註52〕亙、亟、競并一聲之轉。《荀子·君子篇》「刑罰綦省而威行如流」，「綦」同「極」，《韓詩外傳》卷4作「競」。裴學海曰：「競，猶綦也，極也，皆一聲之轉也。」〔註53〕《法言·問明》「辰乎，辰！曷來之遲，去之速也，君子競諸」，又「君子謹于言，慎于好，亟于時」，「君子競諸」即「亟于時」之誼。均其音轉之證。競，彊也，猶言勉力。

（2）乃曠命以弋（代）其上

整理者曰：弋，今本作「誡」，簡本為優。弋，讀為代，更也。（P129）

按：丁宗洛曰：「誡，疑是『詆』訛。」潘振曰：「誡，疑當作『逃』。」陳逢衡曰：「民既曠命，而反以天命有在告以誡其上。」朱右曾曰：「誡，警備也，言有遁心也。」〔註54〕潘振、朱右曾得其誼，但各家均未得其字。某氏曰：「弋，是否可讀為『對待』的『待』。」〔註55〕某氏曰：「弋字當讀為試，今本作『誡』似是『試』字之誤。」〔註56〕某氏又曰：「蔡升奕說：『試』有一個不太常見的意思：自擅、專擅（就是自作主張、自行其是的意思）。《漢書·五行志下》顏師古注：『試，用也，自擅意也。』《逸周書》『誡』是

〔註52〕高佑仁《〈清華伍〉書類文獻研究》，萬卷樓圖書股份有限公司2018年版，第599頁。
〔註53〕裴學海《古書虛字集釋》，中華書局1954年版，第428頁。
〔註54〕諸說均轉引自黃懷信等《逸周書彙校集注（修訂本）》，上海古籍出版社2007年版，第29～30頁。
〔註55〕「魚游春水」說，《清華簡五〈命訓〉初讀》，簡帛網2015年4月11日。下引省稱作「《初讀》」。
〔註56〕「奈我何」說，《初讀》，簡帛網2015年4月21日。

『試』假借字。」〔註57〕高佑仁曰：「弋，讀為代或賊。」〔註58〕吳祺曰：「弋當讀為試。『誡』為『試』之訛字。應當訓為嘗試。」〔註59〕馮勝君說同吳君〔註60〕。高佑仁曰：「『弋』有兩個思路，讀為『代』或『賊』。『代』指取代。『賊』指賊害、殺戮。」〔註61〕「誡」當是「弋」形誤。弋，讀為佚，指隱遁、逃佚、逃亡。

四、《湯處於湯丘》校補

（1）有莘之女飤（食）之，醆（絕）訪（芳）旨以飿

整理者曰：絕，義為非常。訪，讀為芳，義為香。旨，美也。以，訓同而、且。飿，讀為粹，訓為精。（P136）

按：整理者說「訪旨」是。魏棟曰：「『芳』當訓美，『旨』為句中助詞。飿讀為出，有超出、出類拔萃之意。」〔註62〕曹方向曰：「飿，讀為滑。口感柔滑之『滑』的專造字。」〔註63〕王寧曰：「『絕』當是斷絕義。『飿』字暮四郎括讀『啜』，云：『絕芳旨以飿（啜），大概是說摒棄其他各種芳香美味之物，來吃小臣做的飲食。』是也。『飿』當即『餟』之或體，《說文》：『餟，嘗也。』或作餟、腏、啜。」〔註64〕連劭名曰：「飿當讀為訥，《說文》云：

〔註57〕 「奈我何」說，《初讀》，簡帛網2015年4月21日。某氏自注：「蔡升奕《說『試』的『自擅』意》，《韶關學院學報》2001年第11期。」按蔡升奕說又見《〈逸周書〉若干校注疏證》，《語文研究》2000第4期，第14頁。

〔註58〕 高佑仁《清華五書類文獻研究》，萬卷樓圖書股份有限公司2018年版，第639～640頁。

〔註59〕 吳祺《清華竹書訓詁拾遺》，《勵耘語言學刊》2018年第1輯，第248頁。

〔註60〕 馮勝君《清華簡〈命訓〉釋讀擬瑣（四則）》，《出土文獻研究》第17輯，中西書局2018年版，第70～71頁。

〔註61〕 高佑仁《〈清華伍〉書類文獻研究》，萬卷樓圖書股份有限公司2018年版，第639～640頁。

〔註62〕 魏棟《清華簡〈湯處於湯丘〉校讀記》，《管子學刊》2016年第1期，第104頁。其文先以散宜凌《清華簡〈湯處於湯丘〉補說》名義發表於清華大學出土文獻網2015年4月13日。

〔註63〕 曹方向《清華簡〈湯處於湯丘〉補論一則》，簡帛網2015年4月13日。曹方向《清華簡〈湯處於湯丘〉『絕芳旨而滑』試解》，《古文字研究》第31輯，中華書局2016年版，第389頁。

〔註64〕 王寧《讀清華五〈湯處於湯丘〉散札》，復旦古文字網2015年4月21日。下文引其說亦見此文。所引「暮四郎」說出《清華簡五〈湯處於湯丘〉初讀》（下引省稱作「《初讀》」），簡帛網2015年4月11日。下文引王說亦見此文。

『訥，言難也。』」〔註65〕羅濤曰：「『歠』字釋讀為『啜』可從。」〔註66〕「齡」當作「繼」，古「絕」字，讀作歠（映），字亦作啜、歡、歠，飲也，嘗也。「以」是表承續的連詞。歠，讀為齛。《說文》：「齛，齚齒也。」《廣雅》：「齛，齧也。」猶言咀嚼。

（2）身體躾（痊）㹴（平）

整理者曰：躾，試讀為痊。㹴，讀為平。（P137）

按：某氏讀「躾㹴」為「媛便」〔註67〕。某氏曰：「『身體巽并』讀為『身體順平』，與『九竅發明』相對，都是經絡、氣息順暢的意思。」〔註68〕連劭名曰：「《廣雅》云：『巽，順也。』《素問》王冰注云：『并，謂併合。』又『并，謂氣交通也。』」〔註69〕讀㹴為平可取，讀躾為痊則非是。上文未說有莘之女生病，何得遽言痊癒？某氏讀作「順平」是也。上博楚簡（六）《慎子曰恭儉》「精瀘以巽埶（勢）」，李學勤讀巽為順〔註70〕。「躾㹴」即「順平」，倒言則曰「平順」。簡文指有莘之女身體順平，故字從身作「躾」耳。

（3）以道心耤（嗌），惜（舒）快以恆

整理者曰：道，通也。惜，讀為舒。快，喜也。恆，常也。（P137）

按：王寧曰：「惜不當讀舒，而應依字讀。惜，痛也。『惜快』即病痛消除而暢快，今言『痛快』者即此意。『恒』為長久、持久意。」連劭名曰：「惜，痛也。恆，義同『極』。」〔註71〕某氏讀惜為懌，訓作悅，白于藍說同〔註72〕，可備一通。惜，讀作析，分解也，謂心之舒解。快，暢通舒快。

〔註65〕連劭名《楚簡〈湯處於湯丘〉與〈湯在啻門〉考述》，《殷都學刊》2018年第3期，第41頁。

〔註66〕羅濤《清華簡伍〈湯處於湯丘〉札記》，《漢語史與漢藏語研究》第4輯，2018年版，第114頁。

〔註67〕「暮四郎」說，《初讀》，簡帛網2015年4月11日。

〔註68〕「Iht」說，《初讀》，簡帛網2015年5月3日。

〔註69〕連劭名《楚簡〈湯處於湯丘〉與〈湯在啻門〉考述》，《殷都學刊》2018年第3期，第41頁。

〔註70〕李學勤《談楚簡〈慎子〉》，《中國文化》第25、26期合刊，2007年出版，第43頁。

〔註71〕連劭名《楚簡〈湯處於湯丘〉與〈湯在啻門〉考述》，《殷都學刊》2018年第3期，第41頁。

〔註72〕「暮四郎」說，《初讀》，簡帛網2015年4月11日。白于藍《簡帛古書通假字大系》，福建人民出版社2017年版，第706、1331頁。

（4）女（如）幸余閉（閒）於天畏（威），朕隹（惟）逆訓（順）是悫
（圖）

整理者曰：「閉」即「閒」字，在此讀為音近的「關」，由也。關於天威，意云伐夏是由於天對夏后的懲罰。（P138）

按：某氏曰：「『閉（閒）』似可理解為本字，解為窺伺。」〔註73〕王寧曰：「『閒』當通『閑』。ee 即說『閉』當讀為『嫻』，甚是。『閒於天畏（威）』即熟習上天之威嚴。」〔註74〕連劭名曰：「《左傳·莊公九年》云『又何間焉』，杜預注：『閒，猶與也。』」〔註75〕羅濤曰：「閉可讀為簡，閱也。『簡於天威』是說時刻要觀察天威，不要有所疏失。」〔註76〕「天威」不可言窺伺、嫻習、參與、簡閱。《廣雅》：「閒，加也。」「於」相當於「以」。閒於天威，謂加以天威，指借助、憑藉於天威。簡 13＋14「句（后）古（固）共（恭）天畏（威）」，「恭」謂奉行，與「借助」義相因。《管子·輕重丁》：「此乘天威而動天下之道也。」乘亦憑藉之義。《吳越春秋·勾踐伐吳外傳》：「今寡人將助天威。」

（5）萅（春）秋改則，民人諏（趣）忒（忒）

整理者曰：諏，讀為趣或趨，意為趨向。忒，疑也。意云民人疑惑不知所從。（P138）

按：王寧曰：「『諏』當依字讀，《說文》：『聚謀也。』『忒』即『貳』，《爾雅·釋詁》：『貳，疑也。』《疏》：『貳者，心疑不一也。』『諏忒』即聚謀懷有二心之意。」羅濤曰：「『諏忒』同義連文。諏可讀為侜，欺騙之義。忒，差忒、僭忒。」〔註77〕整理者說「諏」讀為趣，羅濤說「忒」訓差忒，是也。忒字亦作忒，《說文》：「忒，失常也。」謂經常更改其法則，則民人趨向失常，指民人不知所措。

〔註73〕「幕四郎」說，《初讀》，簡帛網 2015 年 4 月 11 日。

〔註74〕「ee」說見《初讀》，簡帛網 2015 年 4 月 15 日。

〔註75〕連劭名《楚簡〈湯處於湯丘〉與〈湯在啻門〉考述》，《殷都學刊》2018 年第 3 期，第 42 頁。

〔註76〕羅濤《清華簡伍〈湯處於湯丘〉札記》，《漢語史與漢藏語研究》第 4 輯，2018 年版，第 115 頁。其自注云：「或可釋讀為『監』。『監』也有監察的意思。釋讀為『簡』更合適。」

〔註77〕羅濤《清華簡伍〈湯處於湯丘〉札記》，《漢語史與漢藏語研究》第 4 輯，2018 年版，第 116 頁。

（6）型（刑）亡（無）卣（攸）恋（赦），民人皆綛（督）禺（偶）尒（離），夏王不得其圖

整理者曰：恋，從亦聲，讀為赦。綛，從矛聲，疑讀為督。《說文》：「督，氏目謹視。」《楚辭・九章》王注：「督，亂也。」禺，疑讀為偶，對也。尒，即《說文》「麗」字古文，讀為離。（P138～139）

按：某氏曰：「『綛』讀作『督』、『尒』釋讀作『麗（離）』均可從。不過，『禺』當讀作『愚』，與『督（昏亂）』義近。」〔註78〕王寧曰：「綛當讀為務，《說文》：『趣也。』偶，合也。『偶離』即結伴逃離。」程薇曰：「整理者綛讀為督，訓為亂，此說可從。也可以認為『綛』字從糸，矛聲。郭店簡《老子》作為單字的『矛』字，與『勤』、『堇』為異文關係，其音應當相通或相諧。『綛』字可讀作『恨』字，訓為怨。禺，可通作『虞』，訓為望。『離』在簡文中訓為叛、叛離。」〔註79〕白于藍說「綛，似當讀作懂，憂也，煩也。禺，似當讀作虞，憂也」，又把「尒」隸作「瑟瑟」〔註80〕。連劭名曰：「督，闇也。禺讀為遇，逢也。離讀為麗，附也。」〔註81〕羅濤曰：「『皆』字可讀為『偕』，偕同、一起。『綛』可讀為『驚』，馳驚。是說民人以車馬逃離夏邦。禺讀為偶，尒讀為離，可從。『偶離』指成對離開。」〔註82〕劉洪濤曰：「『綛』從糸，疑是『繆』字異體。繆，亂也。又疑『綛』應讀為耗（眊），也訓為亂。」〔註83〕「督」訓氏（低）目謹視與訓亂，是絕不相干的二義，不知整理者何故並舉？郭店簡《老子》「矛」當讀為孜、務〔註84〕，指彊力而趣赴於事、勉力從事於事，與異文「勤」義近，不是音轉關係。恋，讀為迹，猶言遵循。「刑無所迹」謂法律無所遵循，承上文「春秋改則」而言。讀綛為督、眊，訓作亂，是也。禺讀為愚，某氏說是也。此簡「綛禺」是疊

〔註78〕「暮四郎」說，《初讀》，簡帛網 2015 年 4 月 11 日。

〔註79〕程薇〈「民人皆督偶麗」補說〉，《出土文獻》第 6 輯，2015 年版，第 216～218 頁。

〔註80〕白于藍《簡帛古書通假字大系》，福建人民出版社 2017 年版，第 1412、262 頁。

〔註81〕連劭名〈楚簡〈湯處於湯丘〉與〈湯在啻門〉考述〉，《殷都學刊》2018 年第 3 期，第 43 頁。

〔註82〕羅濤〈清華簡伍〈湯處於湯丘〉札記〉，《漢語史與漢藏語研究》第 4 輯，2018 年版，第 117 頁。

〔註83〕劉洪濤《先秦楚國的須矛褫氏》，《文史》2021 年第 3 輯，第 248 頁。

〔註84〕劉洪濤曰：「矛讀為懋，與『勤』同義。懋，勉也。」劉洪濤《先秦楚國的須矛褫氏》，《文史》2021 年第 3 輯，第 248 頁。懋、孜同源。

韻連語，鄙吝無識之義。倒言轉語則作「佝愁」、「佝愁」、「雊瞀」、「穀瞀」、「觳瞀」、「觳霿」、「婁瞀」、「區瞀」、「區霿」、「溝瞀」、「傋霿」、「婁務」。《說文》：「穀，一曰穀瞀也。」又「佝，〔佝〕務（瞀）也。」又「婁，一曰婁務（瞀），愚也。」《廣雅》：「佝愁，愚也。」《呂氏春秋·本味》地名「餘瞀」，《漢書·地理志》上谷郡縣名「雊瞀」，地名亦取愚蒙為義。《山海經·大荒東經》：「大荒之中，有山名曰……離瞀。」郭璞注：「離瞀，音穀瞀。」〔註85〕山名「穀瞀」亦取愚蒙為義。據郭氏「離音穀」，疑簡文「𣁷（麗——離）」亦讀此音。簡文「𦁛禹𣁷（離）」是糅合「區瞀」、「穀瞀」、「離瞀」的短語，「區」音轉作「禹」，「穀」音轉作「離」，簡文複合成詞。

五、《湯在啻門》校補

（1）人可（何）得以生？可（何）多以長？𦥯（孰）少而老？

整理者曰：多，增多。何多，增多什麼。（P144）

按：王寧曰：「『多』當讀為『𠿨（綴）』或『短』。《方言》卷13：『𠿨，短也。』《廣雅》：『綴，短也。』『短』與『長』、『少』與『老』皆為對文。」〔註86〕王說非是，此非對文，「何得以生」也非對文。多，讀作施。《禮記·學記》鄭玄注：「施，猶教也。」

（2）一月始匋（揚），二月乃裹，三月乃刑（形），四月乃肔（固），五月或收（褎），六月生肉，七月乃腠（肌），八月乃正，九月𤔲（顯）章，十月乃成，民乃時生

整理者曰：匋，從勹，易聲，疑讀為揚，似指玉種播揚。裹，意為初有輪廓。肔，疑讀為固，指胎兒穩固。收，疑讀為褎。《詩·生民》「實種實褎」，鄭玄箋：「褎，枝葉長也。」正，確定，定型。𤔲，疑下從絲（聯）聲。𤔲章，讀為「顯章」，意思當與「成功」相近。（P144～145）

按：簡文敘述胎兒發育過程。《淮南子·精神篇》：「故曰一月而膏，二月而胅（胚），三月而胎，四月而肌，五月而筋，六月而骨，七月而成，八

〔註85〕段玉裁曰：「穀亦穀之譌。」古音相通，字不誤也。段玉裁《說文解字注》「穀」字條，上海古籍出版社1981年版，第743頁。

〔註86〕王寧《讀清華五〈湯在啻門〉散札》，復旦古文字網2015年5月6日。下文引其說亦見此文。

月而動，九月而躁，十月而生。」《文子·九守》作「二月血（而）脈〔註87〕，三月而肧，四月而胎」，《廣雅·釋親》作「二月而脂，三月而胎，四月而胞」，餘同《淮南子》。①馬楠曰：「『𥃊』字從勹，疑此字讀胞。」〔註88〕連劭名讀𥃊為包〔註89〕。陳偉曰：「𥃊，疑可讀為蕩。」〔註90〕王寧曰：「『𥃊』筆者曩釋為『孕』；曰古氏認為當釋『腸』，指五臟六腑。字釋『腸』切合字形所表之意，亦可備一說。然今細審上下文意，似均不合。《說文》：『易，開也。一曰飛揚。一曰長也。』此字蓋即用『易』之『開』、『長』之意，所謂種子破殼發芽生長也；從勹者，謂在母腹之中也。故全字形當謂玉種在母腹中發芽生長之意。故此字在此讀為『揚』、『易』均可通，然釋為『播揚』則非。暮四郎謂『「揚」在上古典籍中常指揚起，此處則當解為舉、動，指萌生』，亦合文意。」𥃊從易得聲，非從勹得聲，讀胞、包非是，且說「一月始胞」亦於事理不合。讀𥃊為蕩、腸，皆非其誼，受精一月，怎麼會蕩，又哪得有腸？「𥃊」當徑讀為「長」。②黃人二等曰：「裹，謂胞、胞衣。《說文》：『胞，兒生裹也。』」〔註91〕黃說是，胞之言包，與「裹」同義。③王寧曰：「曰古氏認為『朏』當讀為『骨』，可從。」④王寧曰：「『收』本為收斂、收束義，義亦同『糾』，『糾』又有糾繚之意，此當指人之筋脈，同於《文子·九守》之『五月乃筋』」。《釋名·釋形體》：『筋，靳也，肉中之力，氣之元也，靳固於身形也。』『靳固於身形』與收束、糾繚之意類同。」「收」指筋脈收束骨節。簡文四五六月分別言骨筋肉長成。④王寧曰：「『正』疑當讀為『整』，齊也。」正，讀作娠。《說文》：「娠，女妊身動也。」指胎兒胎動，即《淮南》「八月而動」也。⑤某氏曰：「𦆑似可讀為榮，義為盛、顯，與『章』義近連用。」〔註92〕王寧曰：「『𦆑』字暮四郎釋為『繲』，可從。此字當與清華簡四《筮法》用為『解』的『繲』」同字，此亦當讀為『解』。明珍云：

〔註87〕朱弁本「血」作「而」，《五行大義》卷5、《御覽》卷360、375引同。

〔註88〕清華大學出土文獻讀書會《清華簡第五冊整理報告補正》，清華大學出土文獻網站2015年4月8日。

〔註89〕連劭名《楚簡〈湯處於湯丘〉與〈湯在啻門〉考述》，《殷都學刊》2018年第3期，第45頁。

〔註90〕陳偉《讀〈清華竹簡（五）〉札記（續）》，簡帛網2015年4月12日。

〔註91〕黃人二等《讀〈清華大學藏戰國竹簡（伍）〉書後（三）》，簡帛網2015年4月17日。

〔註92〕「暮四郎」說，《清華簡五〈湯在啻門〉初讀》，簡帛網2015年4月23日。下引省稱作《初讀》。

「「章」可能是紋章、標誌之義。前文是生筋肉，接著是生肌膚，接著是正型，接著是「顯章」，應即顯現標誌，古人可能以為此時才知胎兒性別，或是指顯現紋理，比如眼鼻耳目的線條等等。」此說或當是也。『章』當是分別的標誌。蓋『解』為分判義，『章』為男女分別之標誌，大概古人認為在九月之前胎兒尚無男女之分別，到了九月才能分別是男是女，各具其性別標誌也。」〔註93〕釋作「緂」是也，帛書《五十二病方》「目解眽然」，「解」亦是「緂」。緂，從解得聲，讀作瘳、掣，牽引也。章，讀作攘，推也。緂攘，猶言牽引推送，亦指胎兒胎動，即《淮南》「九月而躁」也。

（3）其燬（氣）暜縣（歇）發紃（治），是其為長虘（且）好才（哉）

整理者曰：暜縣發紃，疑並指氣之充盈暢達。暜，疑讀為崇，豐滿之意。縣，從糸，皐聲，疑讀為歇。《說文》：「歇，盛氣怒也。」意為盛氣奮發。字又疑從糸，解省聲。解，通達。發，抒發。紃，讀為治，與「亂」相對。（P145）

按：整理者說非是，下句「其氣奮昌」，才是說氣之充盈奮發；且「歇」指大怒，亦非其誼也。某氏曰：「暜疑讀為炎。《容成氏》『暜』用為『琰』。縣似可讀為榮，義為盛、顯。」〔註94〕王寧曰：「暜疑當讀為潛，深沉意。『縣』從糸皐（觸）聲，疑即『繘』字，亦作『繩』，帶也。發，勃發意，與『潛』為對，義相反。『紃』當即『絧』字，讀為絲。『潛繩發絲』謂氣深沉如帶之綿延伸長，勃發如絲之綿綿不絕。」單育辰曰：「讀為『其氣潛解發始』，是說暗中散解發生開始。」〔註95〕連劭名錄作「潛顯發始」，云：「潛，讀為漸。顯，讀為衍，演也，延也。發始，如言開始。」〔註96〕羅濤曰：「『暜』應釋讀為『潛』，潛伏、潛藏。縣，或可讀為『結』，鬱結、聚積。紃，可釋讀為『逸』或『佚』，散逸。發逸，發洩散逸之義。」〔註97〕暜讀為潛，是也。「縣」是「皐（觸）」增旁字，「觸發」為詞。紃，讀為胎。言其氣暗中觸

〔註93〕所引「明珍」說見《初讀》，簡帛網2015年4月21日。
〔註94〕「暮四郎」說，《初讀》，簡帛網2015年4月22、23日。
〔註95〕單育辰《〈清華大學藏戰國竹簡（伍）〉釋文訂補》，「戰國文字研討的回顧與展望」國際學術研討會論文，2015年12月12～13日。
〔註96〕連劭名《楚簡〈湯處於湯丘〉與〈湯在啻門〉考述》，《殷都學刊》2018年第3期，第45頁。
〔註97〕羅濤《清華簡伍〈湯在啻門〉札記四則》，《漢字漢語研究》2021年第1期，第35頁。

發肧胎。

（4）其燹（氣）奮（奮）昌，是其為堂（當）猰（壯）

整理者曰：奮，振奮，奮發。昌，盛。當，盛壯。猰，字從相聲，疑為「壯」字。（P145）

按：某氏曰：「『堂猰』疑當讀為『強梁』，意為強有力。」〔註98〕「堂猰」疊韻連語，猶言盤旋往返。「堂猰」音轉亦作「尚陽」（心母轉作余母）〔註99〕，「尚陽」音轉亦作「尚羊」、「尚佯」、「徜徉」、「徜羊」、「倘佯」、「常羊」、「常翔」，「尚陽」、「徜徉」音轉又作「相羊」、「相佯」、「相徉」、「相翔」等（禪母轉作心母）〔註100〕，「相羊」音轉又作「襄羊」、「儴佯」、「儴徉」〔註101〕。

六、《殷高宗問於三壽》校補

（1）我思天風，既窜（回）或㞑（止）

整理者曰：回，回轉。止，停。簡文指風起風止。（P153）

按：王寧曰：「窜，讀為回。古有『回風』、『廻風』之說。回風之『回』的後起專字當即『飈』，《玉篇》、《廣韻》：『大風貌。』《文選·江賦》『長風飈以增扇』，李注：『飈，大風貌。』蓋暴起之風迴旋而大，故引申為大風貌也。」〔註102〕讀窜為回，是也。但王氏說回風的後起專字即「飈」則誤。《玉篇》雖收「飈」字，但無釋義。「飈」當同「颶」。《廣雅》：「颶，風也。」王念孫曰：「《說文》：『颶，大風也。』《韓詩外傳》云：『天喟然而風。』『喟』

〔註98〕「蕞四郎」說，《初讀》，簡帛網 2015 年 4 月 22 日。

〔註99〕「相」是心母，「陽」是余母，古音相通。《方言》卷3：「庸謂之佟，轉語也。」余母「庸」與心母「佟」為轉語。《釋名·釋天》：「酉，秀也。」余母「酉」與心母「秀」為聲訓。足證上古心母與余母必能直接相通。余母、心母相轉的例證可以參看黃焯《古今聲類通轉表》，上海古籍出版社 1983 年版，第 141～143 頁。

〔註100〕上古音禪母歸定母，定母可以轉作心母。《周禮·腊人》鄭玄注：「『豆』當為『羞』，聲之誤。」「豆」定母，「羞」心母。是其例也。禪母與心母、定母與心母相轉的例證可以參看黃焯《古今聲類通轉表》，第 206、218～219 頁。《史記·屈原傳》「寧赴常流」，《楚辭·漁父》、《文選·漁父》「常流」作「湘流」，是其音轉的直接證據。

〔註101〕「相」、「襄」音轉可看阮元《釋「相」》，收入《揅經室一集》卷1，中華書局 1993 年版，第 35 頁。

〔註102〕王寧《讀〈殷高宗問於三壽〉散札》，復旦古文字網 2015 年 5 月 17 日。下文引其說亦見此文。

與『颰』通。」〔註103〕颰之言喟，大風喟然興起也。《韓詩外傳》卷8「天喟然而風」，《說苑‧善說》作「大風至」〔註104〕。

（2）古民人迷蠿（亂），象矛（茂）康騂（懋），而不智（知）邦之牄（將）兦（喪）

整理者曰：象，表象、樣子。矛，讀為茂，盛也。康，安樂也。騂，讀為懋，勉也。（P155）

按：某氏曰：「『象』恐當釋為『逸』。『象矛康騂』似當讀為『逸矛（瞀）康騂（眊）』，與其前『迷亂』相應。」後又訂正說：「這個字確實是『象』，似當讀為蕩。」〔註105〕王子楊曰：「所謂的『矛』當嚴格隸定為『㐱』，可能是『髳』之初文，讀為侮。郭店《老子》（丙）1號簡『其既〈即（次）〉㐱之』，傳世本跟『㐱』相當之字作『侮』，可證。侮，輕慢。騂似可讀為瞀，昏亂。」〔註106〕王挺斌曰：「『康騂』或許讀為『荒眊』比較好點。『荒眊』即『眊荒』。」〔註107〕王寧曰：「象當讀為瀁，《說文》言『讀若蕩』，此為放縱意。『矛』與『騂』古音當相同或相近，此當讀為『瞀』和『愗』，『瞀』為昏亂義，『愗』《廣雅》『愚也』。『瀁瞀康愗』是說放縱、昏亂、逸樂、愚蠢，故曰不知邦之將喪。」整理者說支離破碎，不知所云。王寧讀象為瀁（蕩），是也，餘說亦誤。古音「矛」、「莽」相轉。《淮南子‧脩務篇》「寡君失社稷，越在草茅」，《左傳‧定公四年》作「草莽」，《釋文》：「草莽，舊作茅，亡交反；今本多作莽，莫蕩反。」「象矛」即「蕩瀁」，疊韻連語，倒言則作「瀁蕩」、「瀁蕩」、「莽洋」、「瀁瀁」、「莽瀁」、「碭碭」、「莽買」、「茫蕩」。「康騂」亦即「蕩瀁」，又音轉作「沆瀁」、「沆茫」，疊韻連語，倒言則作「莽沆」、「瀁沆」、「茫沆」。都是廣大貌，簡文引申指空虛迷亂貌。「象矛康騂」複言者，古人自有疊用同詞之例。《荀子‧禮論》「躑躅焉，踟躕焉」，「躑躅」即「踟躕」。《淮南子‧俶真篇》「蕭條霄霓」，又「搖消掉捎」。「霄霓」即「蕭條」，

〔註103〕王念孫《廣雅疏證》，收入徐復主編《廣雅詁林》，江蘇古籍出版社1992年版，第323頁。

〔註104〕《廣韻》「颰，風聲，王勿切」，此「颰」字誤，當從骨作「䯍」。參見蕭旭《〈廣韻〉「颰，風聲」校正》。

〔註105〕「暮四郎」說，《清華簡五〈殷高宗問於三壽〉初讀》，簡帛網2015年4月10、12日。下引省稱作「《初讀》」。

〔註106〕《初讀》，簡帛網2015年4月15日。

〔註107〕《初讀》，簡帛網2015年4月15日。

「搖消」即「掉捎」。《漢書・司馬相如傳》《上林賦》「柴池茈虒」，又《揚雄傳》《甘泉賦》「柴虒參差」。「柴池」、「茈虒」、「柴虒」皆是「參差」轉語。《文選・高唐賦》「縱縱莘莘」，「縱縱」、「莘莘」亦音轉。《古文苑》卷6後漢黃香《九宮賦》「蚩尤之倫玢璘而要斑斕」，又「聲淳淪（一作『綸』）以純侖」。「斑斕」即「玢璘」轉語，「純侖」即「淳淪」轉語。皆其比也。

（3）适還妖祥

整理者曰：适，讀為括，捆束。還，環圍。（P155）

按：王寧曰：「适，《說文》：『疾也。』還，這裡是消退、消除意。是說可快速消除妖祥。」讀适為括是也，但所釋則誤。《方言》卷12：「括，閉也。」《廣雅》：「括，塞也。」王說「還」是也，即退卻義。

（4）戙（申）豊（禮）勸（勸）忮（規）

整理者曰：勸，勉也。忮，讀為規，指規矩。（P155）

按：王寧曰：「『戙』字當即戰陳、陳列之『陳』的或體。此處亦當依字讀為『陳』，『陳禮』即陳設禮儀之意。『忮』當讀為『技』，暮四郎云：『此句當讀為「申禮勸技」。申、勸並言可參《管子》卷一：「然后申之以憲令，勸之以慶賞。」「勸技」可參看《史記・貨殖列傳》：「于是太公勸其女功，極技巧，通魚鹽。」』其說可從。」〔註108〕白于藍曰：「忮似當讀為佳，善也，好也。『勸佳』即『勸善』。」〔註109〕整理者讀戙為申，是也。忮，讀為胑（肢），指四肢。上博楚簡（四）《相邦之道》簡3：「庶人勸於四枳之藝，以備軍旅。」枳亦肢也。

（5）坸（徇）寊（句）傑（遏）怪（淫）

整理者曰：坸，讀為徇，順也。寊，讀為句，謙恭。傑，讀為遏，抵制。（P156）

按：某氏曰：「『坸（徇）』似當解釋為止（《玉篇》），與『傑（遏）』義近。寊讀為厚，與『淫』義近。」〔註110〕王寧曰：「『坸』即『均』或體，此讀為『徇』當為遍示義。『寊』當即「購」之或體，當讀為『詬』或『垢』，

〔註108〕「暮四郎」說見《初讀》，簡帛網2015年4月12日。
〔註109〕白于藍《簡帛古書通假字大系》，福建人民出版社2017年版，第427頁。
〔註110〕「暮四郎」說，《初讀》，簡帛網2015年4月12日。

訓恥。『傑』通『桀』，當讀為揭，為揭舉義。『怪』原簡文作『』（下第25簡上亦有此字，形同），是從心㞢聲，暮四郎已經將此字隸定為『悁』而括讀為『淫』，是也。淫，邪也，亂也。『徇詬揭淫』是說遍示百姓以恥辱，揭舉邪惡之行，讓百姓知道什麼是恥辱，什麼是邪行。」季旭昇曰：「讀均為徇釋為順，讀傑為遏，讀怪為淫，暮四郎讀實為厚，均可從（但暮四郎訓「厚」為過度，而本文的「厚」是厚實的意思）。全句謂依循厚實之道，遏止淫佚過度。」〔註111〕均，讀為洵。《詩・擊鼓》「于嗟洵兮」，毛傳：「洵，遠也。」《釋文》：「洵，呼縣反，《韓詩》作『夐』，夐亦遠也。」字亦作徇、傒，《集韻》：「徇，遠也，或作傒。」實讀為詬是也，亦作「訽」。傑讀為遏是也，遏止也。均實傑淫者，遠離恥辱，禁止淫佚也。

（6）闓（宣）義（儀）和藥（樂）

整理者曰：闓，即「關」字，讀為宣，布也。義，讀為儀，訓法。（P156）

按：某氏曰：「闓疑讀為婉。義疑讀為娥，美好貌。大概是形容音樂婉轉美好，聽者和樂。」〔註112〕季旭昇曰：「或許可讀為『寬宜和樂』，指君王要對人民寬大、合宜、和平、安樂。」〔註113〕讀闓（關）為宣，是也，但當訓昭明，字亦作「晅」，本字作「顯」。「義」讀如字。和樂者，使樂平和不過度。句謂聲樂可以昭明其義，平和其樂。

（7）四方勸（勸）教，監（濫）芫（媚）莫淦（感）

整理者曰：監，讀為濫，姦聲也。芫，讀為媚，柔佞也。淦，讀為感，惑也。（P156～157）

按：某氏曰：「疑讀為『監美慕歆』。『監』意為觀。『慕』意為思慕、嚮往。『歆』意為欣羨，與『慕』義近。二句意為四方勸勉於教化，觀此美樂而心生嚮往。」〔註114〕王寧曰：「『監』當依字讀，監視、監督義。『芫』當即『薇』字，通『微』，此指事物不好的苗頭。淦，《說文》：『水入船中也。』段注：『淦者，浸淫隨理之意。』此用為浸淫、擴散之意。『監微莫淦』意思是監督不好事

〔註111〕 季旭昇《清華五・殷高宗問於三壽》先王之遺訓「音」字考》，「戰國文字研討的回顧與展望」國際學術研討會論文，2015 年 12 月 12～13 日。

〔註112〕 「暮四郎」說，《初讀》，簡帛網 2015 年 5 月 1 日。

〔註113〕 季旭昇《清華五・殷高宗問於三壽》先王之遺訓「音」字考》，「戰國文字研討的回顧與展望」國際學術研討會論文，2015 年 12 月 12～13 日。

〔註114〕 「暮四郎」說，《初讀》，簡帛網 2015 年 5 月 1 日。

物的壞苗頭不使擴散，意思同於『防微杜漸』。」季旭昇曰：「疑莧讀為臧，與『監』義近。『監臧』猶『監觀』，即今語『觀察』。全句謂經過觀察後，欣然向慕。」〔註115〕監，讀為欲。《說文》：「欲，欲得也。讀若貪。」字或作濫，《呂氏春秋·權勳》：「虞公濫於寶與馬。」高誘注：「濫，貪。」《韓子·十過》「濫」作「貪」。俗字又或作嚂、懢、嚤，音轉亦作「婪（惏）」。《淮南子·齊俗篇》：「芻豢黍粱、荊吳芬馨以嚂其口」，許慎注：「嚂，貪求也。」又《兵略篇》：「不貪於貨，不淫於物，不嚂於辯。」嚂亦貪也。字或作藍，《大戴禮記·文王官人》：「淹之以利，以觀其不貪；藍之以樂，以觀其不寧。」盧辯注：「藍，猶濫也。」《逸周書·官人解》「藍」作「濫」。莧，讀為嬿（美），指美色。《莊子·田子方》：「古之真人，知者不得說，美人不得濫，盜人不得劫，伏戲黃帝不得友。」《淮南子·俶真篇》：「美者不能濫也。」高誘注：「濫，覿也，或作監。」裴務齊《正字本刊謬補缺切韻》：「懢，貪也。《淮南子》：『美人不能懢。』」此即「濫美」之說也。淦，本指船沉沒，引申為沉溺。字亦作涵、洤，《方言》卷10：「潛、涵，沉也。楚郢以南曰涵，或曰潛。」郭璞注：「涵，音含，或古南反。」《玄應音義》卷16引「涵」作「洤」，音胡南反。裴務齊《正字本刊謬補缺切韻》、《玉篇》、《廣韻》「淦」字亦音古南反。《集韻》：「洤，《方言》：『沈也。』或作匼、澹、洤、淦、漍。」「洤」、「潛」一聲之轉。濫美莫淦者，係倒裝句，謂不要沈溺貪於美色，此亦是聲樂的教化作用。

（8）留（留）邦夒（偃）兵，四方達寧

整理者曰：留，讀為「留」。《國語·楚語上》「舉國留之」，韋昭注：「治之也。」達，猶皆也。（P157）

按：某氏曰：「留或可讀為保。」〔註116〕某氏曰：「『留邦』當讀為『穆邦』。」〔註117〕王寧曰：「留，當讀為揉或柔。《詩·崧高》『揉此萬邦』，箋：『揉，順也。』《釋文》：『揉，本亦作柔。』『柔』古亦訓和、訓安，『揉（柔）邦』即安邦。『柔』、『留』可通，《山海經·海外北經》『柔利國，……一云留利之國』，可證。」整理者留訓治，可備一通。亦可讀留為利。《莊子·天地》「執留之狗成思」，《釋文》：「留，一本作狸。」《山海經·南山經》郭璞

〔註115〕季旭昇《〈清華五·殷高宗問於三壽〉先王之遺訓「音」字考》，「戰國文字研討的回顧與展望」國際學術研討會論文，2015年12月12～13日。
〔註116〕「蕦四郎」說，《初讀》，簡帛網2015年4月12日。
〔註117〕「蚊首」說，《初讀》，簡帛網2016年9月8日。

注引作「犁」，並一聲之轉。達，讀為澈，清澄也。

（9）譖（讒）繇（謠）則败（屏）

整理者曰：讒，譖也。謠，謠言，流言也。屏，卻退。（P157）

按：陳劍曰：「應讀為『讒諛』，此指讒諛之人。」〔註118〕王寧曰：「楚簡文字『流』寫作『🔣』（郭店《語叢四》簡7），從水從上下二虫，則此字當為流言之『流』的專字，故從言，『流謠』意同於『流言』。」整理者說與陳說皆通。「譖」從二虫（蚰），當是從三虫（蟲）之省。楚帛書、包山楚簡簡217、新蔡楚簡乙一簡22「祝蟲」即「祝融」，都是從三虫（蟲）之「融」省文。融、讒一聲之轉。

（10）內亞（基）而外比

整理者曰：基，本也。內基，以內為本。比，輔也。外比，以外為輔。（P157～158）

按：鄧佩玲曰：「『外比』大概指於外得賢人輔助。『基』可解作謀劃、經營。『內基』相當於『內謀』。」〔註119〕亞（基），讀為娭。《說文》：「娭，說（悅）樂也。」字或作熙，亦省作熙。比，和諧、協調、和順也。

（11）上下毋倉（攘）

整理者曰：攘，亂也，相侵奪也。（P158）

按：「攘」訓亂也，本字作「愬」。某氏曰：「倉，或本是『寒』字，疑讀為愆，意為過。」〔註120〕某氏曰：「疑讀為『上下毋奸』。奸，欺、詐之謂，句言毋飾言飾行以事其上。」〔註121〕某氏曰：「『倉（寒）』似當讀為『干』，解為干犯。」〔註122〕王寧曰：「郭永秉認為：『「上下毋倉」當讀為「上下毋爽」。爽，過也，差也，忒也。』此說是也。『上下毋爽』即上下調和不乖離之意。」〔註123〕白于藍亦從郭永秉說〔註124〕。鄧佩玲曰：「毋倉，疑讀為

〔註118〕陳劍《〈清華簡五〉與舊說互證兩則》，復旦古文字網站2015年4月14日。
〔註119〕鄧佩玲《清華簡（伍）〈殷高宗問於三壽〉有關「智」、「利」、「信」三段簡文考釋》，《出土文獻》第11輯，中西書局2017年版，第198頁。
〔註120〕「蟆四郎」說，《初讀》，簡帛網2015年4月10日。
〔註121〕「蚊首」說，《初讀》，簡帛網2015年4月12日。
〔註122〕「蟆四郎」說，《初讀》，簡帛網2015年4月13日。
〔註123〕郭永秉說見《初讀》，簡帛網2015年4月13日。
〔註124〕白于藍《簡帛古書通假字大系》，福建人民出版社2017年版，第1045頁。

『無藏』。『藏』有隱匿之意。『無藏』可解作不隱藏、不隱諱。」〔註125〕倉，讀為爭。《神仙傳》卷8「錚然作銅聲」，《太平廣記》卷10引作「鎗鎗然」。「葦蓯」、「葦蕁」、「崢嶸」轉作「傖儜」、「傖氋」，「犟犛」轉作「傖囊」、「搶攘」，P.2011王仁昫《刊謬補缺切韻》「傖」、「犟」同音助庚切。皆其音轉之證。清華簡（六）《子產》「乃敓（禁）辛道，敓語，虛言亡實」，亦讀作「爭語」。

（12）強救（並）丩（糾）出

整理者曰：強，勤也。並，兼合。糾，察。（P158）

按：某氏曰：「救疑可讀為勑，大力也。『強』似指強勢者，『勑』似指大力者。『丩出』疑讀為『收絀（或『詘』）』。意思是說強勢大力者要使其收縮、減損。」〔註126〕白于藍從其說〔註127〕。王寧曰：「『救』、『出』暮四郎讀為屛、黜，均可從。丩疑當讀為仇，《說文》：『讎也。』謂仇讎。」〔註128〕鄧佩玲曰：「『強救丩出』可與『不競不絿』相參證。『強』、『競』可以相通。『丩』或應讀『絿』，訓急。『救』可讀『并』，即『並』，連詞。『出』、『黜』古通，可訓為退、絕。『強救丩出』指好強與急進兩種不宜於治國之態度均被黜絕。」〔註129〕某氏讀救為勑，是也，但不必分作「強勢」、「大力」二義。《廣雅》：「勑，大也。」「強勑」即「勈勑」，猶言強大。丩，讀為犨（犫），亦出也。《呂氏春秋·召類》「南家之牆犨於前而不直」，高誘注：「犨，猶出。」《文選·雜詩》李善注引作「犨」。

（13）夭（效）屯（純）亘（宣）猷

整理者曰：夭，讀為效，致也。純，壹也。猷，謀也。（P158）

按：鄧佩玲曰：「疑『夭屯』讀為『效訓』，即古書中的『致訓』，即給予教訓、訓導。『亘（宣）猷』見《詩·桑柔》『秉心宣猶』，鄭箋：『宣，徧。

〔註125〕鄧佩玲《清華簡（伍）〈殷高宗問於三壽〉有關「智」、「利」、「信」三段簡文考釋》，《出土文獻》第11輯，中西書局2017年版，第199頁。

〔註126〕「補白」說，《清華簡〈殷高宗問於三壽〉臆說四則》，復旦古文字網站2015年4月16日。

〔註127〕白于藍《簡帛古書通假字大系》，福建人民出版社2017年版，第1104、180、864頁。

〔註128〕「暮四郎」說見《初讀》，簡帛網2015年4月13日。

〔註129〕鄧佩玲《清華簡（伍）〈殷高宗問於三壽〉有關「智」、「利」、「信」三段簡文考釋》，《出土文獻》第11輯，中西書局2017年版，第200頁。

猶，謀。』」〔註130〕鄧引《詩》「宣猶」是也，《列女傳》卷 8 引《詩》作「宣猷」。夭，讀為交。交亦徧也，俱也。屯，讀為惇，誠信也。

（14）天下䁴（甄）再（稱）

整理者曰：《後漢書・光武紀》「靈眖自甄」，李賢注：「甄，明也。」（P158）

按：王寧曰：「『䁴』字已見清華簡一《尹至》第 4 簡：『女（汝）告我夏䁴率若寺（時、是）』，《呂氏春秋・慎大》此句作『若告我曠夏盡如詩（時、是）』，此字顯然相當於《慎大》的『盡』，那麼『䁴』很可能就是『眕』之或體，與『盡』音近可通假，意思相當於『悉』、『皆』。《尹至》『盡率』乃同意連用。」「甄」訓明是明察、表明義，顯然不合。《尹至》「夏䁴」成詞，整理者讀䁴為隱〔註131〕，是也。此簡王說䁴訓盡得其義，未得其字。「䁴」從聖得聲，某氏讀作壹，訓皆〔註132〕，是也。《玉篇》：「壹，皆也。」「壹鬱」音轉作「堙鬱」、「湮鬱」（某氏已舉），「堙塞」音轉作「噎塞」，「填堙」音轉作「填噎」、「填闉」，都是其音轉之證。

（15）戲（虐）怪（淫）自嘉而不縷（數）

整理者曰：戲，讀為虐、謔，戲謔。《書・西伯戡黎》「惟王淫戲用自絕」，《史記・殷本紀》作「淫虐」。嘉，美也。縷，讀為數，責也。（P159）

按：某氏曰：「『哿』（或『嘉』），歡、樂、喜之謂。《晏子春秋》：『子大夫日夜責寡人，不遺尺寸，寡人猶且淫泆而不收，怨罪重積於百姓。』縷可讀收，帛書《周易》井卦『唯敝縷』之『縷』，阜陽漢簡本作『句』，是其通假之證。『戲淫自嘉而不收』謂戲淫自樂而不知收檢。」〔註133〕某氏曰：「『縷（數）』整理報告解釋為責，似不確。『數』古有『法』義。『不數』指不合法度。」〔註134〕王寧曰：「『戲』無須改讀『虐』，『戲淫』當即『淫戲』之倒語，謂戲樂無度也。《殷本紀》之『虐』疑『虗』形訛，『虗』、『戲』音同可通。」《西伯戡黎》「淫戲」，鄭氏解作「暴虐」雖誤，但可知其所據本亦

〔註130〕鄧佩玲《清華簡（伍）〈殷高宗問於三壽〉有關「智」、「利」、「信」三段簡文考釋》，《出土文獻》第 11 輯，中西書局 2017 年版，第 203 頁。
〔註131〕《清華大學藏戰國竹簡（壹）》，中西書局 2010 年版，第 130 頁。
〔註132〕「暮四郎」說，《初讀》，簡帛網 2015 年 4 月 13 日。
〔註133〕「shanshan」說，《初讀》，簡帛網 2015 年 4 月 14 日。
〔註134〕「暮四郎」說，《初讀》，簡帛網 2015 年 5 月 4 日。

是「虐」字，與《史記》合。虐，讀為謔，亦戲也。《爾雅》：「戲，謔也。」《說文》：「謔，戲也。《詩》曰：『善戲謔兮。』」《慧琳音義》卷24引《考聲》：「戲，謔也，悅也。」整理者說戲讀為虐（謔），王寧說《殷本紀》「虐」疑「虘」形訛，皆誤。某氏說「嘉」訓樂，讀繆作收，均是也。帛書《陽陽五行》甲篇「蜀宭（宭）」，帛書又一殘片作「蜀宭」，北大漢簡《勘輿》作「獨婁」。「恂愁」、「佝愁」音轉亦作「婁務」〔註135〕。「夠」或作「夥」。都是其證。字亦作婁，收斂也。《詩·角弓》鄭玄箋：「婁，斂也。」

（16）畾（聞）季（教）（訓），舍（餘）敬羔（養）

整理者曰：餘，饒也。（P159）

按：舍，讀為忩。《說文》：「忩，喜也。」蔣斧印本《唐韻殘卷》：「忩，悅。」裴務齊《正字本刊謬補缺切韻》：「忩，悅忩。」字亦作悇，《集韻》：「悇，樂也。」亦借「豫」為之，《爾雅》：「豫，樂也。」豫亦喜悅也。

（17）棘（束）柬（簡）和蔞（慕）

原整理者注：束，約束。柬，《荀子·修身》楊倞注：「柬，與『簡』同，言柬擇其事理所宜而不務驕逸。」慕，《說文》：「習也。」

按：某氏曰：「暮（蔞）當讀為漠。」〔註136〕某氏曰：「疑柬讀為諫，蔞讀為謨。『束諫和謨』乃聚集諫議、合同謀略之義。待考。」〔註137〕王寧曰：「『束』本為束縛義，有聚集、緊密意，引申為親近意。『柬』本為挑揀、選擇義，有分別、分離意，引申為疏遠意。故本文『束柬』很可能就是傳世典籍中常見的所謂『親疏』、『遠近』之意。『束柬和慕』為無論關係親近的還是疏遠的都和諧愛慕。」「慕」訓習是仿效義，非其誼也。王說引申殊牽強，不足信。束訓約束，是也，謂約束收斂不煩苛也。讀柬為簡，是也，但所訓則誤。簡當訓簡約、簡省、簡易。《說文》：「蔞，宗（寂）也。」《廣雅》：「蔞，靜也。」清靜也，安定也。簡文正用本字。俗作寞，字亦作漠，《說文》：「漠，一曰清也。」《爾雅》：「漠，清也。」《淮南子·俶真篇》「其神漠」，高誘注：

〔註135〕參見王念孫《廣雅疏證》，收入徐復主編《廣雅詁林》，江蘇古籍出版社1992年版，第77～78頁。

〔註136〕「暮四郎」說，《初讀》，簡帛網2015年4月13日。

〔註137〕「補白」說，《清華簡〈殷高宗問於三壽〉臆說四則》，復旦古文字網站2015年4月16日。

「漠，定也。」《漢書・賈誼傳》「恬漠」，顏注：「漠，靜也。」《淮南子・泰族篇》「靜漠恬淡」，四字同義連文。又作嘆，或省作「莫」。《爾雅》：「嘆、安，定也。」《釋文》：「嘆，本亦作莫。」《廣雅》：「嘆，安也。」《玉篇》：「嘆，靜也。」《詩・皇矣》「貊其德音」。毛傳：「貊，靜也。」《釋文》：「貊，《左傳》作『莫』，音同，《韓詩》同，云：『莫，定也。』」《左傳・昭公二十八年》、《禮記・樂記》、《史記・樂書》引「貊」作「莫」。和蓦，猶言平和安靜。

《封許之命校補》作於 2017 年上半年（今補充部分後出意見），其餘完成於 2022 年 6 月 3 日～6 月 22 日。

清華簡（六）校補

清華簡（六）收錄《鄭武夫人規孺子》、《管仲》、《鄭文公問太伯（甲、乙）》、《子儀》、《子產》五篇文獻〔註1〕，茲據整理者釋文注釋作校補。

一、《鄭武夫人規孺子》校補

（1）古（故）君與大夫蠲焉，不相得惡。區區鄭邦望吾君，亡（無）不盈（盈）其志於吾君之君己也

整理者曰：蠲，上博簡《孔子詩論》中假為「宛」字，在影母元部，此處讀為晏，安也。（P106）

按：某氏曰：「『蠲』不如讀為『婉』更直接。」〔註2〕子居曰：「蠲直接讀為安。」〔註3〕王寧改讀作「故君與大夫宛（怨）焉不相得。惡區區鄭邦望吾君亡，不盈其志」，云：「上博簡二《容成氏》裏琬琰的『琬』字寫法即上從三兔下從月，當即『腕』字而讀為『琬』，則此字當讀與『宛』同，此讀為『怨』。『惡』是疑問詞，義同『何』。『亡』當依字讀，出亡意。『望吾君亡』是說盼望出亡的吾君（武公）回來。」〔註4〕張宇衛讀蠲為歡，石兆軒

〔註1〕李學勤主編《清華大學藏戰國竹簡（陸）》，中西書局2016年版。

〔註2〕「ee」說，《清華六〈鄭武夫人規孺子〉初讀》，簡帛網2016年4月17日。本篇下文省稱作《初讀》。其說又見單育辰《清華六〈鄭武夫人規孺子〉釋文商榷》，《出土文獻與傳世典籍的詮釋國際學術研討會會議論文集》，復旦大學2017年10月14～15日，第297頁。

〔註3〕子居《〈鄭武夫人規孺子〉解析》，中國先秦史論壇2016年6月26日。本篇下文引「子居」說皆見此文。

〔註4〕王寧《清華簡六〈鄭武夫人規孺子〉寬式文本校讀》，復旦古文字網2016年5

從其說，並指出：「楚文字中的『䜌』往往與傳世文獻從『宛』之字相通，《方言》云：『倇，歡也。』倇與歡音近且義通，大概是同源字。」〔註5〕林宏佳又從石說，並指出：「古籍言君臣關係時，與『惡』相對的往往就是『歡』字。」〔註6〕上博簡（一）《孔子詩論》中讀為「宛」的字作「鵒」，其字上部「兔」字李學勤分析為從「冤」省聲，季旭昇謂其字從三「肙」，下二「肙」省「口」形〔註7〕。王寧讀䜌為怨，是也。當讀作「故君與大夫䜌焉不相得，惡！區區鄭邦望吾君，亡不溢其志於吾君之君己也」。「惡」一字為句，古音鳴，嘆詞。整理者以「亡不」連文，亦是也。出亡之君，當言「亡君」，不得言「君亡」。

（2）使人姚（遙）聞於邦，邦亦無大䌛賻（賦）於萬民

按：王挺斌曰：「頗疑『䌛賻（賦）』一詞當直接讀為『徭賦』，指的是徭役與賦稅，《韓非子·詭使》：『而士卒之逃事狀匿附託有威之門以避徭賦。』」〔註8〕王寧曰：「䌛讀徭，大徭即大徭役，疑指戰爭。賻當讀敷或布。」整理者及王挺斌說是也。《說文》：「䌛，隨從也。」段玉裁曰：「徭役者，隨從而為之者也。」〔註9〕是「䌛」為本字，俗字作「繇」、「徭」、「傜」。《韓子》作「徭賦」，不作「傜賦」。《漢書·景帝紀》：「減太官，省繇賦。」顏師古曰：「繇，讀曰徭。」《漢紀》卷9作「徭賦」。

（3）自衛與鄭若卑耳而啻（謀）

整理者曰：與，猶助也。卑，猶近也。（P106）

　　　　月1日。本篇下文引王寧說皆見此文。
〔註5〕石兆軒《清華六〈鄭武夫人規孺子〉研究》，臺灣大學2018年碩士學位論文，第112頁。
〔註6〕林宏佳《〈鄭武夫人規孺子〉補探》，《文字、文獻與文明——第七屆出土文獻青年學者論壇暨國際學術研討會論文集》，中山大學2018年8月17～20日，第133頁。
〔註7〕李學勤、季旭昇二說並見季旭昇主編《〈上海博物館藏戰國楚竹書（一）〉讀本》，北京大學出版社2009年版，第32頁。
〔註8〕清華大學出土文獻讀書會《清華六整理報告補正》，清華大學出土文獻網站2016年4月16日。本文下引石小力、馬楠、王挺斌、劉光、許可說皆見此文。王挺斌說又見《清華簡第六輯研讀札記》，《出土文獻》第9輯，中西書局2016年版，第198頁。
〔註9〕段玉裁《說文解字注》，上海古籍出版社1981年版，第643頁。

按：王挺斌曰：「『卑』字訓為近，可能就是『比』的假字。」〔註10〕某氏曰：「『與』疑解為『與聞』之與，指參與國內政事，也可以讀為『舉』，處理。」〔註11〕子居曰：「『卑耳』就是『辟耳』。辟可訓為偏、側，故『卑耳』即後世所謂『側耳』。」「鄭」下當讀斷。「與」讀為舉，亦謀也。《呂氏春秋·異寶》：「其主，俗主也，不足與舉。」高誘注：「舉，猶謀也。」《大戴禮記·保傅》：「是以慮無失計，而舉無過事。」《淮南子·主術篇》「舉」作「謀」。「耳」非「耳朵」之「耳」。「卑耳」亦作「辟耳」、「辟咡」，乃「俾倪」、「睥睨」轉語，疊韻連綿詞，猶言傾頭〔註12〕。卑耳而謀，言傾頭而相與謀也。

（4）今吾君既〈即〉世，孺子女（汝）毋智（知）邦正（政），詯（屬）之大夫；老婦亦將丩（糾）攸（修）宮中之正（政），門檻之外毋敢又（有）智（知）焉

整理者曰：糾修，治理。《左傳·昭六年》：「糾之以政。」孔疏：「糾，謂舉治也。」（P106）

按：劉光曰：「女讀為如。」某氏曰：「『女』有兩種可能，一種是讀為『汝』，但可能性較低，參簡7『孺子』後不帶『汝』。第二種即如劉光讀為『如』，『如』應訓為『不如』。」〔註13〕某氏曰：「丩，似當讀作厚。」〔註14〕王寧曰：「女，當讀如，用為助動詞，當也。簡8『孺子女共（恭）大夫』之『女』亦當如是解。」劉偉浠曰：「『丩』字當『糾』字讀。《左傳·昭六年》：『糾之以政。』注：『糾，舉也。』簡文中『丩』與『修』義近，有遞進的關係，檢舉並修治宮中政事。」〔註15〕整理者讀女為汝不誤，「汝」是「孺子」的同位主語，不可律以簡7之例。《左傳·昭六年》「糾之以政」，其「政」字讀作正，「糾」是糾正、矯正義。杜注「糾，舉也」，舉亦糾正義〔註16〕，而

〔註10〕《清華六整理報告補正》，王挺斌說又見《清華簡第六輯研讀札記》，《出土文獻》第9輯，中西書局2016年版，第199頁。
〔註11〕「魚游春水」說，《初讀》，簡帛網2016年4月18日。
〔註12〕參見蕭旭《清華簡（六）連綿詞例釋》。
〔註13〕「ee」說，《初讀》，簡帛網2016年4月16日。
〔註14〕「易泉」說，《初讀》，簡帛網2016年4月17日。
〔註15〕《初讀》，簡帛網2016年5月6日。
〔註16〕《呂氏春秋·自知》：「故天子立輔弼，設師保，所以舉過也。」高誘注：「舉，猶正也。」

非「檢舉」義。孔疏：「政者，正也。舉治之使從於齊正也。」「丩攸」讀作「糾修」，指矯正修治宮中之政。「丩」讀為督，察也，理也，正也。字亦作糾，《周禮‧秋官‧大司寇》：「以五刑糾萬民。」鄭玄注：「刑，亦法也。糾，猶察異之。」又《地官‧大司徒》：「以鄉八刑糾萬民。」鄭玄注：「糾，猶割察也。」朱駿聲曰：「糾，叚借為督，糾、督一聲之轉。」〔註17〕《玉篇》：「糾，督也。」此乃聲訓。《漢書‧董仲舒傳》：「殷人執五刑以督姦。」顏師古曰：「督，視責也。」又疑「攸」古音同「由」、「迪」，讀為導。丩攸，猶言督導。

（5）孺子亦毋以埶（埶）豎卑御，勤力弞（价）駬（馭），婝（媚）妬之臣躬（躬）共（恭）其顏色、盦（掩）於其考（巧）語，以亂大夫之正（政）

整理者曰：《詩‧雨無正》有「埶御」，朱熹《集傳》：「近侍也。」卑，卑微。御，車御也。埶豎卑御，泛指近侍者。力，功也。勤力意為有功勞。弞，讀為价，甲也。一說「弞」為「射」字異體，指射手。盦，「鹽」本字，讀為掩，猶蔽。（P106～107）

按：石小力曰：「『埶』字還見於簡15『埶嬖』，亦括注為『埶』，從楚簡及古書用字習慣看，還是括注為『褻』較好。『卑御』之卑讀為嬖，『嬖御』見於《禮記‧緇衣》『毋以嬖御人疾莊后』，上博簡12作『辟御』，郭店簡23作『卑御』。」〔註18〕馬楠曰：「『孺子亦毋以褻豎嬖御勤力射馭媚妬之臣躬恭其顏色、掩於其巧語，以亂大夫之政』應當作一句讀。『褻豎』、『嬖御』、『勤力』、『射馭』、『媚妬』並列。」何有祖曰：「勤力射馭，《國語‧晉語》『射御足力則賢』之『射御足力』，可與之參看。」〔註19〕某氏曰：「卑御，又見於《清華壹‧祭公》簡16作『俾御』。」〔註20〕王寧曰：「『埶』通『褻』，《康熙字典》：『埶，《說文》：「日狎習相慢也。」《詩‧小雅》：「曾我埶御。」《傳》：「埶御，侍御也。」《五經文字》與「褻」同。』『弞』在楚文字中此字用為『射』殆是會意字，從弓從夬（決），表示決弦開弓射箭意，《天問》

〔註17〕朱駿聲《說文通訓定聲》，武漢市古籍書店1983年版，第244頁。
〔註18〕《清華六整理報告補正》，石小力說又見《清華簡第六冊字詞補釋》，《華學》第17輯，2017年版，第186頁。
〔註19〕何有祖《讀清華六短札（三則）》，簡帛網2016年4月19日。
〔註20〕「明珍」說，《初讀》，簡帛網2016年4月21日。

所謂『馮珧利決，封豨是射』是也。後世用為決弦工具之『玦』（扳指）的或體，《集韻》：『弪，所以闓弦者，通作決。』則為形聲字，二者形同而音義不同。褻豎即君主親近的內宦，嬖御即受寵幸的嬪妃姬妾，勤力指君主身邊的雜役人員，射馭是為君主出獵遊樂服務的官員，媚妒即諂媚嫉妒之臣。」子居曰：「『勤力』當讀為『筋力』。」許文獻曰：「弪，疑即『夬』字異構，『弪馭』應即『夬馭』，而『馭』字本有統治或治理之意。『夬』字應讀為決，訓作迅急。決馭，指其在治理上能迅速決斷之意。」〔註21〕①石小力說及馬楠讀，是也。《說文》訓「日狎習相慢也」之字當從執作「𤳉」，段玉裁、桂馥、沈濤、苗夔、朱駿聲等人改作從執作「𤳉」，徐承慶、蔣冀騁已駁之，《繫傳》指出「𤳉」與「媟」同，皆是也。《五經文字》卷下亦從執作「𤳉」，指出與「褻」同，非是。從「執」之字多有下義，故「𤳉」取下色為義〔註22〕。簡文作「執」，自當讀為𤳉。簡15「執辟」，整理者讀為「𤳉嬖」不誤，王寧曰：「執當讀為設，即設定官職或職責。」其說非是。②卑讀為嬖，不是卑微義，當指便嬖（文獻也作「便辟」、「便僻」、「般辟」）。嬖之言辟也，退縮旋轉之皃，指諂媚逢迎的近侍者〔註23〕。御，侍御也，非指車御。「嬖御」亦指近臣，而非嬪妃姬妾。③力亦勤也，見於故訓甚多，不訓功。《廣雅》：「伤，勤也。」「伤」同「力」。簡文「勤力」是複合詞，指任勞辱之事的近臣。④「弪」指發射弓矢者，字或作「夬」、「決」、「抉」，不是「射」字。⑤「顏色」、「巧語」的主語是上文所說的幾種近臣，而不是指孺子鄭莊公。「盧於」與「躬恭」對文，「於」非介詞。「盧於」是雙聲聯綿詞，讀為「謑與」，音轉又作「阿與」、「嫸嬰」、「嫸阿」、「嫸婀」、「謑阿」、「阿邑」、「阿匼」，言語紛挐牽引而欺誣之義，或不決之貌〔註24〕。

（6）女（如）及三歲，幸果善之，孺子其童（重）得良臣，使𢼸（禦）寇也，專（布）悤（圖）於君

　　按：王寧曰：「專，當讀敷訓布。」讀專為敷，是也，但當訓陳，猶言進

〔註21〕許文獻《關於清華〈鄭武夫人規孺子〉簡7之「弪」字》，簡帛網2018年3月16日。
〔註22〕參見蕭旭《〈說文〉疏證（二則）》，《中國文字》2019年冬季號（總第2期），第81～88頁。
〔註23〕參見蕭旭《「便辟」正詁》，《中國文字研究》第27輯，2018年版，第135～139頁。
〔註24〕參見蕭旭《清華簡（六）連綿詞例釋》。

獻，即「敷奏」之敷。

（7）思群臣得執焉，囗〔九〕臣、四鄩（鄰）以吾先君为能敘

整理者曰：思，通「斯」，訓「而」。執，訓「用」。敘，猶比次也。
（P107）

按：某氏曰：「思讀為使。」〔註25〕某氏曰：「此處殘字上從虍，若照一般從虍聲字推之，可能是讀為『虎臣』。」〔註26〕王寧曰：「『執』即『執事』之省語，『得執』意思是知道自己的職責是什麼。此當為『吾』之殘泐，『吾臣』一詞古書習見，意思是我的臣子。」沈培曰：「敘，讀為豫，備也。」〔註27〕某氏讀思為使，是也。執，讀為計，字亦作輯、集，會合、會聚。使群臣得執，指使群臣得以團結聚攏在先君周圍。「臣」上殘字從虍，當是「虞」字，讀為「五」。「五臣、四鄰」指賢臣而言，「四鄰」不指諸侯鄰國。《書·益稷》：「欽四鄰。」孔傳：「四近，前後左右之臣。」孔疏引鄭玄曰：「以四近為左輔、右弼、前疑、後丞，惟伏生《書傳》有此言，《文王世子》云有師保有疑承以外，經傳無此官也。」《史記·夏本紀》《集解》引《尚書大傳》：「古者天子必有四鄰，前曰疑，後曰丞，左曰輔，右曰弼。」〔註28〕《孔叢子·記義》：「昔者虢叔、閎夭、太顛、散宜生、南宮适五臣同寮比德以贊文武。」又《論書》：「孟懿子問《書》曰：『欽四鄰，何謂也？』孔子曰：『王者前有疑，後有丞，左有輔，右有弼，謂之四近，言前後左右近臣當畏敬之，不可以非其人也。周文王胥附奔輳，先後禦侮，謂之四鄰，以免乎羑里之害。』」

（8）女（如）弗果善，欨吾先君而孤孺子，其辠（罪）亦趹（足）婁（數）也

整理者曰：欨，《廣雅》：「病也。」此指為難。數，責數其罪。（P107）

按：某氏曰：「欨，直接讀為死。『死先君』與『孤孺子』相對。『趹婁』當讀為『促速』，表示快速、急促之義。『其辠亦（促）婁（速）也』是說那

〔註25〕「bulang」說，《初讀》，簡帛網2016年4月18日。

〔註26〕「明珍」說，《初讀》，簡帛網2016年4月21日。

〔註27〕沈培《從釋讀清華簡的一個實例談談在校讀古文獻中重視古人思想觀念的效用》，《出土文獻與傳世典籍的詮釋國際學術研討會會議論文集》，復旦大學2017年10月14～15日，第301頁。其說又見沈培《清華簡〈鄭武夫人規孺子〉校讀五則》，《漢字漢語研究》2018年第4期，第43頁。

〔註28〕《禮記·文王世子》孔疏、《玉海》卷120引同。

麼他們的罪過就會很快降臨到他們頭上。」〔註29〕王寧曰：「『歾』即《說文》『歾』字，云：『戰見血曰傷，亂或為惛，死而復生為歾。从死次聲。』段注：『謂之歾者，次於死也……從死次聲，形聲包會意也。』然此疑為『歾』的或體，讀為尸，主也。尸吾先君而孤孺子，意思是主掌了吾先君的位置（或權利）而孤立了孺子。『足』簡文本作『跊』，後世典籍用為『跊趄』字，然此字與之不同，原整理者括讀為『足』，是也。下文『亦猶足吾先君』、『幾孤其足為免』之『足』同。『足數』謂足以譴責。」子居曰：「『歾』可讀為棄或欺。」某氏讀歾為死是也〔註30〕。「歾」不是《說文》的「歾」字。「歾」是形聲兼會意字，謂次於死也。「歾」字從欠，謂精氣盡也，是「死」的增旁俗字。《說文》：「死，澌也，人所離也。」《釋名》：「人始氣絕曰死。死，澌也，就消澌也。」《風俗通義·怪神》：「夫死者，澌也。鬼者，歸也。精氣消越，骨肉歸於土也。」《白虎通·崩薨》：「死之為言澌，精氣窮也。」《禮記·曲禮下》鄭玄注：「死之言澌也，精神漸盡也。」又《檀弓上》鄭玄注：「死之言澌也，事卒為終，消盡為澌。」《御覽》卷548引楊泉《物理論》：「人含氣而生，精盡而死，〔死〕猶澌也、滅也。」〔註31〕又引《春秋說題辭》：「心死之為言精爽窮也。」《雲笈七笈》卷13引《太微昇玄經》：「氣絕曰死，氣閉曰仙。」「跊婁」整理者及王寧說是。清華簡（一）《程寤》：「㤅（愛）日不跊。」亦以「跊」為「足」。或讀婁為誅，其義尤佳。「離婁」音轉或作「離朱」、「離珠」，是其比也。誅亦責罰義。

（9）邦人既盡聞之，孺子或延（誕）告，吾先君女（如）忍孺子之志，亦猷（猶）跊（足）。吾先君必將相孺子，以定奠（鄭）邦之社稷

整理者曰：或，猶若也。誕，句中助詞，無義。此云孺子屆時若告於先君。忍，動詞，能也。（P107）

按：李守奎讀「忍」為「認」〔註32〕。某氏曰：「『或』很明顯應讀為

〔註29〕「暮四郎」說，《初讀》，簡帛網2016年4月18日。

〔註30〕「死吾君」的具體含義可以參看沈培《從釋讀清華簡的一個實例談談在校讀古文獻中重視古人思想觀念的效用》，《出土文獻與傳世典籍的詮釋國際學術研討會會議論文集》，復旦大學2017年10月14～15日，第301～311頁。

〔註31〕「死」字據《初學記》卷14引補。

〔註32〕李守奎《〈鄭武夫人規孺子〉中的喪禮用語與相關的禮制問題》，《中國史研究》2016年第1期，第12頁。

『又』。」〔註33〕某氏又曰：「忍應讀為念。」〔註34〕王寧從某氏說，改其讀作「孺子或（又）誕告吾先君，如忍（念）孺子之志，亦猶足吾先君，必將相孺子」，又曰：「《書·湯誥》：『誕告萬方。』孔傳：『誕，大也。』足吾先君，滿足我先君的願望。」當讀作：「孺子又誕告吾先君，如忍孺子之志，亦猶足。吾先君必將相孺子，以定鄭邦之社稷。」此皆鄭武夫人語。某氏讀「或」為「又」，是也。「如忍孺子之志，亦猶足」、「必將相孺子」的主語都是「吾先君」，前句承上文而省。延，讀為誕，虛詐也。忍，讀為信，與「誕」相反為義。

（10）二三老毋交於死

整理者曰：交，《小爾雅》：「報也。」即「效」字。於，猶以。「毋」前疑有缺字。（P108）

按：某氏曰：「『交』應讀為『邀』或『要』。」〔註35〕王寧曰：「交，合也。讀為『邀』或『要』，亦通。」某氏說是，「交於死」猶今言找死。

（11）二三臣事於邦，远=女=（惶惶焉，焉）宵（削）昔（錯）器於巽（選）臧（藏）之中，毋乍（措）手止（趾）

整理者曰：削，《廣雅》：「減也。」昔，讀為錯，藏也。巽，讀為選，遣也。遣藏，即殉葬器物。乍，讀為措。（P108）

按：某氏曰：「『远远』應該讀為『茫茫』，清華簡第3輯《祝辭》簡1『亢亢』即用為『茫茫』。『焉宵昔器於巽臧之中』或當讀為『焉宵作器於殉、葬之中』，是說眾臣茫然無措，晝夜只在殉葬品之間周旋操勞。」〔註36〕某氏曰：「巽疑讀為饌，陳也。饌葬，即喪葬禮儀中的具食。」〔註37〕某氏曰：「『宵』或當如字讀，指夜間。邊父言此，當是打一個比方，群臣之於邦國大事，很茫然，好比夜晚在眾多器物中放置其他器物，因昏暗看不清，故手足無措。」〔註38〕王寧曰：「远，當即『邉』之或體。『焉=』簡文作『女=』，『女=』本『安』字用為『焉』，其『=』在此處疑是做合文符號，即由『女=』字中析出

〔註33〕「ee」說，《初讀》，簡帛網2016年4月18日。
〔註34〕「ee」說，《初讀》，簡帛網2016年4月21日。
〔註35〕「ee」說，《初讀》，簡帛網2016年4月17日。
〔註36〕「幕四郎」說，《初讀》，簡帛網2016年4月18日。
〔註37〕「厚予」說，《初讀》，簡帛網2016年4月19日。
〔註38〕「東山鐸」說，《初讀》，簡帛網2016年4月24日。

『女』字，讀為『焉女』。『女』讀為『如』。昔讀為措，置也。『巽（選）』蓋即選具之選，選藏，指諸多儲藏的物品。或曰：選讀為萬。『萬藏』亦指眾多的儲藏之物。」子居從某氏說，謂「宵即夜」；又從某氏說，謂「巽器（引者按：原文是『巽藏』）為眾多器物」，並指出「巽讀為萬，昔讀為索，訓為搜尋」。某氏讀「遠遠」為「茫茫」，是也，字也作崗，俗作忙、恾。下「焉」字，猶乃也。某氏說「宵」如字讀，整理者讀乍為措，亦皆是也。昔，讀為夕，亦夜也。字亦作宿（窅），《集韻》：「窅、窅，夜也，或省，通作昔。」《賈子·春秋》：「是昔也，惠王之後而蛭出。」《御覽》卷403、741引作「是夜」，《新序·雜事四》作「是夕」。宵夕，猶言夜晚。器，讀為氣，字亦作餼，贈送食物。某氏讀巽為饌，亦是也，但當訓食物。饌藏，猶今言廚房。是說好比夜晚在廚房中送人食物，慌慌忙忙，不知如何挑選，無所措其手足。

（12）曰是其肂（藎）臣也

整理者曰：藎臣，《詩·文王》毛傳訓藎為進。《說文通訓定聲》：「藎，假借為進，進獻忠誠。」（P108）

按：「進獻忠誠」非朱氏《定聲》之語，整理者蓋誤據《王力古漢語字典》，而未檢原書。馬楠曰：「藎，《爾雅》、毛傳、鄭箋皆訓為進，謂『王之進用臣』（鄭箋），後代注家多同此說。而『藎』字《方言》中另有訓詁『餘也』，即用作『燼』之通假字（原注：《桑柔》『具禍以燼』，《釋文》『燼，才刃反，本亦作藎。』是陸本作『藎』。）清華簡《皇門》云：『朕遺父兄眾朕肂（藎）臣。』『藎臣』與『遺父兄』平列，是『藎臣』謂前代、先王之遺臣無疑。清華簡《芮良夫毖》『凡百君子，及爾肂（藎）臣』之『藎臣』亦當釋為先王遺臣，與『凡百君子』相別。又隨州文峰塔M1：3~8編鐘有『〔吾〕以及大夫，宴樂爰饗，肂（藎）士備御，肅肅鏘鏘』，大夫、藎士互文，謂我與卿士大夫及先王遺臣宴樂，琴瑟在御，肅肅鏘鏘。而《子產》『善君必察昔前善王之法律，求藎之賢，可以自分』也應當指前代的遺賢。」文峰塔編鐘之「肂士」，《發掘簡報》讀為「肆士」〔註39〕，李零讀為「藎士」〔註40〕，董珊讀為「進士」〔註41〕，黃傑

〔註39〕《隨州文峰塔M1（曾侯與墓）、M2發掘簡報》，《江漢考古》2014年第4期，第26頁。
〔註40〕李零《文峰塔M1出土鐘銘補釋》，《江漢考古》2015年第1期，第119頁。
〔註41〕董珊《隨州文峰塔M1出土三種曾侯與編鐘銘文考釋》，復旦古文字網2014年10月4日。

讀為「選士」〔註42〕。清華簡（一）《皇門》簡12之「俊臣」，清華簡（三）《芮良夫毖》簡9之「肁臣」，整理者皆讀為「藎臣」〔註43〕，黃傑亦讀為「選臣」，解為「經過挑選的優秀的士」〔註44〕。《詩》之「藎臣」，舊訓「進臣」，自來無異說，獨明人何楷曰：「藎本草名，《爾雅》訓進，未詳其義。舊說相傳，皆訓為忠藎，絕無稽據。按《方言》：『子、藎，皆餘也。周鄭之間曰藎，或曰子，青徐楚間曰子，自關而西秦晉之間炊薪不盡曰藎。』此其說可信，上施草，下施盡。薪者，草之類也。『盡』與『燼』通，火之餘也。又按《桑柔篇》：『具禍以燼。』陸德明本『燼』作『藎』，則古文『燼』、『藎』通用，益知藎之即為燼也。王之藎臣，以目商孫子及殷士，乃勝國餘燼云耳。」〔註45〕清人俞樾曰：「藎者，妻之假字。《說文》：『妻，火餘木也。』經典相承作『燼』……引申之，凡物之餘皆謂之燼。字亦通作藎，《方言》：『藎，餘也。秦晉之間炊薪不盡曰藎。』《廣雅》亦曰：『藎，餘也。』」〔註46〕馬楠云云，觀點全本何楷、俞樾說（子居也已指出二氏說，上引黃傑也指出俞說），只是補舉了二氏所未見的出土文獻而已。何楷說收錄於《四庫全書》，檢索即得，不容不見；俞氏《平議》，治學者尤不可不讀，馬氏不注明出處〔註47〕，何耶？舊訓「進臣」，不容易也。黃侃亦曰「藎，借為進」〔註48〕，說同朱駿聲。朱、黃說是也，古音盡、進相通，例多不煩舉，何楷疏於古訓，故詫為「絕無稽據」耳。馬瑞辰曰：「訓進者，當為『肂』字之同音假借，《說文》：『肂，自進極也。』以疊韻為訓。《埤倉》云：『肂，至也。』至亦進也。又按《方言》：『子、藎，餘也。』又曰：『子，

〔註42〕「暮四郎」（黃傑）說，復旦古文字網2014年9月17日。又黃傑《隨州文峰塔曾侯與編鐘銘文補釋》，《中國文字》新42期，藝文印書館2016年版，第211頁。

〔註43〕《清華大學藏戰國竹簡（壹）》，中西書局2010年版，第171頁。《清華大學藏戰國竹簡（叁）》，中西書局2012年版，第150頁。

〔註44〕「暮四郎」（黃傑）說，復旦古文字網2014年10月5、31日。又黃傑《隨州文峰塔曾侯與編鐘銘文補釋》，《中國文字》新42期，藝文印書館2016年版，第211頁。

〔註45〕何楷《詩經世本古義》卷10，收入《四庫全書》第81冊，臺灣商務印書館1986年初版，第352～353頁。

〔註46〕俞樾《群經平議》卷11，收入王先謙《清經解續編》第5冊，上海書店1988年版，第1084頁。

〔註47〕馬楠自注，說她有《詩毛傳指瑕四則》一文也論及「藎臣」，刊於《中國經學》，此文吾未見，不知作者是非已微引前人之說。

〔註48〕黃侃《說文段注小箋》，收入《說文箋識》，中華書局2006年版，第169頁。

俊也。遒，俊也。」則『藎』與『俊』亦音近而義通。」〔註49〕馬氏前說是，所引《埤倉》，見《廣韻》引。「逮」亦「進」借字，《說文》乃聲訓。清華簡（六）《子產》作「婧」，亦借字。字亦作晉，《爾雅》、《說文》並曰：「晉，進也。」「進臣」謂進其忠誠之臣（非「進用臣」之謂），即指忠臣。「進士」謂進其忠誠之士。《皇門》「朕遺父兄眔（逮）朕藎臣」之「藎」、「遺」亦非對文，「遺父兄」是遺臣，「藎臣」指當朝之臣。

（13）君答舅父曰：「二三大夫不尚（當）毋然。」

　　按：某氏曰：「疑『毋然』當讀作『莫然』，意即茫然不明也。」〔註50〕某氏曰：「毋然，猜是『憮然』，失意或驚慌之意。」〔註51〕王寧曰：「『不』當是語中助詞。『不尚毋然』即『尚毋然』，意思是應該不是這樣的。」整理者讀「不尚」為「不當」，是也。毋，某氏讀為憮，是也。憮然，猶言悵然，憂愁失意貌。《方言》卷1：「憮，哀也。自楚之北郊曰憮。」此簡正用楚語。字亦作㦟，《集韻》：「㦟，失意兒。」

（14）吾先君智（知）二三子之不二心，甬（用）屢（歷）受（授）之邦

　　整理者曰：歷，盡也。（P109）

　　按：李守奎讀「屢」為「兼」〔註52〕。王寧曰：「用，因此。歷，本為經歷義，引申為歷來義，意思相當於『一直』，表示時間長久，故《小爾雅》云：『歷，久也。』此句意思是因此一直把國家交給大臣們來管理。」石兆軒解「歷」為「一次接一次」、「一再」〔註53〕。屢，讀為歷，猶言選擇、錄用。授之邦，謂授之以國政。

（15）今二三大夫畜孤而乍（作）焉，幾（豈）孤其跂（足）為免（勉），
　　　　抑亡（無）女（如）吾先君之憂可（何）

　　整理者曰：今，訓為「若」。《禮記·祭統》：「孝者畜也。」鄭注：「謂順

〔註49〕馬瑞辰《毛詩傳箋通釋》卷24，中華書局1989年版，第799頁。
〔註50〕「厚予」說，《初讀》，簡帛網2016年4月19日。
〔註51〕「bulang」說，《初讀》，簡帛網2016年4月29日。
〔註52〕李守奎《〈鄭武夫人規孺子〉中的喪禮用語與相關的禮制問題》，《中國史研究》2016年第1期，第13頁。
〔註53〕石兆軒《清華六〈鄭武夫人規孺子〉研究》，臺灣大學2018年碩士學位論文，第239頁。

於德教。」「畜孤而作」意云順服君命行事。抑，猶然也。此句是說諸大夫能遵順孺子的意志行事，足以勉勵孺子自己，但仍不能使已故的先君無憂。這是謙詞。（P109）

按：某氏曰：「畜，當解為『畜養』之畜，而不是所謂順服。因為此時的國君是孺子，而『二三大夫』是前朝遺老、受先君之命以輔助此孺子，孺子通過邊父向二三大夫傳話時理應畢恭畢敬，所以孺子說『二三大夫畜養我而勞作』。趿，當讀為促，解為速。『幾』讀為『豈』不可信，推測其意相當於『庶幾』。」〔註54〕某氏曰：「『幾』應讀為冀，是希望的意思。」〔註55〕某氏曰：「《孟子·梁惠王下》：『其詩曰：「畜君何尤。」畜君者，好君也。』疑簡文『畜』字亦當訓為好。」〔註56〕子居曰：「乍，當讀為怍，色不和曰怍。免，當訓為廢黜。」段凱曰：「『今』不能訓為『若』，應解釋為『現在』。『而』表示並列關係的連詞。『乍』當讀為胥，輔相之義。『畜』訓為『好』更加合適。」〔註57〕林宏佳解「免」為免去、免除，指免於禍難〔註58〕。段凱說近之。某氏訓「畜」為好是也，然其說未盡。畜、孝、好，皆一音之轉〔註59〕，字亦作嫭、憜，悅也，愛也，皆臣悅君之謂。音轉亦作勖，《詩·燕燕》：「以勖寡人。」《禮記·坊記》引作「畜」。《說文》：「嫭，媚也。」又「媚，說也。」《詩·假樂》：「百辟卿士，媚于天子。」媚亦臣悅君之義。乍，讀為助，或讀為佐，皆一音之轉，輔助也。某氏讀幾為冀，是也。言如今二三大夫悅孤而輔佐焉，冀孤能夠勤勉於事，不讓先君失望。

二、《管仲》校補

（1）見善者譚焉，見不善者戒焉

整理者曰：譚，讀為墨，效法。戒，警也。《論語·里仁》：「見賢思齊焉，

〔註54〕「蟇四郎」說，《初讀》，簡帛網 2016 年 4 月 18 日。

〔註55〕「ee」說，《初讀》，簡帛網 2016 年 4 月 21 日。

〔註56〕「東山鐸」說，《初讀》，簡帛網 2016 年 4 月 27 日。

〔註57〕段凱《〈清華大學藏戰國竹簡（六）〉補釋》，《中國文字研究》第 25 輯，2017 年版，第 68 頁。

〔註58〕林宏佳《〈鄭武夫人規孺子〉補探》，《文字、文獻與文明——第七屆出土文獻青年學者論壇暨國際學術研討會論文集》，中山大學 2018 年 8 月 17～20 日，第 146 頁。

〔註59〕參見王念孫《廣雅疏證》，收入徐復主編《廣雅詁林》，江蘇古籍出版社 1992 年版，第 61 頁。

見不賢而內自省也。」上博簡《從政》：「君子聞善言，以改其言；見善行，納其身焉。」（P113）

按：某氏曰：「謜讀為敏。」〔註60〕某氏曰：「『善者』和『不善者』應該理解為需要對其進行教育的對象。謜讀為誨。」〔註61〕某氏曰：「《太玄》范望注：『墨，謙也。』」〔註62〕某氏曰：「該簡文與《論語·里仁》顯然是同一類表述。『謜』很有可能與『齊』意思相近，或可將謜讀為侔。」〔註63〕劉偉浠曰：「謜讀作慕。」〔註64〕陳偉武曰：「『謜』指緘默不語，簡文中含有肅然起敬之意。一般寫作『默』。沉默義可作『墨』、『默』或『嘿』。」〔註65〕高榮鴻曰：「謜或可讀為副，訓作相稱。」〔註66〕李銳曰：「墨當讀為敏，勉也。」〔註67〕謜，讀為嬍，即古「美」字。《說文》說「黴」從微省聲，其實是雙聲符字，「黑（墨）」亦是聲符，故俗字又作「穄」。嬍俗字作嬍、媄。嬍字亦作娓，「尾生高」或作「微生高」，是其比也。《詩·防有鵲巢》《釋文》：「美，《韓詩》作『娓』，音尾。娓，美也。」錢大昕曰：「娓即美字。」〔註68〕字亦作媚，古音眉、尾、微多通轉，《說文》：「娓，順也，讀若媚。」又「媚，說也。」《小爾雅》：「媚，美也。」《廣雅》：「媚，好也。」嬍、媚、娓、美，並一音之轉。見善者謜焉，猶言見善者則悅焉，謂愛好之也。《董子·天地陰陽》：「見善者不能無好，見不善者不能無惡。」

（2）止（趾）不正則心卓（遄），心不情（靜）則手敫（躁）

整理者曰：趾不正則心卓，應乙作「心不正則趾卓」。卓，讀為遄，蹇也，即跛足。躁，猶動也。（P114）

〔註60〕「幕四郎」說，《清華六〈管仲〉初讀》，簡帛網 2016 年 4 月 21 日。本篇下文省稱作「《初讀》」。

〔註61〕「ee」說，《初讀》，簡帛網 2016 年 4 月 21 日。

〔註62〕「厚予」說，《初讀》，簡帛網 2016 年 4 月 23 日。

〔註63〕「苦行僧」說，《初讀》，簡帛網 2016 年 4 月 23 日。

〔註64〕《初讀》，簡帛網 2016 年 4 月 27 日。

〔註65〕陳偉武《讀清華簡第六冊小札》，《出土文獻》第 11 輯，中西書局 2017 年版，第 205 頁。

〔註66〕高榮鴻《〈清華陸·管仲〉疑難字詞考釋與文獻探究》，《第八屆出土文獻青年學者國際論壇論文集》，台中 2019 年 8 月，第 3～3～7 頁。

〔註67〕李銳《清華陸〈管仲〉初探》，《出土文獻》第 13 輯，中西書局 2018 年版，第 111～115 頁。

〔註68〕錢大昕《十駕齋養新錄》卷 5，上海書店 1983 年據商務印書館 1937 年版影印，第 108 頁。

按：乙作「心不正則止卓」，是也。讀卓為逴，亦是也，但訓塞則誤。《說文》「逴」、「趠」並訓遠也，一字之異體，指遠跳。引申之則為跳義。字亦作踔，走也，跳也。諸字並「越」字音轉，俗作「跳」。言心不正則足跳動也。

（3）心亡（無）愳（圖）則目、耳豫（野），心愳（圖）亡（無）守則言不道

整理者曰：野，《禮記・檀弓》孔疏：「不達禮也。」（P114）

按：某氏曰：「豫或可讀為舒。」〔註69〕某氏曰：「『豫』字徑訓為猶豫，遲疑之義。」〔註70〕某氏曰：「『豫』可讀如字，訓怠。」〔註71〕駱珍伊曰：「『豫』似也可以用本字之義，即釋為『順適、安樂』之義。」〔註72〕某氏豫訓怠，是也，但「豫」本義是大象，無「怠」義。豫，讀為斁。《說文》：「斁，解也。」「解」同「懈」。字亦省作予，馬王堆帛書《天下至道談》：「毋予毋治，毋作毋疑。」「予治」讀為「豫怠」，予亦怠也〔註73〕。言心無所圖則目耳懈怠矣。

（4）尚廛（展）之，尚詻（格）之，尚勿（勉）之

整理者曰：尚，命令副詞。廛，讀為展，省察也。詻，讀為格，正也。勿，讀為勉。凡此均指心中圖謀而言。（P114）

按：王挺斌曰：「詻，疑當讀為恪，恭敬、恭謹之義。」〔註74〕陳偉武曰：「王挺斌說可從。廛讀為展訓省察不如讀為亶。《爾雅》：『亶，誠也。』『展』表誠義，其實亦為『亶』之通假。」〔註75〕整理者讀勿為勉，讀廛為

〔註69〕「蟇四郎」說，《初讀》，簡帛網2016年4月18日。

〔註70〕「無痕」（蔡一峰）說，《初讀》，簡帛網2016年4月18日。其說又見蔡一峰《讀清華簡第六輯零箋（五則）》，《古文字論壇》第2輯，中西書局2016年版，第258頁。

〔註71〕「厚予」說，《初讀》，簡帛網2016年4月19日。

〔註72〕駱珍伊《〈清華陸・管仲〉札記七則》，簡帛網2016年4月23日。

〔註73〕周一謀、蕭佐桃讀「予」為「豫」，解作「猶豫」；解「治」為「作」。魏啟鵬、胡翔驊謂「予」指瀉精，讀「治」為「怠」。皆與本文理解不同。周一謀、蕭佐桃《馬王堆醫書考注》，天津科學技術出版社1988年版，第440頁。魏啟鵬、胡翔驊《馬王堆漢墓醫書釋（貳）》，成都出版社1992年版，第155頁。

〔註74〕《清華六整理報告補正》，王挺斌說又見《清華簡第六輯研讀札記》，《出土文獻》第9輯，中西書局2016年版，第199頁。

〔註75〕陳偉武《讀清華簡第六冊小札》，《出土文獻》第11輯，中西書局2017年版，第206頁。

展，以及王、陳說，皆是也。《爾雅》：「展、亶，誠也。」又「亶、展，信也。」「亶」、「展」一音之轉，亶訓厚，故轉為誠信義。《方言》卷 1：「展，信也，荊吳淮汭之閒曰展。」又卷 7：「展，信也，東齊海岱之閒曰展。」此簡作「廛」，蓋楚語之音變。恪字亦作愙，敬謹也。《爾雅》：「恪，敬也。」《說文》：「愙，敬也。」字亦作客，上博簡（五）《三德》簡 15：「卬（仰）天事君，嚴客（恪）必信。」整理者李零讀客為恪〔註76〕。

（5）鋻（賢）礩（質）不枉，執即（節）綠（緣）纆（繩），可埶（設）於承；鋻（賢）礩（質）以亢（抗），吉凶陰陽，遠逐（邇）上下，可立於楠（輔）

整理者曰：鋻，疑讀為賢。礩，讀為質，《小爾雅》：「信也。」執，猶行也。即，讀為節，猶禮也。緣，順也。繩，直也。抗，高也。下云吉凶陰陽等，皆高玄之事，故此處云高。（P114）

按：石小力曰：「『賢質』一詞見於《晏子春秋・問下》。」〔註77〕馬楠曰：「『綠』字未詳待考。《大戴禮・保傅》：『誠立而敢斷，輔善而相義者，謂之充；充者，充天子之志也，常立於左，是太公也……博聞強記，接給而善對者，謂之承；承者，承天子之遺忘者也，常立於後，是史佚也。』賈誼《新書》：『誠立而敢斷，輔善而相義者，謂之輔；輔者，輔天子之意者也；常立於左，是太公也……博聞強記，捷給而善對者，謂之承；承者，承天子之遺忘者也，常立於後，是史佚也。』《大戴禮》與《賈誼書》對照，可知『充』即是『輔』。簡文『鋻礩』對應『善對』，『礩』應當訓為『接（捷）給而善對』的『對』（如《晉姜鼎》（《集成》2826）『作憲為亟』，猶《皇矣》之『作邦作對』。《獻簋》（《集成》4317）『肰（晙）在位作憲在下』，《楚簋》（《集成》4246）『憲揚天子』，《秦公簋》（《集成》4315）『肰（晙）憲在天』，『憲』皆用作『對』）。而《大戴禮》講到成王之輔太公的『充』對照簡文可能是『亢』字訛誤。」許可曰：「《上博六・慎子曰恭儉》簡 1：『恭儉以立身，堅強以立志，忠憲以反俞。』何有祖根據高誘注訓俞為安。『俞』或可讀為渝，訓『變』。『賢質不枉』、『賢質以亢』可與『忠質以反渝』對讀。」某氏曰：「猜測『礩』是為『礎』這個詞所造，『柱下石』就是墊柱石；《慎子曰恭儉》的『忠憲（質）

〔註76〕《上海博物館藏戰國楚竹書（五）》，上海古籍出版社 2005 年版，第 298 頁。
〔註77〕《清華六整理報告補正》，石小力說又見《清華簡第六冊字詞補釋》，《華學》第 17 輯，2017 年版，第 186 頁。

以反俞（渝）』，這樣理解殆無疑義。」〔註78〕某氏曰：「礩可讀為緻。《釋名》：
『磬，罄也，其聲罄罄然堅緻也。』字又作侄。《廣雅》：『侄，堅也。』（《說
文》：『䶦，齒堅也。』『䶦』從至聲亦含有堅義，其語源相同。）然則『鑒
（堅）礩（緻）』為同義複詞，就是堅硬的意思。『鑒（堅）礩（緻）不枉』
猶《荀子・法行》之言『堅強而不屈』也。『亢』即『伉直』之伉，字也作
抗。《爾雅》：『梗，直也。』『梗』與『亢』、『伉』、『抗』音義竝同。則簡文
『鑒（堅）礩（緻）以亢』與『鑒（堅）礩（緻）不枉』文義相同。」〔註79〕
某氏曰：「應讀為：『鑒（堅）礩（實）不枉，執節綵（遂？）繩。』」上博五
《鬼神之明》簡5『名則可畏，寔（實）則可侮』、上博六《慎子曰恭儉》簡
1『恭儉以立身，堅強以立志，忠寔（實）以反俞（？）』，兩『寔』字皆有學
者讀之為『實』。《慎子曰恭儉》正是『堅強』與『忠寔（實）』對言。下句也
是『鑒（堅）礩（實）以剛』，『寔』加『石』也是會堅實之義。」〔註80〕某
氏曰：「『繩』意為繩墨準則。」〔註81〕某氏曰：「『執即（節）綵（緣）繩』，
《淮南子》可以跟簡文對讀。《淮南子・主術》：『聖主之治也，其猶造父之
御，齊輯之于轡銜之際，而急緩之于唇吻之和，正度于胸臆之中，而執節于
掌握之間，內得於心中，外合於馬志，是故能進退履繩，而旋曲中規，取道
致遠，而氣力有餘，誠得其術也。』高誘注：『繩，直正也。』」〔註82〕某氏
曰：「『亢』字應該是個動詞，而『吉凶陰陽，遠邇上下』是其賓語。亢當讀
為綱。《玉篇》：『綱，羅也。』（引者按：《玉篇》是『網』字）這句話的意思
是『能綱羅吉凶、陰陽、遠邇、上下』，即『明白吉凶、陰陽、遠邇、上下』
的變化規律。鑒礩，讀為鑒實。鑒，訓明。鑒實，即明實。執法嚴明可以設
為承，是鑒實。綱羅吉凶陰陽亦是鑒實。」〔註83〕某氏曰：「『綵』即是『彖』
字本貌。彖當讀作援，會牽引、引持之義。『執』與『援』對言。當然也有
可能讀為牽。」〔註84〕①某氏讀「鑒礩」為「堅緻」，是也。《說文》：「鑒，

〔註78〕「bulang」說，《初讀》，簡帛網2016年4月17日。

〔註79〕「黔之菜」《釋清華簡（陸）〈管仲〉篇之「堅緻」》，簡帛網2016年4月16
日。

〔註80〕「ee」說，《初讀》，簡帛網2016年4月17日。其說又見單育辰《〈清華簡
（陸）・管仲〉釋文商榷》，《古文字研究》第33輯，2020年版，第496頁。

〔註81〕「暮四郎」說，《初讀》，簡帛網2016年4月18日。

〔註82〕「此心安處是吾鄉」說，《初讀》，簡帛網2016年4月18日。

〔註83〕「厚予」說，《初讀》，簡帛網2016年4月20日。

〔註84〕「黃縣人」說，《初讀》，簡帛網2016年5月14日。

剛也。」又「臤，堅也，古文以為賢字。」又「堅，剛也。」又「摰，固也。」
又「砮，餘堅者。」又「緊，纏絲急也。」《玉篇》：「鏗，堅也。」諸字同
源，皆「臣」之孳乳字，金之堅曰鏗，石之堅曰砮，執之堅曰臤、摰，土之
堅曰堅，絲之堅曰緊，革之堅曰鞕，其義一也。依據典籍習慣用法，簡文「鏗」
可以讀為堅。②礛，讀為緻，字亦省作致，堅密也。《說文》：「緻，密也。」
字亦作侄、恎〔註85〕，《廣雅》：「侄、固、攻、臣、牢、鏗，〔堅〕也。」〔註
86〕《玉篇》：「侄，牢也，堅也。」《集韻》：「侄，堅固也。」金文《䰜羌鐘》：
「武侄寺力。」此四字舊說紛紜，吳其昌曰：「武侄者，人名也。『寺』同『之』。
『武侄寺力』即『武侄之力』。」郭沫若曰：「武謂武卒。『侄』乃『到』之
異，讀為擣。『寺』為『邿』之省，邿山。䰜羌以偏師力，擣邿山。」郭氏後
來改其說作：「『侄』與『挓』通，擣也。」唐蘭曰：「侄，當與《說文》之
『鴅』字義同。鴅，怒戾也。或作恎，《廣雅》：『很也。』皆勇很之意也。
寺，是也。力，勤也。『武侄寺力』猶《詩·烝民》云『威儀是力』矣。」徐
中舒曰：「『侄』與『致』同，至也。武致，武之至也。武之至曰武致，猶文
之至曰文致，工之至曰工致，堅之至曰堅致。皆成語也。」吳闓生曰：「『侄』、
『鴅』同字，『寺』即『峙』。」于省吾曰：「『武侄』猶言『武鴅』。武鴅恃
力，言恃其武勇之力也。」容庚曰：「『侄』假為『窒』，《論語·陽貨》：『惡
果敢而窒者。』」孫稚雛徵引以上諸說，斷云：「于說較佳。」〔註87〕李家浩
讀作「武鴅時力」，云：「時，訓為有」〔註88〕。陳民鎮曰：「金文中的『武』
多用作武功。『侄』為『致』之初文，讀作『鴅』則缺乏辭例支持。金文中
國名或地名『邿』便寫作『寺』。『致』可訓至、及……『侄』亦或可讀作『慹』，
訓震懾、畏服，文獻中多寫作『執』。『武致邿』當就攻克邿地而言。『力』

〔註85〕此「侄」與「子侄」之「侄」是同形異字，彼「侄」亦作「姪」，音徒結反，
　　　　侄（姪）之言迭也、疊也，故俗字亦作「孼」。
〔註86〕「堅」字據王念孫說補。王氏曰：「各本『鏗』下俱脫『堅』字。《集韻》、《類
　　　　篇》『頓』、『贊』、『侄』、『磑』、『磴』、『鞕』六字注並引《廣雅》『鏗也』。又
　　　　『鞕』字注引《廣雅》『固、磑、鏗也』，則宋時《廣雅》本已脫去『堅』字。
　　　　今考《玉篇》引《廣雅》『臣，堅也』，《眾經音義》卷24引《廣雅》『磑，堅
　　　　也』。又『頓』『贊』以下十五字，諸書並訓為『堅』，今據以補正。」蔣斧印
　　　　本《唐韻殘卷》引《廣疋》作「侄，堅」，尤為確證。王念孫《廣雅疏證》，收
　　　　入徐復主編《廣雅詁林》，江蘇古籍出版社1992年版，第106頁。
〔註87〕孫稚雛《䰜羌鐘銘文彙釋》，《古文字研究》第19輯，中華書局1992年版，
　　　　第110～111頁。
〔註88〕李家浩《攻敔王光劍銘文釋》，《文物》1990年第2期，第75頁。

字不好落實，疑『力』屬下讀，作為副詞修飾『襲』、『奪』。由於缺乏更直接的佐證，『武佷寺力』的釋讀目前難以落實。」〔註89〕陳民鎮說支離，又改讀以牽就己說，皆不足信。「武佷寺力」四字平列，近義連文。「武力」言其孔武有力。「佷」字唐蘭、吳闓生、于省吾、容庚說皆是，謂性格堅韌，故為很戾不從之義，此義字亦作駇、懇、憤、寋（例略）〔註90〕，諸家未能會通，各執一偏。此義與堅強剛毅之義或褒或貶，一義之二面也。字亦省作至，銀雀山漢簡《五名五共》簡1164：「三曰剛至……剛至之兵，則誘而取之。」整理者注：「至，疑當讀為佷。剛佷，剛愎。」〔註91〕「剛至」謂意志堅強、性格倔強。「寺」亦剛很義，字或作恃，實亦「佷」之轉語。《信陽長臺關竹簡》：「夫戔（賤）人剛恃。」王志平謂「剛恃」即「剛至」，從整理者讀為「剛佷」，解為「剛愎」、「剛狠」〔註92〕。1974年廬江縣出土攻敔王光劍銘文：「趄余允至。」李家浩讀「至」為「鷙」，訓武勇〔註93〕。③「堅緻（致）」是古成語，除某氏所舉《釋名》外，還見以下諸例：《淮南子·時則篇》：「是月也，工師效功，陳祭器，案度呈，堅致為上。」高誘注：「堅致，功牢也。」《禮記·月令》、《呂氏春秋·孟冬紀》「堅致」作「功致」。「功」同「攻」，亦作「工」，攻（工）、堅一聲之轉。「攻牢」即堅固、牢固義。《周禮·考工記·瓬人》鄭玄注：「暴，墳起不堅致也。」《詩·斯干》鄭玄箋：「寢廟既成，其牆屋弘殺則風雨之所除也，其堅致則鳥鼠之所去也。」《釋文》：「致，本亦作緻，同。」《靈樞經·五閱五使》：「如是之人者，血氣有餘，肌肉堅緻。」也倒言作「致（緻）堅」，魏伯陽《周易參同契》卷下：「津液腠理，筋骨緻堅，眾邪辟除，正氣常存。」《初學記》卷23引作「致堅」。《集韻》：「瓷，陶器之緻堅者。」《說文》：「飭，致堅也，讀若敕。」《廣韻》：「飭，牢密。」「致堅」猶言牢密、堅固，同義連文。飭訓整治者，謂整治之使牢固，義亦相因。《韓子·飭令》：「飭令則法不遷，法平則吏無姦。」《商子·靳令》「飭」作「靳」，靳亦固也。《詩·楚茨》毛傳：「救，固也。」此「救」即「飭」假借。段玉裁曰：「致者，送詣也。致之於堅，是之

〔註89〕陳民鎮《䚄羌鐘與清華簡〈繫年〉合證》，《考古與文物》2015年第5期，第83頁。

〔註90〕參見蕭旭《淮南子校補》，花木蘭文化出版社2014年版，第643～645頁。

〔註91〕《銀雀山漢墓竹簡〔貳〕》，文物出版社2010年出版，第153頁。

〔註92〕王志平《簡帛叢札二則》，《簡帛研究》第3輯，廣西教育出版社1998年版，第130～131頁。

〔註93〕李家浩《攻敔王光劍銘文釋》，《文物》1990年第2期，第75頁。

謂飭。」〔註94〕馬敍倫曰：「『致堅也』當作『致也堅也』，《廣雅》：『飭，致也，堅也。』（引者按：《廣雅》作『飭，備也』，馬氏誤記。）致謂致力，故引申有堅義。或曰：『致也』當作『捯也』，『飭』、『捯』、『鼓』三字相轉注。」〔註95〕段氏、馬氏俱不知「致」字之誼，治《說文》各家皆未能訂正也。徐中舒說「工之至曰工致，堅之至曰堅致」（見上引），亦非是，不知「工致」、「堅致」皆同義複詞。簡文以「堅緻」狀其品德堅剛，故與「不枉」義相承。《禮記·聘義》：「夫昔者，君子比德於玉焉，溫潤而澤，仁也；縝密以栗，知也；廉而不劌，義也。」《家語·問玉》同。鄭玄注：「縝，緻也。栗，堅貌。」王肅注：「縝密，緻塞貌。栗，堅也。」「堅緻」即「縝密以栗」之謂也。④整理者讀「執即緣繀」作「執節緣繩」是也，但所釋有誤。執，持也。節，信節。繩，喻指準則、法度。《周禮·地官·司徒》：「掌節上士二人，中士四人。」鄭玄注：「節，猶信也，行者所執之信。」簡文言堅緻不枉之人可以執節輔君、執行法度也。簡文與《淮南子·主術篇》之文無涉。⑤亢，剛彊也，某氏訓伉直，義亦相因。「亢」與「堅礋」義亦相承。字亦作伉、抗，《廣雅》：「梗、亢，強也。」《集韻》：「伉，剛正貌。」王念孫曰：「梗之言剛也。《方言》：『梗，猛也。韓趙之閒曰梗。』《楚辭·九章》『梗其有理兮』，王逸注云：『梗，強也。』《漢書·王莽傳》云：『絳侯杖朱虛之鯁。』『鯁』與『梗』通。《說文》：『健，伉也。』《漢書·宣帝紀》『伉健習騎射』，顏師古注云：『伉，強也。』《史記·秦始皇紀》『適戍之眾，非抗於九國之師』，《漢書·陳勝傳》作『亢』。『亢』、『伉』、『抗』並通，『亢』與『梗』聲亦相近也。」〔註96〕王說是也，亢、梗、剛、堅並一音之轉。字亦作犺，《說文》：「犺，健犬也。」《廣雅》：「犺，健也。」《漢書·朱博傳》「伉俠」顏師古注：「伉，健也。」字亦作肮，睡虎地秦簡《語書》簡12：「阬閬強肮以視（示）強。」整理者括注「肮」為「亢」〔註97〕。

（6）型（刑）正（政）既萬（蔑），民人陵（惰）刢（怠）

整理者曰：萬，讀為蔑，棄也。（P115）

〔註94〕段玉裁《說文解字注》，上海古籍出版社1981年版，第701頁。

〔註95〕馬敍倫《說文解字六書疏證》卷26，上海書店1985年版，本卷第115頁。

〔註96〕王念孫《廣雅疏證》，收入徐復主編《廣雅詁林》，江蘇古籍出版社1992年版，第319頁。

〔註97〕《睡虎地秦墓竹簡》，文物出版社1990年版，第15頁。

按：某氏曰：「『萬』讀為『蔑』尚不如讀『厲』更簡單直接。」〔註98〕吳祺曰：「『萬』似讀為亂。」〔註99〕讀為「厲」，「刑政既厲」與「民人惰怠」無關聯。萬，讀為刺，乖違不正也，音轉亦作戾。

（7）少（小）事勉（逸）以惕，大事柬（簡）以成（誠）

整理者曰：「簡以誠」與「逸以惕」相對。「以」均訓「而」。（P115）

按：某氏曰：「『惕』或當讀為易，『成』或當讀為本字。『逸以易』、『簡以成』或許存在互文關係，不必強求文義的對立。」〔註100〕①「惕」疑「惕」形誤。簡文「逸以惕」即「佚惕」、「劮婸」，淫逸放縱怠慢之義。《方言》卷6：「佚惕，緩也。」戴震曰：「『佚』亦通『劮』，《廣雅》『劮婸，婬也』本此。曹憲《音釋》劮音逸，婸大朗反。《廣韻》婸與蕩同音，云『淫戲貌』；又泆與跌同音，云『泆蕩』。佚與泆、逸古皆通用，婸與蕩通用，婬與淫通用。『佚婸』二字乃雙聲，即『泆蕩』也。又『跌踼』，《廣雅》云：『行失正。』（引者按：當是《廣韻》）。各本『婸』訛作『惕』，『婬』訛作『緩』，今據《廣雅》訂正。」〔註101〕盧文弨曰：「案『佚惕』與『佚蕩』、『佚傷』、『劮婸』、『跌宕』皆同。《漢書·揚雄傳》云：『為人簡易佚蕩。』張晏曰：『佚音鐵，蕩音讜。』晉灼曰：『佚蕩，緩也。』正本此。又蕭該云：『蕩，亦作傷。』韋昭音佚為替，傷為黨。又李善注江淹《恨賦》引《揚雄傳》作『跌宕』。《廣雅》：『劮婸，婬也。』『婬』乃『緩』字之誤，或張揖自以意改之，正不當以《方言》為誤。戴本遽從《廣雅》改此文作『佚婸，婬也』，不考之《漢書》注，非是，今不從。」〔註102〕錢繹本「惕」誤作「惕」，錢氏從盧校，又云：「『佚惕』雙聲字，亦作『跌踼』。《說文》：『跌，踼也。踼，跌踼也。』徐鍇《傳》曰：『跌踼，過越不拘也。』《玉篇》徒結徒郎，云『跌踼也』。《廣韻》同，云『跌踼』。《文十三年穀梁傳》云：『兄弟三人佚宕中國。』《後漢書·孔融

〔註98〕「ee」說，《初讀》，簡帛網2016年4月18日。其說又見單育辰《〈清華簡（陸）·管仲〉釋文商榷》，《古文字研究》第33輯，2020年版，第496頁。

〔註99〕吳祺《戰國竹書訓詁札記四則》，《中國文字研究》第27輯，上海書店出版社2018年版，第65頁。

〔註100〕「暮四郎」說，《初讀》，簡帛網2016年4月18日。

〔註101〕戴震《方言疏證》卷6，收入《戴震全集（5）》，清華大學出版社1997年版，第2387頁。

〔註102〕盧文弨《重校〈方言〉》卷6，收入《叢書集成初編》第1180冊，中華書局1985年影印，第88頁。

傳》云：『又前與白衣襦跌蕩放言。』李賢注：『跌蕩，無儀檢也。』與『佚惕』亦同。倒言之則曰『蕩跌』，《廣韻》：『蕩，蕩跌，頓伏貌，音唐。又吐郎切。』又作『傹儻』……」〔註103〕劉台拱曰：「案盧本作『佚惕』是也，戴本作『佚婸』非也，《集韻‧唐韻》、《屑韻》兩引並作『佚惕』。」〔註104〕《集韻‧唐韻》「惕」字條引作「惕」，而《屑韻》「佚」字條引則誤作「惕」〔註105〕，劉台拱失檢。據郭璞注「跌唐兩音」，《方言》必作「惕」字無疑。「緩」字不誤，《集韻》「佚」、「惕」字條二引同，「緩」乃「怠慢」、「縱緩」、「舒緩」義，《說文》：「縱，緩也。」《國語‧周語下》韋昭注：「怠，緩也。」《廣雅》：「愫、絽，緩也。」「絽」、「愫」皆即「怠」〔註106〕，絲之弛緩曰絽，心之弛緩曰怠、愫，其義一也。戴說失之，盧、錢說是也，但盧氏謂「《廣雅》『婬』乃『緩』字之誤」亦不足取。王念孫引《方言》作「佚惕，婬也」〔註107〕，錢坫引《方言》作「佚婸，婬也」〔註108〕，朱駿聲引《方言》作「婸，婬也」〔註109〕，蓋皆從戴說改「緩」作「婬」，誤矣。《玄應音義》卷2、卷23並引《蒼頡篇》：「佚，惕也。」玄應又指出「惕音蕩」；又卷3、5、9、16、22引《蒼頡篇》作「佚，蕩也」。是「佚惕」同義連文也。盧文弨、錢繹所舉「佚惕」異文，猶可補充：《漢書‧揚雄傳》「佚蕩」，《類聚》卷26引作「佚宕」。《三國志‧簡雍傳》：「先主拜雍為昭德將軍，優遊風議，性簡傲跌宕。」《御覽》卷498引作「跌蕩」，又卷706引作「佚蕩」，《書鈔》卷133引臆改作「自適」。字亦作「泆湯」，《莊子‧天地》：「鑿木為機，後重前

〔註103〕 錢繹《方言箋疏》卷6，上海古籍出版社1984年版，第頁。

〔註104〕 劉台拱《方言補校》，收入《叢書集成續編》第15冊，新文豐出版公司1988年印行，第492頁。

〔註105〕 《集韻》各本皆誤。曹氏棟亭本、錢恂藏揚州使院本、日本天保九年重刊顧廣圻補刻本、四部備要本又誤「緩」作「綏」。方成珪曰：『『惕』譌『惕』，『緩』譌『綏』，據《方言》卷6正。』方成珪《集韻考正》卷9，收入《續修四庫全書》第253冊，上海古籍出版社2002年版，第345頁。

〔註106〕 參見王念孫《廣雅疏證》，收入徐復主編《廣雅詁林》，江蘇古籍出版社1992年版，第134頁。

〔註107〕 王念孫《廣雅疏證》，收入徐復主編《廣雅詁林》，江蘇古籍出版社1992年版，第105頁。

〔註108〕 錢坫《說文解字斠詮》卷2「踼」字條，收入《續修四庫全書》第211冊，上海古籍出版社2002年版，第499頁。其引《廣韻》「跌踼，行失正也」，亦承戴氏誤作《廣雅》之文而不知檢正。

〔註109〕 朱駿聲《說文通訓定聲》「惕」字條，武漢市古籍書店1983年版，第881頁。

輕，挈水若抽，數如泆湯。」《釋文》：「泆湯：音逸，本或作溢。李云：『疾速如湯沸溢也。』司馬本作『佚蕩』，亦言其往來數疾如佚蕩。佚蕩，唐佚也。」李說誤，《莊》以「泆湯」狀水流之放縱。《事文類聚》續集卷9、《合璧事類備要》別集卷21、《演繁露》卷3、《詩林廣記》後集卷9引作「沃湯」，失之尤遠，皆出後人不得其誼而妄改；《文選·雜體詩》李善注、《集韻》「數」字條引作「泆湯」，是唐、宋人所見本猶有不誤者也。字亦作「逸蕩」，《列子·楊朱》：「此天民之逸蕩者也。」《類聚》卷82引晉夏侯湛《浮萍賦》：「因纖根以自滋，乃逸蕩乎波表。」字亦作「迭逿」、「詄蕩」，《文選·思玄賦》：「爛漫麗靡，藐以迭逿。」《漢書·禮樂志》：「天門開，詄蕩蕩。」《玉篇》：「詄，忘也。天門開詄蕩也。」《玉篇》說非是。《爾雅》蟲名「蛈蝪」，蓋亦取「跌踢」為義。倒言亦作「蕩泆」、「蕩佚」、「蕩逸」、「唐佚」、「蹢跌」，「唐佚」已詳上文。《說文》：「泆，水所蕩泆也。」《後漢書·班超傳》：「宜蕩佚簡易寬小過總大綱而已。」《東觀漢記》卷16作「宜陽為簡而寬小過總大綱而已」，則屬誤改。「蕩佚」即「佚蕩」，《集韻》：「佚，佚蕩，簡易也。」《後漢書·馮衍傳》：「蕩佚人間之事。」阮籍《達莊論》：「亂次而退，蹢跌失迹。」《晉書·劉聰載記》：「不欲使殿屎黎元而蕩逸一人。」《說文》：「跌，踢也。」又「踢，跌踢也。」段玉裁改作「踢，跌也」，云：「今本作『跌踢也』，恐是誤倒。」〔註110〕段氏刪字專輒，非是，《說文》自以「跌踢」釋「踢」字，《集韻》「踢」字條引同今本作「跌踢也」，《玉篇》亦同。蔣斧印本《唐韻殘卷》、《廣韻》並云：「踢，跌踢，行失正。」《集韻》：「踢，跌踢，行不正兒。」皆作「跌踢」之證。《慧琳音義》卷46引《考聲》：「踢，跌也。」P.2011王仁昫《刊謬補缺切韻》：「踢，跌，或作逿。」此自以單字為訓。丁惟汾曰：「『惕』為『惰』之異文，『佚惕』即『逸惰』。『佚惕』雙聲音轉為『佚蕩』，《漢書·揚雄傳》：『雄為人簡易佚蕩。』晉灼曰：『佚蕩，緩也。』」〔註111〕丁氏又曰：「『慢緩』謂之『邋遢』，『邋遢』為『佚惕』（古音上讀狄，下讀惰）之雙聲音轉。《方言》卷6：『佚惕，緩也。』按『佚惕』為『怠惰』之異文。『怠』古音亦讀狄也。」〔註112〕丁氏臆說無據。字亦作「蛈蝪」、「螲蟷」，蟲名專字。《爾雅》：「王蛈蝪。」郭璞注：「螲蟷也。」《關尹子·一宇》：「道

〔註110〕段玉裁《說文解字注》，上海古籍出版社1981年版，第83頁。
〔註111〕丁惟汾《方言音釋》卷6，齊魯書社1985年版，第131頁。
〔註112〕丁惟汾《俚語證古》卷3，齊魯書社1985年版，第77頁。

茫茫而無知乎？心儻儻而無羈乎？物迭迭而無非乎？」「儻儻」、「迭迭」即「蕩蕩佚佚」分言。元・牛道純《文始真經註》卷 1：「心既以真空為體，則儻儻然萬緣無由羈絆。物者心之用，即體即用，應變常寂，則迭迭然無非道也。迭迭者，周行而不殆之義也。」方以智曰：「儻儻，猶僮僮也。迭迭，猶軼軼也。《關尹子》曰『心儻儻，物迭迭』，舊說牽晦，蓋言心自適，而物往來忽靜忽動、忽疾忽遲之貌，皆聽其自然也。」〔註 113〕二氏說皆未得。②某氏謂「成」讀如字，是也。柬，讀為斕，字亦作斕、嬾、悚、懶、懶，懈惰也，懈怠也。《後漢書・王丹傳》：「其惰嬾者恥不致。」李賢注：「嬾與斕同。」簡文言小事則逸蕩，大事則嬾成之。或讀柬為濫，惡也。濫成，謂工作粗惡不認真，猶今言粗製濫造也。《唐律疏義》卷 26：「諸造器用之物及絹布之屬，有行濫短狹而賣者，各杖六十。」注：「不牢謂之行，不真謂之濫。」

（8）執悳（德）女（如）縣，執正（政）女（如）纆（繩）

整理者曰：縣，匠人測量垂直的工具。（P115）

按：「正」讀如字，直也。《書・說命上》：「惟木從繩則正。」孔傳：「言木以繩直。」《家語・子路初見》：「木受繩則直。」〔註 114〕《大戴禮記・勸學》：「故木從繩則直。」《荀子・勸學》：「故木受繩則直。」《御覽》卷 767 引蔡邕《觀（勸）學》：「木以繩直。」繩以取直，故云「執正如繩」也。《孟子・盡心上》：「孟子曰：『大匠不為拙工改廢繩墨。』」趙岐《章指》：「言曲高和寡，道大難追，然而履正者不枉，執德者不回。」回，邪也。「執德如縣」即「執德者不回」也，「執正如繩」即「履正者不枉」也。

（9）皮（罷）荅（落）賅成，安（焉）為賞罰

整理者曰：皮，讀為罷，《說文》：「遣有罪也。」落，可訓為敗，見《廣雅》「露，敗也」王念孫疏證。賅，備也。（P115）

按：某氏曰：「當讀為『皮荅（落）賅（核）成』，指植物外殼脫落、果實成熟。簡文以此自然現象指代秋季。先秦文獻中以秋季為賞罰之季節，專司刑罰的司寇被歸為秋官。」〔註 115〕某氏說「秋季為賞罰」無據，古者於冬

〔註 113〕 方以智《通雅》卷 10，收入《方以智全書》第 1 冊，上海古籍出版社 1988 年版，第 411 頁。
〔註 114〕 《說苑・建本》同。
〔註 115〕 「暮四郎」說，《初讀》，簡帛網 2016 年 4 月 18 日。

月考核而行賞罰。《管子・度地》：「故常以冬日順三老、里有司、伍長，以冬賞罰，使各應其賞而服其罰。」另外可以參看《呂氏春秋・孟冬紀》、《仲冬紀》（《禮記・月令》同）。①皮，讀為桮，俗作杯。古音「皮」、「不」一音之轉，「鈹」或作「鈝（鈈）」，「破」通作「剖」，是其比也。②苔，讀為荅，字亦作落、落。《說文》：「荅，桮荅也。」又「桊，桮荅也。」《方言》卷5：「桮落（郭璞注：『盛桮器籠也。』），陳楚宋衛之間謂之桮落，又謂之豆筥；自關東西謂之桮落。」《廣雅》：「桊，杯落也。」字亦作筹，《玉篇》：「筹，桮筹也，籠也。」〔註116〕「皮苔」疑即「桮荅」，指盛桮的器籠。《清異錄》卷下《器具》：「水晶不落：白樂天《送春詩》云：『銀花不落從君勸。』不落，酒器也，乃屈巵鑿落之類。開運宰相馮玉家有滑樣水晶不落一隻。」「不落」即「桮荅」之轉語，轉指酒器。③又疑「苔」讀為閜，指大杯。《說文》：「閜，大杯亦為閜。」《方言》卷5：「閜，桮也，其大者謂之閜。桮，其通語也。」《御覽》卷759引二「桮」俱作「杯」。《廣雅》：「閜，杯也。」「皮苔」或即《方言》之「桮閜」，《類聚》卷73引後漢李尤《杯銘》：「小之為杯，大之為閜。杯閜之用，無施不可。以飲以享，慎斯得正。」④又疑「苔」讀為柯，指大碗。《方言》卷5：「盂，宋楚魏之間或謂之盌……盂謂之柯。」《荀子・正論》：「故魯人以榶，衛人用柯。」江陵鳳凰山八號墓漢簡：「柯二雙。」⑤又疑「皮」讀為椑，橢圓形的盛酒器。《說文》：「椑，圜榼也。」《廣雅》：「匾榶謂之椑。」⑥貶，讀為晐。《說文》：「晐，兼晐也。」《廣雅》：「備、晐，咸也。」《廣韻》：「晐，備也，兼也。」字亦作垓，《說文》：「垓，兼垓八極地也。」日之兼覆曰晐，地之兼備曰垓，其義一也。字亦作胲，《廣雅》：「胲，具，備也。」字亦作該，《方言》卷12：「備、該，咸也。」《小爾雅》：「充、該，備也。」《廣韻》：「該，備也，咸也，兼也。」字亦作侅，《莊子・盜跖》：「侅溺於馮氣。」《釋文》：「侅，一云徧也。」字亦作姟，《國語・鄭語》韋昭注：「姟，備也，數極於姟也。」極大之數稱作姟，亦取兼備為義。《禮記・喪大記》鄭玄注：「成，猶備也。」「貶成」同義連文。《楚辭・招魂》：「招具該備，永嘯呼些。」「貶成」即「該備」。要之，「皮苔」指盛酒器具。簡文言歲末飲具大備，乃行賞罰也。

〔註116〕釋文原作「桮筹也，籠也」，據胡吉宣說乙作「桮筹也，籠也」。蔣斧印本《唐韻殘卷》：「荅，籠荅。」《集韻》「筹，籠也。」胡吉宣《玉篇校釋》，上海古籍出版社1989年版，第2777頁。

（10）湯之行正，而蓮（勤）事也，必哉於宜（義），而成於厎（度）

　　整理者曰：哉，訓「始」，下「哉於其身」同。（P116）

　　按：某氏改「哉」作「載」，又曰：「『正』應讀為政，『行政』與『勤事』對應。參簡 19『既怠於正（政）』，正亦讀為政。」〔註117〕讀正為政是也，簡13：「是古（故）它（施）正（政）命（令），得以時厎（度）。」此簡亦與之對應。

（11）既惠於民，聖（聽）以行武，哉於其身，以正天下

　　整理者曰：聖，疑讀為聽，指民能聽命。（P116）

　　按：某氏曰：「『聖』似當讀為本字。」〔註118〕「惠」疑當作「悳（德）」，修德然後可以行武也。《韓子·五蠹》：「上德不厚而行武，非道也。」

（12）勝（乘）其欲而絙其怣（過）

　　整理者曰：乘，行。絙，讀為恆，常也。（P116）

　　按：某氏曰：「『勝』在楚簡中常用為『勝』，此處似當讀為任。『任其欲』即放任其欲望。絙可讀為極。」〔註119〕某氏曰：「絙，可讀為緣，緣過即飾過。」〔註120〕駱珍伊曰：「乘似可讀為逞，即逞其欲。」〔註121〕「勝」用為「勝」，猶盡也。勝其欲，猶言極其欲也。絙，讀為亙，音轉作竟，猶徧也、滿也。《方言》卷6：「絙，竟也。秦、晉或曰絙，或曰竟。」《文選·西都賦》李善注引作「亙，竟也」，又云：「亙與絙古字通。」《說文》：「柜，竟也。」《廣韻》：「亙，竟也。」皆是聲訓。絙其過，猶言滿其過，盈其過。

（13）凡其民人，老者願死，勯（壯）者願行。忎（恐）辠（罪）之不堨（竭），而型（刑）之方（放），肙（怨）亦未湲（濟），邦以卒喪

　　整理者曰：願，思也。堨，讀為竭，盡也。方，讀為放，至也。湲，讀為濟，止也。「亦」訓為猶、尚。（P116）

〔註117〕「ee」說，《初讀》，簡帛網 2016 年 4 月 28 日。其說又見單育辰《〈清華簡（陸·管仲〉釋文商榷》，《古文字研究》第 33 輯，2020 年版，第 496 頁。
〔註118〕「暮四郎」說，《初讀》，簡帛網 2016 年 4 月 18 日。
〔註119〕「暮四郎」說，《初讀》，簡帛網 2016 年 4 月 18 日。
〔註120〕「厚予」說，《初讀》，簡帛網 2016 年 4 月 20 日。
〔註121〕駱珍伊《〈清華陸·管仲〉札記七則》，簡帛網 2016 年 4 月 23 日。

按：某氏曰：「『方』好像應屬下讀謗，『恐罪之不決而刑之，謗怨亦未濟，邦以卒亡』，濟，成。」〔註122〕某氏曰：「『坺』讀為「竭」似無充分依據。坺或可讀為輟。《說文》：『映，歠或從口、從夬。』『罪之不輟』即罪不止。『放』當解為恣肆。誺似當讀為齊。『怨亦未齊』是說在下位者的怨恨各不一致。」〔註123〕某氏曰：「『夬』有沒有可能讀為決。簡文『恐罪之不決而刑之放』，就是擔心一旦有犯罪嫌疑，罪名沒定卻先受刑。」〔註124〕駱珍伊曰：「『方』應釋為廣大、旁博之義。或讀為滂。總之，此處意指刑罰之重、多、浮濫。」〔註125〕曹方向曰：「坺讀為決，即今言判決。」〔註126〕子居曰：「誺讀為訾，訓為思。怨亦未訾即不思民怨。」〔註127〕①坺，讀為解。馬王堆帛書《養生方》：「即〔取〕菫英寸者，置牛肉中，炊沸。」整理者曰：「菫英，本條第121行作『菫蓂』，後第149作『菫薢』。英、薢通假，《爾雅義疏》論『薢茩』、『英光』以聲轉為義，可供參考。」〔註128〕某氏謂「放」當解為恣肆，是也。簡文言恐被加罪不得釋放，而刑法放濫也。②誺，讀為擠。《說文》：「擠，排也。」猶言排去。字亦作濟，《方言》卷13：「濟，滅也。」郭璞注：「《外傳》曰：『二帝用師以相濟也。』」《莊子‧人間世篇》《釋文》、《慧琳音義》卷96引《方言》作「擠，滅也」。郭璞注所引《外傳》見《國語‧晉語四》，韋昭注：「濟字當為擠。擠，滅也。」誺亦未濟，指民人的怨恨未能消除。

（14）桓公或（又）問于管仲曰：「仲父，亦㞢（微）是，其即君箮（孰）湯（彰）也？」

整理者曰：亦，訓「惟」。微，訓「非」。即，猶今也。湯，疑讀為彰，意為突出彰顯。（P116）

按：某氏曰：「當讀『其即（次）孰湯（當）也』。『湯』曾見於《容成氏》『強弱不絧湯』，這個『湯』或可讀為『當』，『強弱不治當，眾寡不聽訟』，『當』是當罪之當，『不治當』就是不決報罪案。」〔註129〕駱珍伊曰：「『湯』

〔註122〕 「bulang」說，《初讀》，簡帛網2016年4月17日。
〔註123〕 「暮四郎」說，《初讀》，簡帛網2016年4月18日。
〔註124〕 「魚游春水」說，《初讀》，簡帛網2016年4月19日。
〔註125〕 駱珍伊《〈清華陸‧管仲〉札記七則》，簡帛網2016年4月23日。
〔註126〕 曹方向《清華簡〈管仲〉帝辛事蹟初探》，簡帛網2016年4月23日。
〔註127〕 子居《清華簡〈管仲〉韻讀》，中國先秦史網2017年1月14日。
〔註128〕 《馬王堆漢墓帛書〔肆〕》，文物出版社1985年版，第109頁。
〔註129〕 「bulang」說，《初讀》，簡帛網2016年4月17日。

字可能是用本字。諡，《正字通》解為『譽也，讚也……與揚通』。此處句意
應是『仲父，除了前述的湯與受之外，其為君王還有哪些評譽的？』」〔註130〕
亦，猶口語「也」。某氏讀「其即」為「其次」，是也。駱珍伊說「諡」讀如
字，亦是也。諡之言易也、揚也，《說文》：「易，一曰飛揚。」又「揚，飛舉
也。𢰃，古文。」P.2011 王仁昫《刊謬補缺切韻》：「𢾺，明𢾺。」「諡」謂言
語、議論之飛揚、顯明。《集韻》引《字林》：「諡，讚也。」〔註131〕《玄應
音義》卷 10 引《三蒼》：「讚，言語詢詢也。」又卷 22 引「讚」作「誼」。
「讚」同「誼」。諡，誼譁聲，指眾人的議論，包含毀、譽二個方面，故《玉
篇》又云「諡，譽也」。《漢書·外戚傳》：「以息眾讚。」顏師古注：「讚，譁，
眾議也。」桓公問哪個舊君名聲最甚，故管仲答語以周武王、幽王作正反二
個方面的典型。

（15）夫周武王甚元以智而武以良，好宜（義）秉德，又（有）玫不解（懈），為民紀統（綱）

整理者曰：元，善也。玫，疑讀為遠，猶久也。（P116）

按：王挺斌曰：「玫，疑當讀為虔，恭敬之義。蔡侯鐘銘『有虔不易』，
以及清華簡《保訓》篇『祗服不懈』、『翼翼不懈』皆可與簡文合觀。」〔註132〕
①「元」疑「文」字之譌。良，讀為倞、勍，《說文》：「倞，彊也。」又「勍，
彊也。」古音良、京、彊並相轉。《墨子·公孟》：「身體彊良。」睡虎地秦簡
《為吏之道》：「強良不得。」良亦彊也，「彊良」乃變音複合詞。春秋齊高彊
字子良，即是「彊良」之分言。《老子》第 42 章：「強梁者不得其死。」馬王
堆帛書甲本作「強良」。《釋名》：「梁，彊梁也。」「梁」亦同音借字。「武以
良」猶言武以彊也。②「解」讀如字，止也，舍也，罷也，釋也。《漢書·五
行志》：「歸獄不解，茲謂追非，厥水寒，殺人。追誅不解，茲謂不理，厥水
五穀不收。大敗不解，茲謂皆陰。解，舍也。」顏師古注引張晏曰：「解，止

〔註130〕駱珍伊《〈清華陸·管仲〉札記七則》，簡帛網 2016 年 4 月 23 日。

〔註131〕《玉篇殘卷》引《埤蒼》：「諡，誰也。」P.2011 王仁昫《刊謬補缺切韻》：「諡，
讚。」「誰」、「讚」皆「讚」形誤，參見胡吉宣《玉篇校釋》，上海古籍出版
社 1989 年版，第 1870 頁。宋本《玉篇》、《篆隸萬象名義》正作「諡，讚」。
《廣韻》：「諡，讚也，讚也。」蓋其編者正本、誤本並見，不知如何取捨，
故二存之。

〔註132〕《清華六整理報告補正》，王挺斌說又見《清華簡第六輯研讀札記》，《出土文
獻》第 9 輯，中西書局 2016 年版，第 200 頁。

也。」字亦作懈，《新序・雜事一》：「夫子生則欲進賢而退不肖，死且不懈。」
《大戴禮・保傅》、《賈子・胎教》「懈」作「止」。孜，讀為健，彊力不倦之
義，亦即《易・乾》「君子終日乾乾」之「乾」，馬王堆帛書作「鍵」。「又孜」
即「乾乾」。《易・乾》又曰：「天行健，君子以自強不息。」《易・繫辭》：「夫
乾，天下之至健也。」又《說卦》：「乾，健也。」虞翻曰：「精剛自勝，動行
不休，故健也。」《釋名》：「乾，健也，健行不息也。」《廣雅》：「乾乾，健
也。」《呂氏春秋・士容》：「乾乾乎取舍不悅而心甚素樸。」高誘注：「乾乾，
進不倦也。取舍不悅，常敬慎也。」「悅」即「挩」，俗作脫，字亦作說、稅，
解也，舍也，止息也。陳奇猷據張本臆改作「倪」，因謂「悅」是「倪」假借，
解作簡易、馬虎〔註133〕，非也。《三國志・王昶傳》：「乾乾不解，志尚在公。」
「又孜不解」即「自強不息」、「乾乾乎取舍不悅」之義。

（16）凡其民人，遟（畀）逆（務）不愈（偷），莫愛袋（勞）力於其王

整理者曰：畀，與也。務，猶事也。愈，讀為偷，苟且也。（P117）

按：某氏曰：「『遟』似乎相當於鄔可晶《〈墨子〉「畢劫」「畢強」解》（《文
史》2014 年第 3 期）中的『畢』，是強的意思，『畢務』是近義連文。」〔註134〕
某氏曰：「當讀為『畢務不偷』，『畢』意為全部，與前文『凡』相應。『畢務不
偷』意為全都勞作、不怠惰。」〔註135〕某氏曰：「『務』當解釋為勉力。《荀子・
王制》：『使百吏免（勉）盡（進）而眾庶不偷』與簡文『遟（畀）逆（務）不
愈（偷）』文義至為相近。《管仲》篇之『畀務』與《墨子》之『僎務』、『排屑』、
『其〈畀〉務』為同一語詞之異寫，《墨子》一書中有三處引《書・泰誓》文
字：《天志中》：『吾有命，無廖僎務。』《非命上》：『吾民有命，無廖排屑。』
《非命中》：『我民有命，毋僇其務。』『其務』之『其』應為『畀』之誤字，
而『遟（畀）逆（務）』與『僎務』、『排屑』及『其〈畀〉務』音近，應為同
一語詞之異寫，為古之成語，大抵為『勉力』之義。」〔註136〕考《說文》：「畀，
相付與之，約在閣上也。從丌由聲。」《說文》說「畀」從丌由聲，可疑，余
意當從「丌（其）」得聲，字亦作「畁」。《說文》：「綼，帛蒼艾色，從糸，畀

〔註133〕陳奇猷《呂氏春秋新校釋》，上海古籍出版社 2002 年版，第 1710 頁。
〔註134〕「bulang」說，《初讀》，簡帛網 2016 年 4 月 17 日。
〔註135〕「暮四郎」說，《初讀》，簡帛網 2016 年 4 月 19 日。
〔註136〕「黔之菜」《清華簡（陸）〈管仲〉篇之「畀務」試解》，復旦古文字網 2016
　　　　年 4 月 20 日。

聲。《詩》：『縞衣綦巾。』綦，綼或從其。」今《詩‧出其東門》作「綦」。此正「畁」從「丌（其）」得聲之確證，段玉裁改「綼」作「緋」，改「畁」作「畀」〔註137〕，轉為失之。睡虎地秦簡《為吏之道》：「畫局陳畁以為耤。」整理者曰：「畁（音其），讀為棋。」〔註138〕嶽麓書院秦簡《數》簡197：「有玉方八寸，欲以為方半寸畁，問得幾可（何）？」整理者括注「畁」為「棋」〔註139〕。睡虎地秦簡字形作「畁」，嶽麓秦簡字形作「畁」，字皆從「丌」，睡簡當隸作「畁」，整理者隸作「畀」，非是。此亦「畁」從「其」得聲之證。《說文》：「畁，舉也，從廾由聲。《春秋傳》曰：『晉人或以廣墜，楚人畁之。』杜林以為麒麟字。」字亦作「畁」。所引《春秋傳》「畁」，見《左傳‧宣公十二年》，今本作「惎」；杜林以為「畁」即「麒」字，蓋皆以「畁」即「畁」，故有此說。此簡遝讀為期，必也。務亦必也。「期務」猶言必定、務必，副詞。又古音「畁」、「比」相通，《莊子‧天地》：「不推誰其比憂。」《釋文》：「比，司馬本作『鼻』。」「俾（俾）」或作「仳」，「痹」或作「疵」，皆其例。「比」、「必」又相通，是亦可徑讀遝為「必」。「遝迪」即「必務」，《呂氏春秋‧尊師》：「凡學，必務進業。」《墨子‧兼愛下》：「仁人之事者，必務求興天下之利，除天下之害。」《晏子春秋‧內篇諫下》：「臣聞明君必務正其治，以事利民，然後子孫享之。」後世多作「務必」。至若《墨子》所引《書‧泰誓》，今本《泰誓上》作「吾有民有命，罔懲其侮」（《治要》卷2引同）。「鼻」從「畁」得聲，「畁」從「其」得聲，故「俾務」即「其務」，讀作「其侮」，「其」是代詞，「其」不是「畁」形誤，「俾務」、「其務」與此簡「畁務」無涉。又《荀子‧王制》「百吏免（勉）盡（進）」是「眾庶不偷」的前提，與此簡「畁務不偷」無涉。某氏說皆失之。

（17）及幽王之身，好使年（佞）人，而不訏（信）慭（慎）良。夫年（佞）又（有）利戇（氣），篤（篤）利而弗行

整理者曰：年，讀為佞。戇，讀為氣，候也。篤，《說文》：「厚也。」即「篤」字。行，奉也。（P117）

按：「又」讀如字。戇，讀為欽，俗作欽。《說文》：「欽，委也。」「委」即「幸」字。《小爾雅》：「非分而得謂之幸。」《說文》：「覬，欽委也。」俗作

〔註137〕段玉裁《說文解字注》，上海古籍出版社1981年版，第651頁。
〔註138〕《睡虎地秦墓竹簡》，文物出版社1990年版，第174頁。
〔註139〕《嶽麓書院藏秦簡（貳）》，上海辭書出版社2011年版，第27頁。

「冀」。或讀為忢，俗作愛，猶言貪欲。忢、欽音義相近，疑是同源詞。簹，讀為逐，求取。簹利，猶言逐利。簡文「佞又利戔，簹利而弗行」與下文「既得其利，昏柰以行」對舉，二文「行」字同義，去也，猶言離開。言佞人又冀幸非分之利，追逐貨利而不離去。

（18）受命唯（雖）絢（約），出外必張。脣（蠢）童（動）蓳（勤）畏，叚（假）龍（寵）以方（放）

整理者曰：脣童，讀為「蠢動」。蠢，動也。前云「受命雖約」，故此云始動之時貌作謹畏。（P117）

按：某氏曰：「『脣童蓳畏』或可讀為『震動艱威』？意思待考。『放』意為恣肆。」〔註140〕蘇建洲曰：「『蓳』依整理者後說讀為謹。」〔註141〕讀「蓳畏」為「謹畏」，訓「方（放）」為恣肆，皆是也。「童」讀如字，分化字亦作「僮」，指未冠的奴婢。脣，讀為佅。《文選》張衡《東京賦》：「佅子萬童，丹首玄製。」薛綜注：「佅子，童男童女也。」字亦作振，《史記‧淮南衡山列傳》：「海神曰：『以令名男子若振女與百工之事，即得之矣。』秦皇帝大說，遣振男女三千人，資之五穀種種百工而行。」《集解》引徐廣引《西（東）京賦》「振子萬童」。《文選》張衡《西京賦》：「佅僮程材，上下翾翻。」薛綜注：「佅之言善。善僮，幼子也。」李善注引《史記》作「佅女」。字亦作娠，《說文》：「娠，一曰宮（官）婢女隸謂之娠。」〔註142〕《方言》卷3：「燕齊之閒養馬者謂之娠（佅），官婢女廝謂之娠。」《玉篇》：「佅，《說文》云：『僮子也。』《方言》云：『燕齊之閒謂養馬者曰佅。』」今本《說文》脫「佅」字，徐鍇《說文解字篆韻譜》有之，云：「佅，逐厲童。」徐鉉《說文新附》則作為新附字。《廣韻》引《字林》：「佅，養馬者。」《後漢書‧杜篤傳》李賢注引《方言》：「佅，養馬人也。」養馬小童乃男奴，故字作「佅」，官婢乃女奴，故字作「娠」，二字同源，僅以偏旁區分性別耳。漢大儺以中黃門子弟逐疫，故逐厲童子亦謂之佅。《方言》卷5：「飤馬橐，燕齊之閒謂之帳。」郭璞注：「《廣雅》作『振』，字音同耳。」今本《廣雅》作「帳，囊也」，字與《方言》同，此字之義由「養馬者謂之佅」而來，其義相因。簡文「脣童」即「佅童」，

〔註140〕「暮四郎」說，《初讀》，簡帛網2016年4月19日。
〔註141〕《初讀》，簡帛網2016年4月24日。
〔註142〕《集韻》「娠」字條引「宮」作「官」，與《方言》合。

指宮中奴婢，倒言則作「蟬脣」。清華簡（七）《越公其事》簡 20：「孤用厽（委）命蟬脣。」整理者曰：「委命，任命。蟬脣，疑讀為『重臣』。」〔註143〕其說非是。「委命蟬脣」即賈誼《過秦論》「委命下吏」之誼，指把自身性命交給卑賤之人。簡文言佞人出行宮外則恃寵作威作福，侲童皆敬畏之。

（19）既敝（蔽）於貨，彗（祟）𥃧（亂）毀裳（常）。既得其利，昏崇（綠）以行

整理者曰：彗，疑讀為祟，猶禍也。崇，疑讀為逐，《方言》卷 12：「行也。」（P117）

按：趙平安曰：「『𣪠』字不當釋為『彗』。諦審字形，此字應是從攴、從兩毛構成。它可能是『敃』的異體字，簡文讀為冒。『冒亂』一詞，傳世文獻習見。」〔註144〕某氏曰：「『𣪠』上部從二毛、下從攴，當讀為『眊』或『瞀』，意為亂。『眊』、『亂』為義近連用。崇當讀為綠，時間詞。清華簡《尹至》簡 1：『隹（惟）尹自夏徂白（亳），綠（逐）至才（在）湯。』『昏綠』義近詞連用，是指晚上。『既得其利，昏崇（綠）以行』是說既得其利，則即便是夜裏也要去為之奔忙。」〔註145〕某氏曰：「昏讀為昧或沒，崇讀為祿。昧、沒是貪的意思，典籍常見『昧利、沒利、昧財』等語，與『昧祿』用語十分相近。」〔註146〕趙平安改釋作「敠」字，是也；讀此字為冒、眊、瞀，亦是也，字或作秏、耗、霿、貿、瞎〔註147〕。敝，讀為僻，淫僻不正，謂行事不中於理。某氏讀崇為祿，是也。昏，讀為捪。《說文》：「捪，撫也。」謂撫持、撫握。字亦音轉作捫，《說文》：「捫，撫持也。」《玄應音義》卷 3 引《字林》：「捫，持也。」簡文言佞人既得其利，則持祿而離去矣。

（20）然則或改（弛）或張，或緩或緪（急），田隉（地）窐（壙）虛，眾利不及

整理者曰：及，至也。（P117）

〔註143〕《清華大學藏戰國竹簡》（七），中西書局 2017 年版，第 125 頁。
〔註144〕趙平安《〈清華簡（陸）〉文字補釋（六則）》，清華大學出土文獻網 2016 年 4月 16 日。
〔註145〕「暮四郎」說，《初讀》，簡帛網 2016 年 4 月 19 日。
〔註146〕「ee」說，《初讀》，簡帛網 2016 年 4 月 28 日。其說又見單育辰《〈清華簡（陸）·管仲〉釋文商榷》，《古文字研究》第 33 輯，2020 年版，第 497 頁。
〔註147〕參見王繼如《「冒亂」考源》，《文史》第 39 期，1994 年版，第 263～266 頁。

按：蘇建洲曰：「緪，或是讀為棘、力。革、亟、棘諸字皆訓為急。若依孟蓬生《經籍假借字間詁》（《中國語文》2006 年第 3 期 246 頁）的意見，整理者的說法亦有據。」〔註148〕某氏曰：「及，讀給，足。」〔註149〕緪，讀為亟。《爾雅》：「亟，疾也。」又「亟，速也。」《說文》：「亟，敏疾也。」《廣韻》：「亟，急也。」故訓甚多，不煩舉證。《說文》：「悈，疾也。」此性急義的分別字。「及」是「扱」省借字。《說文》：「扱，收也。」《方言》卷 13：「扱，擭也。」《廣雅》：「扱、收，取也。」「擭」謂手取。

（21）唯（雖）齊邦區區，不若蕃箅……

整理者曰：蕃，讀為藩，籬也。箅，疑讀為庇。（P117）

按：某氏曰：「『蕃箅』即『藩蔽』、『蕃蔽』。」〔註150〕某氏曰：「直接讀為『箅』似乎也可以，《廣雅·釋宮》：『藩、箅，籬也。』」〔註151〕讀為「藩箅」是，《說文》：「箅，藩落也。」

三、《鄭文公問太伯》甲本校補

（1）太伯又（有）疾，卋（文）公往䛀（問）之……君若曰：「今天為不惠，或爰（援）然，與不鼓（穀）爭伯父，所天不豫（舍）伯父，伯父而□□□□□□□□□□鼓（穀）。」

整理者曰：援，引也。爭，乙本作「請」。所，表假設。豫，讀為舍，訓為棄。（P120）

按：石小力曰：「『或』當讀『又』，『又爰然』與『與不穀爭伯父』當連讀，『爰然』作其狀語。」〔註152〕黃人二等曰：「或，又也。爰然，跂𨂂貌。疑『所』字屬上讀。『不豫』乃《詩》、《書》成語，不樂之意……心不樂者，因重病之故。」〔註153〕子居曰：「『爰』當訓哀恨義，這裏指令人哀恨。《方言》卷 6：『爰、嗳，恚也。楚曰爰，秦晉曰嗳，皆不欲應而強畣之意

〔註148〕《初讀》，簡帛網 2016 年 4 月 24 日。

〔註149〕「bulang」說，《初讀》，簡帛網 2016 年 5 月 4 日。

〔註150〕「無痕」說，《初讀》，簡帛網 2016 年 4 月 17 日。

〔註151〕「bulang」說，《初讀》，簡帛網 2016 年 5 月 7 日。

〔註152〕《清華六整理報告補正》；石小力說又見《清華簡第六冊字詞補釋》，《華學》第 17 輯，2017 年版，第 187 頁。

〔註153〕黃人二等〈讀〈清華大學藏戰國竹簡（陸）·鄭文公問太伯〉書後（一）〉，簡帛網 2016 年 4 月 20 日。

也。』」〔註154〕王寧曰：「惠，仁也。爰疑讀為咺，《詩·衛風·淇奧》：『赫兮咺兮。』毛傳：『咺，威儀容止宣著也。』『咺』、『宣』音近可通，並盛大義，『爰（咺）然』與『赫然』意思類同，這裡蓋用為盛氣凌人之貌。所，處所。」〔註155〕石小力是也。《爾雅》：「惠，順也。」《詩·節南山》：「昊天不惠，降此大戾。」鄭玄箋：「（昊天）又為不和順之行，乃下此乖爭之化。」爰然，天恚怒貌，與「不惠」義相因。子居引《方言》「爰、嗳，恚也。楚曰爰，秦晉曰嗳」是也，但不是「令人哀恨」義。此簡正用楚語。「爰」同「嗳」，字亦作愄，《玉篇》：「愄，恨也。」乙本「請」，當據此簡讀為爭。「所」屬下句，假設之詞，猶若也，整理者說是也。整理者讀豫為舍，亦是也，又可讀為釋，並一聲之轉。《管子·戒》：「管仲寢疾，桓公往問之，曰：『仲父之疾甚矣，若不可諱也，不幸而不起此疾，彼政我將安移之？』」又《小稱》：「管仲有病，桓公往問之，曰：『仲父之病病矣，若不可諱而不起此病也，仲父亦將何以詔寡人？』」《戰國策·魏策一》：「魏公叔痤病，惠王往問之，曰：『公叔病，即不可諱，將柰社稷何？』」《韓子·難一》：「管仲有病，桓公往問之，曰：『仲父病，不幸卒於大命，將奚以告寡人？』」《呂氏春秋·知接》：「管仲有疾，桓公往問之，曰：『仲父之疾病矣，將何以教寡人？』」諸文文例並與簡文相同，簡文之意，亦謂如果上天不放過伯父，伯父將何以教寡人也。

（2）故（古）之人又（有）言曰：「為臣而不諫，卑（譬）若䭜而不馘（醢）。」

　　整理者曰：「馘」字從戌，試讀為醢，醬也。（P120）

　　按：石小力曰：「『䭜』字首見，疑為『饋』字異體。」〔註156〕程燕曰：「䭜，整理者隸定可從。此字左旁上從來，下從皂，右旁從貴。石小力疑為『饋』字異體，甚確。最後一字形體作『馘』，右旁不是『戌』，應該是『弍』。『饋』指進食於人。不弍，義為沒有兩樣，相同。簡文意謂：作臣子的如果

〔註154〕子居《清華簡〈鄭文公問太伯（甲本）〉解析》，中國先秦史論壇2016年5月1日。本篇下文引其說皆見此文。
〔註155〕王寧《清華簡六〈鄭文公問太伯〉（甲本）釋文校讀》，復旦古文字網2016年5月30日。本篇下文引王說亦見此文。
〔註156〕《清華六整理報告補正》；石小力說又見《清華簡第六冊字詞補釋》，《華學》第17輯，2017年版，第188頁。

不能進諫，就如同進來的食物沒有什麼兩樣，亦即與普通人沒什麼異樣。」
〔註157〕曹方向曰：「䚕，簡文此字右側當釋為『弍』。所謂『餽』，既可以指向尊者進獻食物的動作行為，也可以直接理解為食物。《禮記・哀公問》：『食不貳味。』《左傳》哀公元年謂闔閭『食不二味』。上博簡《容成氏》簡21：『（禹）食不重味。』又上博簡《曹沫之陣》簡11：『食不貳羹。』《墨子・節用》：『黍稷不二，羹胾不重。』上述文獻的『不二』、『不重』，全部都取節儉之意。所謂『餽而不二』，也可能是說餽食之物過於簡陋（可能是數量太少，也可能是味道單一），背離常規。」〔註158〕蘇建洲曰：「『餽而不二』是說所進獻的食物只有一種，味道單一。說得更白是：臣下當進諫不同的意見，君王才能聽到不同的聲音；猶如進獻的食物要多種，君王才能吃到不同的味道。」〔註159〕子居曰：「『餽』當指餽祀。『弍』則為副貳，為主祭者的副手。」王寧曰：「『餽』當即餽食，古有二義：一是祭祀，二是饗食賓客。『䚕』字由聲求之，可能是『醴』之或體。古書中『醴』通『禮』的例子甚多，『不禮』之語古書習見。古人餽食都有一整套的禮儀，故《儀禮》中有《特牲餽食禮》、《少牢餽食禮》，餽食而不禮，餽食就不符合標準。」白于藍曰：「簡文『䭀（餽）』字當訓為祭。至於『䚕』，當讀為貳，副益也。……古代不論大祭、中祭還是小祭，飲酒均需『貳』（即副益，相當於現在所謂添酒、再滿上）。……『䚕』很可能正是用以表示貳酒之義的『貳』字之專字。簡文『為臣而不諫，譬若餽而不貳』，大意是講作為臣子卻不進諫，猶如祭而不貳酒。」
〔註160〕劉信芳曰：「字嚴格隸定為『䚕』，應是『弒』之訛形。字同『欰』，『欰』同『諮』，經史多作『咨』。」〔註161〕劉氏臆造「弒」、「欰」二字，所說殊不可信。「䭀」從來從皀從貴，《說文》：「皀，穀之馨香也。」「來」乃「麥」之古字。從來從皀會意穀、麥，從貴得聲，確是「餽」字異體。「䚕」疑是「膩」字異體。《說文》：「膩，上肥也。」P.2011王仁昫《刊謬補缺切韻》：「膩：肥。」

〔註157〕程燕《清華六考釋三則》，簡帛網2016年4月19日。

〔註158〕曹方向《清華六「餽而不二」試解》，簡帛網2016年4月22日。

〔註159〕蘇建洲《〈清華六・鄭文公問大伯〉「餽而不二」補說》，簡帛網2016年4月26日；其說又見蘇建洲《〈清華六〉零釋》，《中國文字》新43期，2017年版，第24～25頁。

〔註160〕白于藍《讀簡札記（三則）》，《出土文獻與傳世典籍的詮釋國際學術研討會會議論文集》，復旦大學2017年10月14～15日，第4～5頁。

〔註161〕劉信芳《清華簡陸〈鄭文公問太伯〉「餽而不弍（從音）」試解》，簡帛網2019年11月5日。

簡文有二說：①「饋」指祭祀。古人祭祀當以肥澤之犧牲。《新序·雜事一》：「中行寅將亡，乃召其太祝，而欲加罪焉。曰：『子為我祝，犧牲不肥澤耶？且齋戒不敬耶？使吾國亡，何哉？』」〔註162〕又《雜事二》：「（晉文公）還車反，宿齋三日，請於廟曰：『孤少犧不肥，幣不厚，罪一也……』」董仲舒《郊祀對》：「帝牲在滌三月，牲貴肥潔，而不貪其大也。」饋而不膩，是說雖然祭祀但犧牲不肥澤，沒有誠心，以比喻為臣而不能忠心進諫。②「饋」指贈人食物。《管子·形勢解》：「餮者，多所惡也。諫者，所以安主也。食者，所以肥體也。主惡諫則不安，人餮食不肥；故曰餮食者不肥體也。」《家語·禮運》：「合之以仁，而不安之以樂，猶獲而弗食；安之以樂，而不達於順，猶食而不肥。」饋而不膩，是說饋食於人而不能肥其體，亦用以比喻為臣不能進諫以安其主。我更傾向於後一說。

（3）以車七乘，徒卅人……以頮（協）於攸（庸）瓜（偶）

整理者曰：頮，疑即「協」省形，從犬、肉，頁為聲符。攸，從夊（終）得聲，疑讀為庸。《左傳·昭公十六年》子產曰：「昔我先君桓公與商人皆出自周，庸次比耦以艾殺此地，斬之蓬蒿藜藋，而共處之。」（P121）

按：石小力曰：「『攸』字原作『▆』（甲本05）、『▆』（乙本05），該字右部與『夊（終）』不類，且左半亦非『允』旁，故釋『攸』不確。該字當由『ㄠ、人、丶』三部分組成，其中『ㄠ（ㄐ）』為聲符，疑可讀為『仇』或『述』。『仇、述』與『偶』同義連用，表示與之匹偶之人或者國家。」〔註163〕徐在國曰：「頮，此字乙本作『獃』，『頁為聲符』就沒有了著落。頮，從頁，猒聲，疑讀為勸，獎勉，鼓勵。」〔註164〕某氏曰：「『頮』或可理解為從犬，頪聲，釋為『獿』。」〔註165〕某氏曰：「『頮』或是『類』字，訓為善。」〔註166〕子居曰：「頮，此字或即『㦷』字，讀為展，訓為誠。」王寧曰：「『頮』很可能是『赧』之或體。《說文》：『赧，面慙而赤也。』段注：『《尚書中候》「赧」為「然」，鄭注云：「然讀曰赧。」可見『然』、『赧』古音近通用。乙本『獃』

〔註162〕《論衡·解除》同。
〔註163〕《清華六整理報告補正》，石小力說又見《清華簡第六冊字詞補釋》，《華學》第17輯，2017年版，第188頁。
〔註164〕徐在國《清華六〈鄭文公問太伯〉札記一則》，簡帛網2016年4月17日。
〔註165〕「苦行僧」說，《初讀》，簡帛網2016年4月24日。本篇下文省稱作「《初讀》」。
〔註166〕「東山鐸」說，《初讀》，簡帛網2016年4月27日。

字當即『蹨』字。此字即後世踩踥之『踃』。此處當用為踐伐意，可能當徑讀為踐。『⬛』當為『烏（於）』的一種特殊寫法，不能拆分而說。『瓜』原整理者讀『耦』，是，然『烏耦』義不可解。『耦』通『偶』，故疑『烏偶』意同於漢代人常言『烏合之眾』之『烏合』。《爾雅》：『偶，合也。』言如烏鴉之合集。」黃聖松、黃庭頎曰：「『頜』、『猷』從狀，疑讀為猷。《上博簡》多見『猷』、『厭』相通之例，可訓為壓迫、迫近，有時或直接作『壓』。」〔註167〕《左傳》「庸次比耦」是更迭代替義，整理者引之不當。《爾雅》「偶，合也」，偶訓合是和合義，而不是集合義，王寧說誤也。二黃氏讀作「壓」，以車七乘、徒卅人這麼少的兵力，而說「壓迫」敵人，文意不安。「頜」、「猷」字形當如徐在國分析，以「狀」為聲符，讀為難，拒難、抵擋、逐退。《書·堯典》：「而難任人。」孔傳：「難，拒也。」「難任人」謂逐退佞人，《史記·五帝本紀》作「遠佞人」，「遠」正逐退、斥遠義。《周禮·春官·宗伯》：「遂令始難毆疫。」鄭玄注：「難謂執兵以有所難卻也。故書『難』或為『儺』。」鄭注「難卻」，即抵拒逐退義。「儺」是逐退疫癘的專字。銀雀山漢簡（二）《兵之恒失》：「欲以國〔兵之所短〕，〔以〕難倘（敵）國兵之所長，耗（耗）兵也。欲強多國之所寡，以應倘（敵）國之所多，速詘（屈）之兵也。」難亦應也，猶言抵敵、抗拒也。字亦作攤〔註168〕，《廣雅》：「抑、攤，按也。」蔣斧印本《唐韻殘卷》：「攤，按攤，奴案反。」P.2011 王仁昫《刊謬補缺切韻》：「攤，奴但反，按。」又「攤，奴旦反，按攤。」王念孫曰：「攤，《玉篇》音奴旦切。《廣韻》云：『按攤也。』凡抑之使不得起曰攤。《堯典》：『惇德允元，而難任人。』難，猶抑也，謂進君子而退小人也。」〔註169〕考其本字，當為「摩（撾）」。《說文》：「摩，一指按也。」摩、按雙聲音轉，聲訓字也。俗字亦省作厭、撖，又作捻。《淮南子·說林篇》：「使氏厭竅。」《文子·上德》「厭」作「捻」。《荀子·解蔽》：「厭目而視者，視一以為兩。」楊倞注：「厭，指按也。」《韓詩外傳》卷7：「厭目曲脊。」「⬛瓜」當是地名，待考。

〔註167〕黃聖松、黃庭頎《〈清華六·鄭文公問太伯〉札記（二）》，簡帛網 2016 年 9月 14 日。

〔註168〕「攤」音他丹切，訓開，是另一同形異字。此字章太炎說是「敁（挓）」歌寒音轉字。章太炎《新方言》卷 2，收入《章太炎全集（7）》，上海人民出版社1999 年版，第 70 頁。

〔註169〕王念孫《廣雅疏證》，收入徐復主編《廣雅詁林》，江蘇古籍出版社 1992 年版，第 262 頁。

（4）籋（攝）鞏（胄）囀（擐）䩅（甲）

整理者曰：籋，疑讀為攝，訓為結。囀，從專得聲，讀為擐，貫也。
（P121）

按：某氏曰：「執（？）胄披甲，第三字整理認為從喜從專，讀為擐，
屬誤認字形，其實是『從艸從豆從口從卑』或『從喜從巾從卑』，中是受喜
的影響而類化。喜就是鼓，甲與戰爭有關，故加戰爭常用的『鼓』形。第三
字實從『卑』聲讀為『被（或披）』。『被甲嬰胄』、『被甲冒胄』古書常見。」
某氏在此說基礎上進一步釋第三字作「䩅」〔註170〕。某氏曰：「『籋』讀為
『攝』可信，但『攝』似當訓為持。」〔註171〕某氏曰：「釋出『䩅』字，甚
是。『籋胄䩅甲』可讀為『笠胄簑甲』（《上博（二）·容成氏》簡14、15兩
見『蒔（笠）』。『籋』說不定就是『笠』的異體），『笠』所以禦暑雨，『簑』
為簑衣、雨衣。此句意謂以盔頭為斗笠、以鎧甲為簑衣。」〔註172〕某氏
曰：「『䩅（被）甲』連言，文意通暢。『籋』當讀為戴。」〔註173〕某氏曰：
「『籋』似可讀為縶，繫也。」〔註174〕某氏曰：「『籋』是否可以考慮讀為
緝？」〔註175〕子居曰：「籋當讀為接。」第三字即「䩅」字，同「䩅」，讀
為捭，字亦作擺。《釋名》：「兩旁引之曰披。披，擺也，各於一旁引擺之，
備傾倚也。」《說文》：「披，從旁持曰披。」「披甲」字當以「披」為正字，
「被」為借字。「披甲」謂以甲衣從身體兩旁引持於身也。籋，讀為執，持
也。《墨子·備水》：「人擅有方、劍、甲、鞮瞀十人。」「鞮瞀」即「鞮鍪」、
「鞮鞪」、「兜鍪」，亦即「胄」，指頭盔。「擅」與「揮」同，提持也。此即
「執胄」之證。

（5）兒（攫）戈盾以娽（造）勛

整理者曰：兒，清華簡《金縢》用作「穫」，簡文讀為攫，握也。「娽」字
從早得聲，試讀為造，成也。（P121）

〔註170〕「ee」說，「bulang」說，《初讀》，簡帛網2016年4月17日。「ee」說又見單
育辰《清華六〈鄭文公問太伯〉釋文商権》，《語言研究集刊》第18輯，上海
辭書出版社2017年版，第309～310頁。
〔註171〕「暮四郎」說，《初讀》，簡帛網2016年4月19日。
〔註172〕「紫竹道人」說，《初讀》，簡帛網2016年4月20日。
〔註173〕「苦行僧」說，《初讀》，簡帛網2016年4月22日。
〔註174〕「此心安處是吾鄉」說，《初讀》，簡帛網2016年4月24日。
〔註175〕「薛後生」說，《初讀》，簡帛網2016年5月4日。

按：徐在國曰：「『兇』應釋為『刈』，讀為挈。『挈』有執義。娌勛，我們懷疑讀為『仇耘』。仇，古訓匹，引申有配、使相配之義。『仇耘』與上文『庸偶』相對，均應指田裏兩兩相配的勞作者，戰時就充當士兵，平時就是勞作者。挈戈盾以仇耘，意即用仇耘執戈盾。」〔註176〕某氏曰：「兇，或可讀為舉。中山王鼎銘文：『雙（與）其汋（溺）於人施（也），寧汋（溺）於淵。』《大戴禮記·五帝德》：『舉干戈以征不享、不庭、無道之民。』」〔註177〕某氏曰：「兇，似可讀為扜，《說文》：『扜，指麾也。』然則扜戈盾者，指揮戈盾也。《玉篇》：『扜，持也。』訓持戈盾也可以吧。」〔註178〕王寧曰：「『兇』即『穫』之本字。整理者讀穫訓握當可從。『娌』從女早聲，此字當即曹姓之『曹』的或體，金文中或作『婞』（竈友父鬲），從女棗聲，疑為同一字，故此字當釋『曹』。整理者讀造，『造勛』即成就功勛。」①「兇」字圖版作「■」形。清華簡《金縢》簡9作「■」，簡14作「■」，整理者隸作「斂」，注云：「『斂』字不識，今本作『穫』。『斂』左半又見上博簡《采風曲目》『夶也遺夬』，又《鮑叔牙與隰朋之諫》『豸民獵樂』。疑『斂』即『叡』字，讀為穫。」〔註179〕某氏讀兇為扜，「扜」訓指麾，非其誼也；又引《玉篇》「扜，持也」，考《玉篇》又云：「扜，持也。」則「扜」、「扜」是一字無疑，指引持弓而開張之，亦非簡文之誼。「兇」同「穫」，某氏讀舉可備一說。余疑此簡■讀為拊，拍擊也。包山楚簡簡258「雙菭」，又同墓竹笥籤牌「苻菭」，《後漢書·劉玄傳》李賢注引《續漢書》「符詧」，皆同一物之異寫。拊音轉作搏，搏、拍（拍）亦音轉相通。《說文》：「拍，拊也。」《廣雅》：「拍，擊也。」又「拍，搏也。」《釋名》：「拍，搏也，手搏其上也。」②娌，讀為早。「勛」作動詞用。早勛，早立功勛，早建功業。

(6) 斸=（廟食）女（如）容袿（社）之尻（處）

整理者曰：《鄭語》言鄭桓公「乃東寄孥與賄，虢、鄶受之，十邑皆有寄地」，或即簡文所謂「容社之處」。（P122）

按：「斸=」整理者原屬上文，讀為「迢迢」。楊蒙生謂「斸=」是「專斷」

〔註176〕徐在國《清華六〈鄭文公問太伯〉札記一則》，簡帛網2016年4月17日。

〔註177〕「暮四郎」說，《初讀》，簡帛網2016年4月19日。

〔註178〕「此心安處是吾鄉」說，《初讀》，簡帛網2016年4月27日。

〔註179〕《清華大學藏戰國竹簡（一）》，中西書局2010年版，第161頁。

二字合文，改屬下句〔註 180〕。某氏認為「虝﹦」是「廟食」合文〔註 181〕。子居曰：「虝﹦，當讀為『朝食』。女當讀為汝。『容社之處』即是指『鄭父之丘』。」王寧曰：「如，當訓往。『容社』之『容』甲、乙本均作『宠』，從宀公聲，即《說文》中所載『容』之古文，為容納、容受之意。蓋鄭桓公初居棫林，乃周王畿內的采邑，不能建立國社，即無容社之地；後來佔領了東方十邑之後，居於鄭父之丘，有了容社之所，才國名為鄭，並建立了國社，表示正式立國。」黃聖松、黃庭頎曰：「虝﹦，應讀為『斷斷』，《尚書·秦誓》：『斷斷猗無他技，其心休休焉，其如有容。』《禮記·大學》亦引其文，鄭玄《注》謂『斷斷』為『誠一之貌也』。簡文『斷斷如容』當如《秦誓》之文，形容鄭桓公『斷斷』誠一而『如容』寬大。故此處前後文句應為斷句為：『以覆車襲制、克鄶，斷斷如容。』至於後文『社之處，亦先君之力也』，乃言社稷之立處，是我先君鄭桓公之力也。」〔註 182〕某氏說「虝﹦」是「廟食」合文，楊蒙生屬下句，是也。宠（容），當讀為公。「容社」即「公社」，乃一國祭祀上帝后土及先祖之所。《淮南子·時則篇》高誘注：「公社，國社也，后土之祭也。」《漢書·郊祀志》顏師古注引李奇曰：「公社，猶官社。」王引之曰：「如，猶於也。」黃侃批語：「此『如』為『於』之借。」〔註 183〕簡文「如」亦是介詞。言鄭之先公得以廟食於公社，是鄭桓公之力也。

（7）枼（世）及吾先君武公，西城洢（伊）閞（澗），北就郹（鄔）、劉，縈厄（軛）郒（蒍）、竿（邘）之國，魯、衛、鄝（蓼）、蔡坴（來）見

按：龐壯城曰：「縈，讀為營，表示經營。」〔註 184〕子居曰：「洢即伊

〔註 180〕楊蒙生《讀清華六〈子儀〉筆記五則——附〈鄭文公問太伯〉筆記一則》，清華大學出土文獻與保護中心網站 2016 年 4 月 16 日。

〔註 181〕「ee」說，《初讀》，簡帛網 2016 年 4 月 23 日。其說又見單育辰《清華六〈鄭文公問太伯〉釋文商榷》，《語言研究集刊》第 18 輯，上海辭書出版社 2017年版，第 311 頁。

〔註 182〕黃聖松、黃庭頎《〈清華六·鄭文公問太伯〉札記（二）》，簡帛網 2016 年 9月 14 日。

〔註 183〕王引之《經傳釋詞》，嶽麓書社 1984 年版，第 149 頁。吳昌瑩、裴學海各有補證。吳昌瑩《經詞衍釋》，中華書局 1956 年版，第 122 頁。裴學海《古書虛字集釋》，中華書局 1954 年版，第 548 頁。

〔註 184〕龐壯城《〈清華簡（陸）〉考釋零箋》，簡帛網 2016 年 4 月 27 日。

水，澗即澗水。」某氏曰：「『縈軛』顯然與文獻常見之『還轅』意義相類，表示周遊、馳騁一類的意義，縈（營）有環繞義。不過耕部字與元部字常相通……縈（營）讀為『還』好像亦可。」〔註185〕王寧曰：「縈是纏繞義，『縈軛』即纏繞車軛。所謂『縈軛』當是用纏裹車軛表示維護、維修車輛的意思，即用在蔫、竽（邘）維護修理車輛表示佔領了此二國之地。」〔註186〕黃聖松、黃庭頎曰：「『營』是度量、測量之意。『厄』字應讀為『益』，有增益之意。度量而增益蔫、邘之城邑。」〔註187〕子居說是，「澗」指澗水，不是指山夾水的山澗。《書・禹貢》：「伊、洛、瀍、澗，既入於河。」「伊澗」當點作「伊、澗」。「縈」讀如字，繫也。厄，讀為搤，字亦作搹、挩、扼，握緊、捉取。《廣雅》：「挩，取也。」縈扼，猶言控制、占據。

（8）枼（世）及吾先君莊公，乃東伐齊酅之戎為敳（徹）

整理者曰：徹，道也。（P122）

按：子居曰：「徹訓為治。」王寧曰：「徹，疑當讀為烈。『為烈』謂建立功業。《孟子・萬章下》：『殷受夏，周受殷，所不辭也，於今為烈，如之何其受之？』《禮記・表記》：『后稷，天下之為烈也，豈一手一足哉！』」下文簡10：「不能莫（慕）吾先君之武敳（徹）臧（莊）𢀛（功）。」某氏曰：「典籍『武徹』未見，不如讀為『武烈』。」〔註188〕王氏所引《孟子》之「烈」，趙岐注：「烈，明。」非功業義。黃聖松、黃庭頎曰：「敳當讀為徹，有『取』義。至於簡文『為徹』者何？即『北城溫原』與『東啟隤樂』。」〔註189〕某氏曰：「原整理者似乎是把『武徹莊功』理解為『鄭武公及鄭莊公的功烈』，語義似與前之『先君』犯複。徹訓為迹，光績，『臧』似當讀為壯，金文有『壯武戎功』之語，可互參。」〔註190〕某氏說是也。敳，讀為徹，俗字作轍，迹也，指功業、功迹。典籍未見「武徹」，簡文不妨自鑄文詞；「壯功」典籍亦未見。

〔註185〕「薛後生」說，《初讀》，簡帛網2016年5月4日。

〔註186〕王寧《清華簡六〈鄭文公問太伯〉的「縈軛」、「遺陰」解》，復旦古文字網2016年5月16日。

〔註187〕黃聖松、黃庭頎《〈清華六・鄭文公問太伯〉札記》，簡帛網2016年9月7日。

〔註188〕「ee」說，《初讀》，簡帛網2016年4月25日。

〔註189〕黃聖松、黃庭頎《〈清華六・鄭文公問太伯〉札記》，簡帛網2016年9月7日。

〔註190〕「心包」說，《初讀》，簡帛網2016年4月16日。

（9）為是牢鼪（鼠）不能同穴，朝夕戜（鬥）戜（閱），亦不挽（逸）
斬伐

　　整理者曰：鼪，讀為鼠，《春秋》言「鼷鼠食郊牛」，是牢閑中有之。戜戜，讀為「鬥閱」。閱，很也。逸，訓為放失。（P123）

　　按：某氏曰：「上博《從政》甲篇的『從事而毋說』（『說』為王輝釋，《江漢考古》2014.2），『說』就是『閱』吧。」〔註191〕某氏曰：「挽，讀『失』更符合典籍用語習慣。」〔註192〕子居曰：「牢當讀為狸，狸、鼠是死對頭，因此說『不能同穴』。」王寧曰：「牢，飼養牲畜的圈欄。牢鼠即牲畜圈裏的老鼠。」子居讀牢為狸，證據不足。古音牢讀如留，此楚語讀音，簡文正用楚語也。《淮南子·本經篇》高誘注：「牢讀屋霤之霤，楚人謂牢為霤。」葛陵楚簡以「留」、「罶」、「瘤」為「牢」〔註193〕。簡文牢讀為鼬。《說文》：「鼬，如鼠，赤黃而大，食鼠者。」俗稱黃鼠狼，亦穴處者，善捕鼠。「戜」同「鬥」，銀雀山漢簡、馬王堆帛書作「斳」。古音「兒」、「丰」（『刧』字所從者）、「毄」通轉。《史記·天官書》：「其蟄者類閱旗故。」《索隱》：「蟄，音五結反，亦作蚓，音同。」《漢書·天文志》作「蚓」。《說文》：「蚓，司人也。」又「說，言相說司也。」二字當同源。《呂氏春秋·開春》：「水齧其墓。」《論衡·死偽篇》「齧」作「擊」。《說苑·修文》「挈一壺」，《御覽》卷565引「挈」作「擊」。陸璣《毛詩草木鳥獸蟲魚疏》卷上：「『繫迷』一名『挈橀』。」故「擊戾」音轉作「戾契」，又音轉作「子蚓」也。「戜戜」即「鬥擊」。「閱」、「說」則是言語爭鬥義的專字。簡文言鼬、鼠不能同穴，同穴則朝夕鬥擊也。

（10）今及吾君……不能莫（慕）吾先君之武敹（徹）臧（莊）紅（功），色〈孚〉淫〈淫〉柔（嬈）于庚（康）

　　整理者曰：色，乙本作「孚」，訓為信。柔，讀為嬈，《方言》：「遊也。」康，樂也。（P123）

　　按：石小力曰：「所謂『色』字原簡作『』，字當釋『印』，乙本作『孚』

〔註191〕「bulang」說，《初讀》，簡帛網2016年4月17日。

〔註192〕「ee」說，《初讀》，簡帛網2016年4月17日。其說又見單育辰《清華六〈鄭文公問太伯〉釋文商榷》，《語言研究集刊》第18輯，上海辭書出版社2017年版，第312頁。

〔註193〕例證參見劉信芳《楚簡帛通假彙釋》，高等教育出版社2011年版，第102頁。

當是『印』之訛，字在簡文中用作連詞『抑』，表示轉折，相當於可是、但是。」某氏曰：「衾可直接讀為遊。」某氏曰：「衾，似乎還可以考慮讀為惛，《湯誥》：『無從匪彝，無即惛淫。』『惛淫』同於『淫惛』，『淫惛于康』句式結構同於『遊于康』、『盤于康』等，『于』字作連詞用。」某氏曰：「整理報告中衾讀媱，『媱』亦即『遙』，《方言》卷 10：『遙，淫也。』錢繹《箋疏》：『媱與遙聲義並同。』」〔註 194〕子居曰：「徹訓治。孚當讀為浮，浸、沉溺。」王寧曰：「『衾』當即『搖』的簡省寫法。『搖』、『逸』雙聲，『淫媱』即『淫逸』，乃一語之轉。庚，乙本正作『康』。」黃聖松、黃庭頎曰：「前字當從乙本作『孚』，讀為『復』。『復』則有加強語氣效果，意同『又』字。『淫媱於康』可讀為『淫媱於荒』，『荒』有廢亂荒淫之意。『於』字又可作為結構助詞，倒裝時用之。則簡文『孚（復）淫媱於康（荒）』，可讀為『孚（復）康（荒）於淫媱』。」〔註 195〕單育辰曰：「甲本『色』不必是譌字，乙本『孚』可能是譌字。『色淫』指貪淫於美色。『衾于康』又是一個意思，衾讀為遊。」〔註 196〕首字不是轉折連詞。據乙本校作「孚淫」是也，讀為「浮淫」，謂輕薄淫佚。甲本的「印」是「孚」形譌。也不是「淫衾」成詞，「于」是介詞，非連詞。衾（媱、遙）、遊、淫並一聲之轉。某氏所引錢繹說，錢說乃襲自王念孫〔註 197〕。

（11）是四人者，方諫吾君於外，茲詹父內謫於中

整理者曰：謫，譴責也。（P124）

按：某氏曰：「『方諫』就是『謗諫』。『茲』似可當無意義的虛詞看。如果不作無意義的虛詞看，『茲』可理解為『致也』、『使也』。」〔註 198〕某氏曰：「『茲』用為『使』。」〔註 199〕王寧曰：「方，《廣雅》：『正也。』『方諫』

〔註 194〕上三說分別為「ee」說，「薛後生」說，「無痕」說，皆見《初讀》，簡帛網 2016年 4 月 17 日。

〔註 195〕黃聖松、黃庭頎《〈清華六・鄭文公問太伯〉札記》，簡帛網 2016 年 9 月 7日。

〔註 196〕單育辰《清華六〈鄭文公問太伯〉釋文商榷》，《語言研究集刊》第 18 輯，上海辭書出版社 2017 年版，第 312 頁。

〔註 197〕王念孫《廣雅疏證》，收入徐復主編《廣雅詁林》，江蘇古籍出版社 1992 年版，第 105 頁。

〔註 198〕「bulang」說，《初讀》，簡帛網 2016 年 4 月 17 日。

〔註 199〕「ee」說，《初讀》，簡帛網 2017 年 6 月 13 日。

即『正諫』，均謂直言而諫。茲，猶言『加之』。內，入也，『內謫』即『入謫』，謂進批評之言，與『入諫』意略同。」「方」訓正，一是正直義，一是副詞用法。古籍的「正諫」即「証諫」，証亦諫也（見《說文》）。簡文「內」、「外」對舉，「內」絕非「進入」義。王說殊誤。某氏謂「茲」用為「使」，是也。方，讀為並，猶言一起、共同。簡文言四人共同諫君於外，又使詹父內責其君於中也。

（12）君女（如）是之不能茅（懋），則卑（譬）若疾之亡（無）瘧（醫）

　　按：某氏曰：「『茅』整理者讀為懋。按：不如讀為『務』更好。『務』言『務行臣下之諫言』。」〔註200〕讀茅為懋，是也。余又疑茅讀為明，一聲之轉，猶言悟。

四、《子儀》校補

（1）既敗於啻（殽），忎（恐）民之大㾰（方）迻（移）易，古（故）戠（職）欲，民所安，其旦不櫛（平）

　　整理者曰：㾰，讀為方，猶道也。簡文是說擔心民「大方移易」，成為「無方之民」。一說當從「㾰」字斷開，㾰讀為病。戠，讀為職或持。「戠欲」大約猶儒家「養欲」。一說當從「戠」字斷開。職，謂賦稅也。「迻（移）易古（故）戠（職）」句意為改減民眾的賦稅負擔。安者，意之所止也。一說「欲」字從下讀。所，猶可也。其旦不平，表示還不到「平旦」的意思。一說「旦」讀為「亶」，誠也。櫛，即「梗」字，在此讀為更，義為變更。（P129～130）

　　按：整理者讀㾰為方，「戠欲」之說，所釋皆不知所云，馬楠從其一說讀作「既敗於殽，恐民之大病，移易故職，欲民所安，其旦（亶）不更」。子居曰：「句讀『從㾰字斷開』是，但『㾰』當讀為放，訓為流失。擔心因為殽之戰的大敗消息而導致臣民大量流失。句讀『從戠字斷開』是，但『移易故職』是說變動舊有的職司，這裏代指棄舊職而另謀。『民』指臣屬。讀為『欲民所安』為是，指希望所有臣屬各安其職。當讀為『其亶不更』，意即

〔註200〕　「ee」說，《初讀》，簡帛網2016年4月17日。其說又見單育辰《清華六〈鄭文公問太伯〉釋文商榷》，《語言研究集刊》第18輯，上海辭書出版社2017年版，第312頁。

希望這些臣屬對秦國的誠信無所變更。」〔註201〕王寧曰：「貤讀為放或妨，『大妨』即大肆抗拒王命之意。『移易故職』即改換原來的職位或職責。『檽』字當釋『梗』，讀『更』。『更旦』見北大簡（三）《周馴》『維歲正月更旦之日』，整理者注：『更旦，每月初一朔日。《易林・家人之比》：「更旦初歲，振除禍敗。」上博簡《三德》：「檽旦毋哭。」檽讀為更。』『其旦不更』指還沒出當月，即敗於殽之月。」〔註202〕當讀作「既敗於殽，恐民之大貤迻易古戠，欲民所安，其旦不檽」。子居說「民」指臣屬，是也。貤，讀為謗，謗議，誹謗。字亦省作方，《論語・憲問》：「子貢方人。」《釋文》：「方，鄭本作謗，謂言人之過惡。」迻易古戠，讀作「移易故職」，王寧所解是也，指人事調整。「故職」即「舊職」，《左傳・襄公二十五年》：「城濮之役，文公布命曰：『各復舊職。』」整理者說「檽讀為更，義為變更」是也，「更」音轉亦作革、改。旦，讀為制。《詩・匪風》：「中心怛兮。」《漢書・王吉傳》引「怛」作「慸」，顏師古注：「慸，古怛字也。」〔註203〕《古文四聲韻》卷5載《古史記》「怛」作「🐾」，《說文》「制」字古文作「🌿」，蓋《古史記》「怛」亦作「慸」也。「其旦不檽」猶言不改其舊制，與「檽（更）旦」無涉。簡文是說秦穆公在殽之戰失敗之後，擔心庶民謗議人事調整，欲安定人心，未作人事變動，使各復舊職。

（2）公益及。三昏（謀）𦤝（輔）之，非（靡）土不飤（餝）

整理者曰：益，多也。「三謀」當指殽之戰後繼續受到重用的孟明視、西乞術、白乙丙。一說「三昏」連上讀，「𦤝之」從下讀。「昏」讀為「悔」。非，通「靡」。一說「𦤝」讀為「賦」，「飤（食）」猶祿也。句云三帥封邑賦稅全歸為其祿。（P130）

按：馬楠讀作「公益及三謀輔之，非土不飤」。某氏讀「及」作「及（急？）」〔註204〕。子居曰：「讀及為急，當是。『三謀』當即百里奚（孟明視）、

〔註201〕子居《清華簡〈子儀〉解析》，中國先秦史論壇2016年5月11日。本篇下文引其說皆見此文。

〔註202〕王寧《清華簡六〈子儀〉釋文校讀》，復旦古文字網2016年6月9日。本篇下文引其說皆見此文。

〔註203〕王應麟《詩攷》說王吉學韓詩，蓋《韓詩》作「慸」也。元刊本《韓詩外傳》卷2引仍作「怛」，同於毛詩。

〔註204〕東山鐸說，《清華六〈子儀〉初讀》，簡帛網2016年4月27日。本篇下文省稱作《初讀》。

公孫枝、蹇叔三人。飭訓為整頓。」尉侯凱曰：「參考簡 15 中的『公及三』，則簡 1『公益及』應與下文『三謀輔之』連讀。益，疑讀為溢。《爾雅》：『溢，慎也。』謂秦穆公謹慎地與三謀幫助他們。」〔註205〕王寧曰：「益，整理者訓多，是。及，《爾雅》『與也』，《說文》『逮也』，這裡當是依靠之意。三謀，子居（吳立昊）根據《呂氏春秋》、《國語》、《韓非子》等書推測『三謀』當即百里奚、公孫枝、蹇叔三人。按：此事《韓詩外傳》卷 6 有明確記載：『秦繆公困於殽，疾據五羖大夫、蹇叔、公孫友（支）而小霸。』所言與本簡文合，則三謀即五羖大夫（百里奚）、蹇叔和公孫支。簡文之『益及』相當於此文之『疾據』。此句是說秦穆公多依靠三謀輔佐之。」馬楠、尉侯凱以「公益及三謀輔之」為句是也，但尉侯凱所釋則誤，三謀輔之，輔穆公也。子居、王寧以「百里奚、公孫枝、蹇叔」三人當「三謀」，是也，但王寧說「及」有依靠之義，「益及」即「疾據」，則臆說無據。《外傳》疾讀為广，倚也〔註206〕。益，猶言更加，副詞。「及」是「扱」省借字。《說文》：「扱，收也。」《廣雅》：「扱、收，取也。」又「扱，引也。」簡文是說秦穆公不改舊制，又更引取三謀輔佐自己。

（3）公曰：「義（儀）父，不穀（穀）繻左，右綰，繻右，左綰，女（如）權之又（有）加橇（翹）也。」

整理者曰：繻，疑通「揄」，《說文》：「引也。」綰，《楚辭・招魂》：「綺容修態，綰洞房些。」王逸注：「綰，竟也。」（P131）

按：余小真曰：「原注讀繻為揄，釋為『引也』，應該是對的。釋『綰』為『竟也』，沒有多加解釋。案：『綰』可以解釋為『大索也，一曰急也』，意思就是『大繩子拉得很緊』。這句話是說，如果拉左邊，右邊就會緊張；如果拉右邊，左邊就會緊張，就像天平，如果在一邊加一點重量，另一邊則會翹起。這幾句話是秦君在談權力的運作，遊說子儀，如何讓左右都能為他所用。」〔註207〕王寧從其說，又云：「權，秤錘，此用為動詞，即用權衡量物品重量之意。『加』是增加，『橇』是減少。」子居曰：「繻當讀擩。《說文》：

〔註205〕尉侯凱《清華簡（陸）・子儀》編連小議》，簡帛網 2016 年 5 月 23 日。

〔註206〕《戰國策・韓策三》：「公孫郝嘗疾齊、韓而不加貴。」于鬯引《說文》「广，倚也」以釋之。于鬯說轉引自何建章《戰國策注釋》，中華書局 1990 年版，第 1068 頁。

〔註207〕《初讀》，簡帛網 2016 年 4 月 23 日。

『擩，染也。』絚當訓為急。秦穆公在這裏是以此來表達自己左支右絀的困境，說與晉國有牽連則與楚國的關係就會緊張，與楚國有牽連則與晉國的關係就會緊張，如果平衡對待二國仍會有阻礙。」某氏曰：「橈通假為杓。杓有柄的意思。當讀為：『儀父不穀，繻左右緶，繻右左緶，如權之又加杓也。』意思是儀父和我唇齒相依，如繻和緶相伴左右，像權和橈相輔相成。」〔註208〕①余小真說近是。「繻左右絚，繻右左絚」以桔橰上的繩索作比喻，「絚，竟也」之「竟」是滿義，非其誼也。「絚」同「緪」，讀為拒。《說文》：「拒，引急也。」字亦作挳，《玉篇殘卷》：「緪，與『拒』字同。拒，急引也。」猶今言拉緊。②整理者讀繻為揄，可通。余謂「繻」是「緅」異體字，字亦作緰、緰、胥，俗又譌省作緅。《廣雅》：「縶、緅，絆也。」王念孫曰：「《說文》：『緅，絆前兩足也。』《莊子·馬蹄篇》『連之以羈縶』，《釋文》：『縶，司馬、向、崔本並作緅。崔云：「絆前兩足也。」』左思《吳都賦》『緅麇麚』，劉逵注與崔譔同，引《莊子》亦同。」錢大昭曰：「《莊子·馬蹄篇》《釋文》云云。案《說文》：『緅，絆前兩足也。漢令「蠻夷卒有緅」。』此『緅』即『胥靡』之胥。《呂氏春秋》『傅說，殷之胥靡。』《漢書·楚元王傳》：『二人諫不聽，胥靡之。』顏師古曰：『聯繫使相隨而服役之，故謂之胥靡之。』」〔註209〕桂馥從錢氏說謂「胥」即「緅」〔註210〕，馬瑞辰及今人吳榮曾說亦同〔註211〕。諸說皆得之。《文選·吳都賦》宋刊六臣本作「緅」（宋淳熙刻本作「緅」），劉逵注引《莊子》同。《玉篇殘卷》：「緅，先酒反。《莊子》：『連之以羈緅。』《說文》：『絆前兩足也。《漢書》：「蠻夷本令有枲緅也。」』」所引《說文》「漢令」云云有倒誤。P.2011 王仁昫《刊謬補缺切韻·虞韻》：「緅，思主反，絆前兩腳。又先酒反。」又《腫韻》：「緅，絆前足。」〔註212〕《廣韻·腫韻》：「緅，息拱切，絆前兩足。」S.5514《雜集時用要字》：「緅，自（息）

〔註208〕「厚予」說，《初讀》，簡帛網 2016 年 4 月 29 日。

〔註209〕 王念孫《廣雅疏證》，錢大昭《廣雅疏義》，並收入徐復主編《廣雅詁林》，江蘇古籍出版社 1992 年版，第 613 頁。

〔註210〕 桂馥《說文解字義證》，齊魯書社 1987 年版，第 1139 頁。

〔註211〕 馬瑞辰《毛詩傳箋通釋》卷 20，中華書局 1989 年版，第 623 頁。吳榮曾《胥靡試探——論戰國時的刑徒制》，收入《先秦兩漢史研究》，中華書局 1995 年版，第 150～151 頁。

〔註212〕 周祖謨《唐五代韻書集存》「足」誤錄作「定」，中華書局 1983 年版，第 384 頁。關長龍錄文不誤，張涌泉《敦煌經部文獻合集》第 6 冊，中華書局 2008 年版，第 2773 頁。

拱〔反〕。」「自」當是「息」脫誤，「息拱反」讀音的根據是《莊子釋文》引向云「緪，馬氏音竦」，這是馬氏以讀音改字，非「緪」有竦音。《集韻》：「緪、絚：獸前絆謂之緪，或作絚，亦書作緪。」「緪（緪）」是牽繫、牽絆義。③權，權衡，天平。加，指添加重量。橈，讀為撓，偏撓，撓動，不是減少義。如權之有加撓，猶言如同天平，添加重量則有偏撓、影響。《子華子・北宮子仕》「夫平猶權衡然，加銖兩則移矣」，是其誼也。《墨子・經說下》：「故招（橋）負衡木，加重焉而不撓，極勝重也；右校交繩，無加焉而撓，極不勝重也。衡，加重於其一旁必捶（垂），權重相若也相衡，則本短標長；兩加焉，重相若，則標必下，標得權也……繩直權重相若，則心〈正〉矣。」這段話可以幫助理解秦穆公之言。招，讀為橋，指桔槔上的直木。「極」指上文「衡木」。校，讀為絞，急也。「交繩」即「絞繩」，麻兩股（或三股）相交之繩。捶，讀為垂，低下，下垂。景宋本《御覽》卷 830 引《慎子》：「君臣之間猶權衡也。權，左橛則右重，右重則左橛，輕重迭相柝（橛）〔註213〕，天地之理也。」橛，日本宮內廳藏宋慶元 5 年刊本作「撅」，讀為蹶，《史記・陸賈傳》《索隱》引《埤倉》：「蹶，起也。」《劉子・明權》：「今加一環於衡左則右蹶，加之於右則左蹶，惟莫之動，則平正矣。」字正作「蹶」。

（4）乃張大厃（侯）於東奇之外，豊（禮）子義（儀），亡（無）豊（禮）墮（隋）貨，以竷（戇）

整理者曰：從「張大侯」看，秦穆公為子儀舉行賓射禮。賓射禮一般在室內舉行，故「東奇」當為「杏會」某處。貨，或讀為會。《說文》：「竷，繇也，舞也。《詩》曰：『竷竷舞我。』」（P131）

按：趙平安云「隋貨就是晉國的隋會，又稱士會」〔註214〕，說同整理者。馬楠曰：「似應讀為：『乃張大侯於東奇（阿）之外，豊（醴）。子義（儀）亡（無）豊（醴），隋（賄）貨以竷。』『東奇』疑讀為『東阿』，堂屋東簷。豊讀為醴，謂設醴酒。不為子儀設醴酒，以賄貨竷之。」蘇建洲曰：「厃，字形作『𠂤』，此字實從『交』，字形已見於《包山》189 作『𠓗』，作人名

〔註213〕柝，日本宮內廳藏宋慶元 5 年刊本同，當作「橛」。「橛」右旁「厥」脫誤作「屏」，又改作「斤」（「斤」是「屏」俗字）。四庫本作「折」，美國國會圖書館藏本作「祈」，又「柝」之誤。《喻林》卷 62 引作「移」，乃臆改。

〔註214〕趙平安《秦穆公放歸子儀考》，《第五屆古文字與古代史國際學術研討會論文集》，臺灣中央研究院歷史語言研究所 2016 年 1 月 25～27 日，第 198 頁。

用。《子儀》如何釋讀，待考。」〔註215〕楊蒙生讀作「豊（禮）子義（儀）
〔以〕亡（舞），豊（禮）隨貨以贛（灨）」，云：「此處『以』字據下文『禮
隨貨以贛』補之。亡，疑讀為舞，與下文之『灨』構成異文。隨貨，疑即晉
人逃于秦者，具體身份不明。」〔註216〕王寧曰：「🅵，疑乃『爻』之或體，
此疑當讀為肴，『大肴』為盛大的宴席。奇疑當讀為寄，謂寄寓之所。東寄
可能是在秦國都城東部的寄寓之所，行旅之人寄寓於此。豊（禮）子義（儀），
當是隆重設宴款待之意。此當讀為『無豊（禮）隋，貨以貢』，『禮隋』當是
一種禮器或行禮儀式中所用的物品，與隋會無關。《說文》：『隋，裂肉也。』
『貨』是交易、買賣的意思。贛讀為貢。『贛』、『灨』音同，故可讀為貢。
《廣雅》：『貢，獻也。』此句的意思是宴會上沒有的菜肴，就通過交易來獻
上，表示對此事的重視。」①整理者及趙平安說「隋貨就是隋會」，無據。
馬楠句讀是也，但所釋則誤。張，猶言舉行。🅵，讀作郊。大郊，指郊祭。
《家語·郊問》：「定公問於孔子曰：『古之帝王必郊祀其祖以配天，何也？』
孔子對曰：『萬物本於天，人本乎祖，郊之祭也，大報本反始也，故以配上
帝……魯無冬至，大郊之事降殺于天子，是以不同也。』公曰：『其言郊，
何也？』孔子曰：『兆丘于南，所以就陽位也，於郊，故謂之郊焉。』」《漢
書·郊祀志》：「昔者周文武郊于豐鄗，成王郊於雒邑。」「東奇」當是地名，
待考。豊，讀為禮，指宴飲。②隳，讀為墮，猶言饋贈。《廣雅》：「隋，歸
也。」王念孫無說，錢大昭曰：「《集韻》：『隋，埋祭餘也。』埋有歸義。」
俞樾曰：「『隋』與『墮』通，《昭四年左傳》：『寡君將墮幣焉。』服注：『墮，
輸也。』輸有還義，墮訓輸，故亦訓歸矣。《淮南·氾論篇》高注曰：『墮，
入也。』入與歸義亦相近。」〔註217〕俞說近之，錢說誤也。「貨」讀如字，
指金玉布帛之類。「隳（隋）貨」即《左傳》「墮幣」之誼，孔疏：「《隱六年
公羊傳》：『鄭人來輸平。輸平者何，輸平猶墮成也。』然則墮是輸之義也。
朝聘之禮，客必致幣於主，據主則為受，據客則為輸。」《穀梁傳·隱公六
年》：「輸者，墮也。」《說文》：「輸，委輸也。」《玉篇》：「輸，委也。」是

〔註215〕蘇建洲《〈清華六〉文字補釋》，簡帛網 2016 年 4 月 20 日。
〔註216〕楊蒙生《讀清華六〈子儀〉筆記五則——附〈鄭文公問太伯〉筆記一則》，其
　　　　說又見楊蒙生《清華六〈子儀〉篇簡文校讀記》，二文皆見清華大學出土文獻
　　　　與保護中心網站 2016 年 4 月 16 日。下引楊說皆出此文。
〔註217〕王念孫《廣雅疏證》，錢大昭《廣雅疏義》，俞樾《廣雅釋詁疏證拾遺》，並收
　　　　入徐復主編《廣雅詁林》，江蘇古籍出版社 1992 年版，第 158～159 頁。

「墮」有輸送義，《廣雅》隋訓歸者，歸即饋（也作『遺』），指贈送。「贛」亦讀如字，不讀作贛。《說文》：「贛，賜也。」字亦借「貢」為之，《爾雅》：「貢，賜也。」隋貨以贛，猶言輸貨以賜之也。③簡文是說秦穆公於是在東奇之外舉行郊祭，然後宴飲，子儀沒有參加宴飲，贈送子儀貨帛使他回楚國。楊蒙生據讀贛作贛之誤說，因補「以」字，又讀亡為舞，子居從其說，所失愈遠。

（5）公命窮韋陞（昇）琴、奏甬（鏞），冕（歌）曰

按：楊蒙生讀為「公命窮韋、陞（昇）琴、奏甬（鏞）」，云：「此一系列動作之所指，疑為收起韋席，佈置琴瑟，演奏鐘樂。」某氏曰：「『窮韋』當為人名。公命窮韋升堂鼓琴，奏鏞者則非窮韋也。」〔註218〕子居從其說「窮韋」是人名，又指出『升琴』當為人名」。王寧曰：「窮韋，當是擊鼓義，韋應即八音中的革，此乃指以韋革所制的鼓、鞀之類的樂器。陞琴，當為彈琴義，琴屬於八音中的絲。奏鏞，當是擊鐘義，鏞為大鐘，屬八音中的金。冕，下簡6也有此字，整理者讀『歌』，從文意上看沒問題。但此字較怪異，『歌』字從『克』也無義可說，疑『克』是指闕克，即子儀，是本篇寫手為歌於闕克之『歌』所造的一個專字，即『歌于克』之意。蓋簡5、簡6用此字表示『歌于克（子儀）』，故直接云『冕曰』；至簡7『歌』字寫作『訶』，則曰『訶（歌）於子儀』，子儀即克，二者實同。不過此種情況極罕見，是否如此尚待研究。」某氏疑「窮韋」為人名，說「奏鏞者非窮韋」，是也，但解「陞琴」作「升堂鼓琴」則誤，無此句法。當讀作「公命窮韋陞琴，奏鏞」。陞，讀為拼（拯），取也。陞琴猶言援琴，與下「歌」字相應，謂援琴而歌也。「冕」是雙聲符字，「克」、「可」一音之轉。

（6）歌曰：「裭=（遲遲）可（兮），鴌=（委委）可（兮），徒僖所遊又步里諽諽也。」

整理者曰：「裭」很可能是「褆」的異體字，簡文讀為遲。遲遲，《詩·七月》毛傳：「舒緩也。」鴌，讀為委。委委，《詩·君子偕老》孔疏引孫炎曰：「行之美。」（P131～132）

按：楊蒙生讀諽為宴，未作解釋。某氏曰：「『步』應釋為『止』。」〔註219〕

〔註218〕「幕四郎」說，《初讀》，簡帛網2016年4月20日。
〔註219〕「ee」說，《初讀》，簡帛網2016年4月16日。

子居曰：「鵗讀為委。委委，《詩・君子偕老》孔穎達疏引孫炎曰：『行之美。』『遲遲兮委委』即《詩・羔羊》的『委蛇委蛇』，『委蛇』在文獻中又作『逶迤』、『倭遲』、『委虵』等，可參看《容齋隨筆》卷9。僧，疑當讀為介。《荀子・大略》：『諸侯相見，卿為介。』徒介，即指受歌的隨會。『步』應釋為『止』，所說是。遊訓行。里，讀為悝，訓為憂。謰謱，當即『謱謰』的倒讀，即言語不清，現在所謂支吾。『或止悝謱謰也』即或許能止住（我）憂傷說不清的狀況。」王寧讀作「祗=（絺衣）可（兮）鵗=（委佗）！可（何）徒僧（快）所遊，又（有）赱（止）里謱（數）？」云：「『祗』、『鵗』二字下之『=』疑均合文符號而非重文符號，此句當讀『夷衣兮為它』，『夷衣』當即『絺衣』。『為它』讀『委佗』，即《詩・君子偕老》『委委佗佗』之省語，《爾雅》：『委委、佗佗，美也。』『絺衣兮委佗』謂人所著絺衣之美也。徒，步行。僧或可讀為快，『徒快所遊』謂空快樂於所游。又，當讀有。赱，單育辰認為『步應釋為止』，是。『里謱』當讀為『里數』，此為里程、距離義。第一位歌者提出了問題：出遊的人穿著絺衣長而漂亮，為什麼空快樂於所游，又有停止的距離？」①子居說「祗祗鵗鵗」即「委蛇」是也。②簡5至「里謱」止，疑與簡6起首「謰也」二字不連屬，中間有缺簡〔註220〕。所謂「步」字，圖版作「■」，即「赱」，整理者釋「步」不誤。徒、獨一聲之轉，猶但也，止也。王寧「徒」訓步行，又解作「空」，二說依違，並誤。所謂「僧」字，圖版作「■」，隸定有爭議。如確係「僧」字，王寧讀為快，可通。字亦作嚕，《淮南子・精神篇》：「嚕然得臥。」傅山、盧文弨、朱駿聲、馬宗霍並讀嚕為快〔註221〕。《淮南》「嚕然」猶言安然，馬宗霍謂「快然」形容時間之暫，則非也。余疑「■」乃「徐」字，同「徐」，徐緩也。③「又」讀如字。「里謱」是雙聲連語，乃「離婁」、「離嶁」、「離摟」、「離樓」音轉；「離婁」亦音轉作「連謱」、「謰謱」、「連縷」、「連邊」、「連嶁」、「嗹嘍」、「縺縷」等形。簡文「里謱」指行步連續不絕，與「祗祗鵗鵗」（即「倭夷」）相應〔註222〕。

〔註220〕「ee」已疑有缺簡，《初讀》，簡帛網2016年5月5日。

〔註221〕傅山《讀子二・淮南存雋》，收入《霜紅龕集》卷33，《續修四庫全書》第1395冊，上海古籍出版社2002年版，第664頁。盧文弨《鍾山札記》，收入《叢書集成新編》第13冊，新文豐出版公司1985年版，第531頁。朱駿聲《說文通訓定聲》，武漢市古籍書店1983年版，第656頁。馬宗霍《淮南舊注參正》，齊魯書社1984年版，第185頁。

〔註222〕參見蕭旭《清華簡（六）連綿詞例釋》。

（7）和歌曰：「㳛水可（兮）遠瞠（望），逆貝（視）達化。开（汧）可（兮）非＝（霏霏），渭可（兮）滔＝（滔滔）。」

整理者曰：《詩·采薇》：「雨雪霏霏。」毛傳：「霏霏，甚也。」一說讀「浘浘」，形容流水盛滿貌。一說「非」讀為「沸」。沸沸，見於司馬相如《上林賦》。（P132）

按：逆貝達化，楊蒙生讀作「逆見達（撻）化（禍）」，云：「此句意指晉軍以撻伐迎接反國之秦軍。」子居曰：「逆即迎，視當訓為接納。逆視即迎接。達讀為隨，化讀為會，故『達化』即上文『墜貨』，也即隨會。『非非』或當讀為『灖灖』，《類篇》：『灖，水流貌。』」王寧曰：「逆視，迎視。化，當讀過。達過，言迎視的目光到達而又越過之，謂遠望也。非非，讀『灖』其音是，其義則非。《淮南子·原道》：『雪霜滾灖。』高誘注：『滾灖，雪霜之貌也……灖讀扠滅之扠。』《原本玉篇》『滾』下引作『雨霓滾潵』。然古『灖』無水流之義。此處當讀『靡靡』，用為水流貌者蓋即『瀰瀰』之音轉，《詩·新臺》：『河水瀰瀰。』毛傳：『瀰瀰，盛貌。』《釋文》：『瀰瀰，水盛也。』後字書以『灖』為『水流貌』當亦『瀰』之音轉字。」①簡文言遠望諸水之情景，楊蒙生讀「達化」作「撻禍」，殊為怪異。化，讀為儀，字或作睨，亦望也，視也。《後漢書·杜篤傳》《論都賦》：「規龍首，撫未央，覘平樂，儀建章。」李賢注：「覘，視也，音麥。」王念孫曰：「儀者望也。《呂氏春秋·處方篇》：『射者儀毫而失牆，畫者儀髮而易貌。』《淮南·說林篇》：『射者儀小而遺大。』高注並曰：『儀，望也。』儀古讀若俄，字或作睨。《定八年公羊傳》注，訓睨為望。班固《西都賦》曰：『睎秦領，睨北阜。』『睨』與『儀』古今字耳。『規龍首，撫未央』，撫亦規也。『覘平樂，儀建章』，儀亦覘也。『睎秦領，睨北阜』，睨亦睎也。」〔註223〕《文選·西都賦》：「於是睎秦嶺，睨北阜，挾灃灞，據龍首。」李善注：「《說文》曰：『睎，望也。』睨，視也。」《古文苑》卷 12 班固《車騎將軍竇北征頌》：「睨伊秩之所邀。」章樵註：「睨，猶睹，音睨。」《鉅宋廣韻》：「睨，視也。」達化，猶言達視，通徹之視。《淮南子·齊俗篇》：「夫先知遠見，達視千里，人才之隆也。」《論衡·實知》：「又不能達視遙見以審其實。」音轉亦作「徹視」，《真誥》卷 5：「君曰：『式規之法，使人目明，久而徹視。』」《廣弘明集》卷 1《漢顯宗開佛化

〔註223〕王念孫《後漢書雜志》，收入《讀書雜志》卷 16 餘編上，中國書店 1985 年版，本卷第 9～10 頁。

法本內傳》：「臣等諸山道士，多有徹視遠聽，博通經典。」逆視達化（睨），猶言後視前視。②讀「非非」為「灖灖」、「瀰瀰」是也，然未探本。《玉篇》：「灖，流也。」《集韻》：「灖，水流皃。」此皆《類篇》所本。《正字通》：「灖，俗『瀰』字。舊注：『音美，水流貌。』與『瀰』、『灖』義同，誤分為二。」張氏說是也，「瀰」為本字，《說文》：「瀰，〔水〕滿也。」〔註224〕「瀰」、「灖」皆俗字，王寧引《淮南子》「滾灖」，非也，此別一字。《詩·新臺》：「河水瀰瀰。」《釋文》引《說文》作「瀰，水滿也」。《類聚》卷8、《文選·齊故安陸昭王碑文》李善注引作「瀰瀰」。俗字亦作瀰、兇（弭）、洳，《說文新附》：「瀰，大水也。」P.2011 王仁昫《刊謬補缺切韻》：「瀰，水流皃，亦作兇。」《鉅宋廣韻》：「洳，水皃。」指水滿貌。字亦省作彌，或作沔、洋。《玉篇》：「洋，亡爾切，亦瀰字。」《集韻》：「彌，水盛皃，或作瀰、洋、沔。」《詩·沔水》：「沔彼流水。」毛傳：「沔，水流滿也。」段玉裁曰：「許云：『瀰，水滿也。』《詩》之『沔』為『瀰』之假借。」朱駿聲曰：「沔，叚借為瀰。沔、瀰雙聲，字亦作泗，《吳都賦》注：『滇泗淼漫，山水潤遠無厓之狀。』」〔註225〕《石鼓文·汧殹篇》：「汧殹（也）沔沔，丞敊淖淵。」張政烺曰：「《詩·新臺》『河水瀰瀰』、『河水浼浼』皆訓盛貌。『沔沔』與之音義並近。」〔註226〕字亦音轉作浼、泥，P.2011 王仁昫《刊謬補缺切韻》：「泥，水流皃。」《詩·新臺》又云：「河水浼浼。」毛傳：「浼浼，平地也。」《釋文》：「浼浼，《韓詩》作『泥泥』，音尾，云：『盛皃。』」方以智曰：「『浼浼』通作『泥泥』、『瀰瀰』、『沔沔』、『洋洋』，《釋文》引《詩》『新臺有灑，河水泥泥』，一作『浼浼』，《詩集補》曰『其魚唯唯』，亦是『尾尾』。《釋文》『瀰瀰，又作沔沔』〔註227〕，亦與『泥泥』聲通，或作『洋洋』。」〔註228〕段玉裁曰：「浼浼，《韓詩》作『泥泥』。按此必首章『新臺有泚，河水瀰瀰』之異文。『泥』字與『瀰』同部，與『浼』字不同部。又毛傳：『瀰瀰，盛貌。』《韓詩》：『泥

〔註224〕「水」字據《詩·新臺》《釋文》引補，《集韻》引已脫。

〔註225〕段玉裁《說文解字注》，朱駿聲《說文通訓定聲》，並收入丁福保《說文解字詁林》，中華書局 1988 年版，第 10638～10639 頁。

〔註226〕張政烺《〈獵碣考釋〉初稿》，《史學論叢》第 1 期，1934 年，第 27 頁；又收入《張政烺文史論集》，中華書局 2004 年版，第 13 頁。

〔註227〕引者按：所引《釋文》不知所出，殆方氏誤記。

〔註228〕方以智《通雅》卷 9，收入《方以智全書》第 1 冊，上海古籍出版社 1988 年版，第 377 頁。

涃，盛貌。」是其為首章異文，陸德明誤屬之二章無疑。」〔註229〕方說是，段說非也，馬瑞辰已有批評〔註230〕。「涃」與「浼」同屬微部字，不知段氏何以言不同部？「瀰」脂部，古音脂、微旁轉相通。毛傳「浼浼，平地也」，謂水勢與地平，亦是水流滿之義。《說文》：「薾，華盛。」水盛曰瀰，華盛曰薾，其義一也。

（8）楊柳可（兮）依＝（依依），其下之濞＝（淏淏）

整理者曰：《集韻》：「淏，清皃。」也可讀為浩。（P132）

按：某氏曰：「後一種說法可信。上古告聲、昊聲之字可通，如《爾雅》『夏為昊天』，《釋文》本『昊』作『皓』。『浩浩』形容水流盛大貌。《管子・小問》：『詩有之：浩浩者水，育育者魚。』」〔註231〕王寧曰：「讀『浩浩』是。此字疑即《詩・鶴鳴》『鶴鳴於九皋』之『皋』的或體，《毛傳》：『皋，九折之澤。』《左傳・襄公二十五年》疏：『皋為澤之坎，是水岸也。』《漢書・賈山傳》顏注：『皋，水邊淤地也。』故其字從水、從土、昊聲（或曰從土淏聲）。」「濞」非「皋」字。簡文「淏」是「昊」分別字，《說文》作「界」，云：「界，春為界天，元氣界界。從日夰，夰亦聲。」《詩・黍離》毛傳：「元氣廣大，則稱昊天。」《玉篇》：「昊，昊昊，元氣廣大也。」《釋名》：「夏曰昊天，其氣布散皓皓也。」《說文》：「顥，白皃。《楚詞》曰：『天白顥顥。』南山四顥，白首人也。」元氣廣大曰昊昊（界界）、皓皓，水氣廣大則曰淏淏，皆言其氣之白也。水大曰浩浩者，浩亦借字。黃侃曰：「『浩浩』當作『界界』。」〔註232〕

（9）此慁（慍）之易（傷）僮，是不攷而猶僮，是尚求弔（惕）易（惕）之怍，尼（處）吾以休，萬（賴）子是救

整理者曰：叔、蹙音近通用。蹙，促也。蹙、惕近義連用。（P132）

按：馬楠曰：「似應根據韻腳讀為：『此慁（慍）之易僮，是不攷而猶（猷），僮是尚求。弔易（惕）之怍，尼（處）吾以休，萬（賴）子是救。』」王挺斌曰：「『弔易』當讀為『戚惕』，指憂慮戒懼，類似古書中的『憂惕』、『遽惕』、

〔註229〕段玉裁《詩經小學》卷1，收入《續修四庫全書》第64冊，上海古籍出版社2002年版，第186頁。
〔註230〕馬瑞辰《毛詩傳箋通釋》卷4，中華書局1989年版，第160頁。
〔註231〕「暮四郎」說，《初讀》，簡帛網2016年4月20日。
〔註232〕黃侃《字通》，收入《說文箋識》，中華書局2006年版，第149頁。

『怳惕』等等。」〔註233〕楊蒙生讀作「此聖（慍）之易（傷）僮（慟），是（寔）不攴（扦）而猶僮（撞）。是尚求叔（戚）易（惕）之作（胙），尻（處）吾以休，萬（賴）子是救」，云：「僮，疑讀為慟。句意為作為盟友，秦人對晉人的伏擊行為感到受傷和悲痛。簡7有『是（寔）不攴（扦）而猶僮』，懷疑僮也可能讀為撞，訓作扟搗。此『攴』與簡14之『敥』均疑讀為扦衛之扦。句意為：晉人攻擊了未有任何防備之秦軍，這是秦人慟傷、慍怒的原因所在。作，疑讀為胙，訓為福祐。從後文推斷，這很可能是穆公請求楚國與秦結盟的恭維說法。」子居曰：「兩個『僮』字皆當讀為慟，攴當訓止，《說文》：『敨，止也。』弔當讀戚，惕也。作，訓為臉色改變，『戚惕之作』謂改變警惕的臉色。」王寧從馬楠讀，云：「慍，怒也。『易僮』當讀『傷痛』。『慍之傷痛』謂因憤怒而傷痛。攴當讀扦（捍），抵禦、抗拒義。『猶』讀猷，強勁也。此句是說這種傷痛不可抗拒而且很強勁。『尚』義同『當』。『求』當讀為救，《說文》：『救，止也。』『痛是當救』即痛苦應當終止。『弔易』當讀『怳惕』。作，此疑讀為措，措施、舉措義。『怳惕之作（措）』即恐懼謹慎的舉措。休，美也。救，助也。」某氏曰：「『萬子是救』或可讀為『萬子是求』，是一句祈求子孫長久延續的吉利話。金文常見『世萬子孫』的說法，與此相似。」〔註234〕①慍，心所鬱結，是「薀（蘊）」的分別字，指憂鬱、憂悶。易，讀為盪，俗作蕩，搖蕩、搖動。僮，讀為憧，是心動義的分別字。《說文》：「憧，意不定也。」慍之易僮，言心憂鬱而意不定也。②簡文「是不攴而猶僮是尚求」作一句讀，「猶」讀如字，與「尚」同義，與今語「仍然」同義，不讀作「猷」；「求」亦讀如字，不讀作「救」。「猶僮是尚求」是倒句，言仍然求僮也。攴，讀作忓。《說文》：「忓，極也。」「極」是「愐」借字，猶言謹重、敬愛〔註235〕。不攴而猶僮是尚求，歌者言自己不自愛而憂鬱、憂悶。③弔易，整理者讀「戚惕」不誤，王挺斌、子居讀「戚惕」亦是同源，「戚」訓憂傷，亦是「戚」借字，取急迫不安為義，俗分別字作「慼」或「慽」。王寧讀作「怳惕」，無此讀法。「作」讀如字，慚也。④整理者讀「萬子是救」作「賴子是救」是也，言賴子解救其憂鬱也，與金文「世萬子孫」無涉。

〔註233〕《清華六整理報告補正》；王挺斌說又見《清華簡第六輯研讀札記》，《出土文獻》第9輯，中西書局2016年版，第201頁。

〔註234〕「蕃四郎」說，《初讀》，簡帛網2016年4月20日。

〔註235〕參見蕭旭《〈說文〉疏證（三則）》，《北斗語言學刊》第7輯，2020年12月版，第104～106頁。

（10）鳥飛可（兮）童（慓）永，余可（何）矰以遆（就）之

　　整理者曰：「童」字讀音與「從」、「宗」和「孨」等字相近，簡文可讀為慓，慓、遆義同。（P132）

　　按：楊蒙生曰：「童，此字疑讀為適，訓為正。」某氏曰：「楊先生釋讀為『蠿（適）』是可信的。『適』應當解釋為往，適永猶云飛遠。簡14『占夢童永不休』是說占夢時（夢見）到遠處去不停止。」〔註236〕某氏曰：「慓讀為漸，慓永猶言漸遠。」〔註237〕季旭昇從某氏讀為「漸永」，云：「『占夢童永不休』可以理解為『占夢時（夢見）漸漸遠去不停止』。永，長遠。就，謀求、求取。全句以『鳥』比喻秦穆公想要謀求秦楚結盟的理想。這個理想漸漸離我遠去，我要怎麼才能追求得成呢？」〔註238〕王寧曰：「『童永』又見下簡14『官居占夢，童永不休』，如果讀『慓永』釋『漸遠』，或讀適訓正，似均於文意不合。此字很可能就是『從』之或體或本字，『從永』當讀為『縱橫』，為紛亂不定義。鳥飛兮縱橫，言鳥之飛紛亂不定也，這種情況下不易弋射，故曰『余何矰以就之』。」「童永」暫從某氏讀作「漸永」。下文「矰追而集之」，就、集一音之轉，異字同義，即也，及也，季旭昇解「就」作「求」，未允。《史記·留侯世家》：「上曰：『為我楚舞，吾為若楚歌。』歌曰：『鴻鴈高飛，一舉千里。羽翮已就，橫絕四海。橫絕四海，當可奈何？雖有矰繳，尚安所施？』」漢高祖楚歌歌意，似與簡文近似。

（11）遠人可（何）麗，佰（宿）君又臩（尋）言（焉），余隼（誰）思（使）于告之

　　整理者曰：麗，依也。宿，思也。《方言》卷1：「自關而西，秦晉梁益之間，凡物長謂之尋。」于，訓「而」。（P132）

　　按：馬楠曰：「句讀似當為：『遠人兮麗宿，君有尋言，余誰思于告之。』麗宿猶信宿、再宿。『尋言』見於《左傳·襄公十八年》『會於魯濟，尋溴梁之言，同伐齊』，謂重申誓言。『余誰思于告之』即『余思于誰告之』。」某氏亦以「宿」字屬上句，讀「麗」為「離」，「于」為「與」〔註239〕。楊蒙生讀

〔註236〕「暮四郎」說，《初讀》，簡帛網2016年4月20日。
〔註237〕「ee」說，《初讀》，簡帛網2016年4月16日。
〔註238〕季旭昇《〈清華六·子儀〉「鳥飛之歌」試解》，簡帛網2016年4月27日。下文引其說皆見此文。
〔註239〕「ee」說，《初讀》，簡帛網2016年4月16日。

作：「遠人可（何）儷？宿君又尋言，余隹（誰）思（使）于告之？」某氏曰：「『龘言』可能是『覃言』，因為遠人離宿，君有很多話要對遠人講，『于』字訓往。」〔註240〕王寧從馬楠讀，云：「『遠人』乃秦穆公的自譬，故下句言『余』。儷讀離當是，即『離居』之離，『離宿』謂離群獨宿。『譖言』當讀《詩·雨無正》『聽言則答，譖言則退』之『譖言』，謂毀謗之言。于，往也。」季旭昇從馬楠讀，云：「遠人，此處當為秦穆公稱申公子儀。儷宿，ee 讀為『離宿』，可通，但被俘的意味較輕。儷似可讀為徙，『徙』字較常用為被迫遷徙之意。『徙宿』謂被迫換了住所，其實就是被俘羈秦，是申公子儀被俘的婉辭。『君』可指主人，即東道主。君，指申公子儀在秦羈留時的東道主，當然是秦穆公謙稱自己。尋讀為覃，即『深』。覃言，指含有深意的話語。楚簡『思』多讀為使，『于』典籍多釋為『往』。」「遠人」當指歸國的子儀，季旭昇說是。「可」讀為「呵」，即「兮」。「又」讀如字，不讀作「有」。「言」讀如字，不讀作「焉」。某氏讀儷為離，是也。「伷」是「夙」古字（見《說文》），當讀為速。「龘」同「譖」，是「尋言」義的專字，與《集韻》「譖試」的「譖」是同形異字。馬楠讀「譖言」作「尋言」，是也。《左傳·哀公十二年》：「今吾子曰必尋盟，若可尋也，亦可寒也。」杜預注：「尋，重也。」孔疏：「《有司徹》云『乃尋尸俎』，鄭玄云：『尋，溫也。』引此『若可尋也，亦可寒也』。則諸言尋盟者，皆以前盟已寒，更溫之使熱，溫舊即是重義，故以尋為重。」《儀禮·有司徹》：「乃燅尸俎。」鄭玄注：「燅，溫也。古文燅皆作尋，《記》或作燖。《春秋傳》曰：『若可燖也，亦可寒也。』」賈公彥疏引《左傳》服虔注：「尋之言重也，溫也。」武威漢簡《有司》甲本「燅」作「深」。「燅」是本字，「燖」是異體字，「尋」是省借字，「深」是借音字，重溫之義。「君」是秦穆公對子儀的稱呼，「余」是秦穆公自稱。于，讀為乎，語氣詞。簡文是說子儀快要離開秦國回去了，子儀你又重提往日的舊話（指秦楚聯盟的誓約），我思量啊怎麼跟你說。

（12）強弓可縵（挽），其䰥（絕）也，矰追而雥（集）之，莫往可=（兮何）以貢（實）言（焉）。余惎（畏）其弌（式）而不訐（信），余隹（誰）思（使）于脅之

按：馬楠曰：「句讀似當為：『強弓可縵（挽）其絕也，矰追而集之。莫

往兮可實言，余畏其式而不信，余誰思于協之。」楊蒙生讀作：「強弓可縵（挽），其絕也繒，追而粦之，莫往可（兮）可（何）以置言？余畏其式而不信，余隹（誰）思（使）于脅之？」某氏曰：「『粦』似讀為『及』更好。」〔註241〕某氏曰：「式似讀飾，『于』字訓往。」〔註242〕某氏曰：「『鑾』或當釋讀為『繼』。當斷讀為：『強弓可縵（挽），其繼也繒追而粦（集）之。』『繒追』謂以繒追。『式』或當讀為忒，意為過差。」〔註243〕某氏曰：「■，原考釋隸定作『脅』，似應改隸作『劦』。」〔註244〕蘇建洲曰：「■，最好隸定作『𢯱』，讀為協』。」〔註245〕季旭昇從馬楠讀，云：「『強弓兮挽其絕也』或讀為『強弓可挽其絕也』，於義皆可通。但讀為『強弓兮挽其絕也』是一種肯定句，表示秦穆公的決心；讀為『強弓可挽其絕也』，表示的只是一種期望，力道較弱。而且讀為『強弓兮挽其絕也』，與前後的句法一致，以楚辭體而論，似乎更好一些。『強弓兮挽其絕也』意思是『我要用強弓挽回飛絕的鳥兒』。絕，指鳥飛遠絕。粦，ee（單育辰）讀為及，可從。全句謂：以繒矢追捕飛鳥。實似可讀為嗣，聲韻俱近。改隸『言』為『音』，是王挺斌的意見。『言』、『音』二字古通，但是在本句似以讀『音』較好。《毛詩·子衿》『縱我不往，子寧不嗣音』，嗣音，屈萬里《詩經詮釋》云：『《釋文》云：「嗣，《韓詩》作詒。詒，寄也。」胡承珙云：「詒、嗣音本相近。」則嗣音，即寄以音問也。』全句謂：我不派人前往，就沒辦法發出我的信息。式，似可讀為塞，指阻塞、不接受。塞而不信，即阻塞了溝通的管道，而不相信我的誠意。劦，從明珍（駱珍伊）隸。馬楠讀為協，可從。協，和睦、合作。全句謂：我派誰去跟他（楚王）合作呢？」子居曰：「『鑾』當釋讀為『繼』，所說是。繼訓為系，緝訓為連綴且又有和睦義。『式』讀為忒是，忒當訓為變。」王寧曰：「『縵』當讀『曼』，長也。『鑾』讀『繼』是，當是『繳』之音轉，就是繫在矢上以射飛鳥的繩子。『強弓兮曼其繳也』就是說強弓因為射得很高很遠，所以要把其用的繳繩作得很長。『追』當讀『隨』。『粦』當讀『緝』，續也，連也。『繒追而緝之』即繒隨其長度而連續之，謂栓繳於繒上。音，王挺斌認為當釋為『音』字，是，疑當讀為『罯』，《說文》：『覆也。』蓋即以網掩覆義，這裡

〔註241〕「ee」說，《初讀》，簡帛網2016年4月16日。
〔註242〕「難言」說，《初讀》，簡帛網2016年4月19日。
〔註243〕「暮四郎」說，《初讀》，簡帛網2016年4月21日。
〔註244〕「明珍」說，《初讀》，簡帛網2016年4月27日。
〔註245〕《初讀》，簡帛網2016年5月18日。

應當是指負責掩捕之人或工作。暮四郎（黃傑）云：『式，或當讀為忒，意為過差。』按：《說文》：『忒，更也。』即變更義，忒而不信，即變更無常沒有信用。于，往也。劦，讀『協』解釋為協助似於文意不合。此疑當讀『戾』，《爾雅》：『戾，辠（罪）也。』此用為動詞，即怪罪、責備義。」「強弓可緩其鎈也」作一句讀，「強弓」下「可」讀為「兮」，季旭昇說是也。《說文》古文「絕」作「𢇍」，不作「鎈」；「鎈」是「繼」初文。緩，讀為縚，作動詞。《慧琳音義》卷 97 引《淮南子》許慎注：「縚，猶貫也。」又卷 100 引《韻英》：「縚，繫也。」又引《考聲》：「縚，結也。」字亦作綩，《廣韻》：「綩，連也。」鎈（繼），讀為繫，名詞，指繫矢的繩索。緩其鎈，連屬上繫矢的繫繩，製成矰繳。整理者讀𦵧為集不誤，即上文「就」字，讀為「及」亦可。寅言，讀作「置言」。式（式），讀為匿、慝，姦惡也。《爾雅》：「崇讒慝也。」《釋文》：「慝，言隱匿其情以飾非。」隱匿其情，故與「不信」連文。隸作「劦」或「𤖕」，是也，字同「協」。簡文是說強弓矰繳可以追而及之，如果不前往，何以置其言說也？我擔心使者隱匿其情而不誠信，我思量啊怎麼跟你協調合作。

（13）昔之襘（臘）可（兮）余不與，今茲之襘（臘）余或不與，攺（奪）之練（績）可（兮）而勧（奮）之。織絍之不成，吾可（何）以祭稷

　　整理者曰：臘，歲終祭眾神之名。（P132）

　　按：某氏曰：「應當斷讀為：『攺（施）之績可（兮）而奮之織。絍之不成，吾可（何）以祭稷。』」〔註 246〕某氏曰：「所謂的『襘』被整理者讀為『臘』的字是認錯的。其實是從彳從扁（或編或偏）的一個字，其字右旁見于郭店《六德》簡 40、41、《性自命出》簡 54，陳偉認為郭店之字左旁即『編』之原形，應是正確的。」〔註 247〕季旭昇亦以「織」字屬上讀，云：「楚文字『扁』旁與『鼠』旁確有訛混之例，但此處以文義而言，當隸為從『鼠』。襘，本篇各章前半以獵鳥為比，因此似應讀為獵。全句謂：從前的打獵我未能參加，現在的打獵我又不能參加。績可讀為責，指所負國政的責任；織可讀職，指所擔任的職務；絍可讀為任，指所擔負的責任。祭稷，見《荀子·

〔註246〕「暮四郎」說，《初讀》，簡帛網 2016 年 4 月 17 日。
〔註247〕「ee」說，《初讀》，簡帛網 2016 年 4 月 17 日。

禮論》：『社，祭社也；稷、祭稷也；郊者，並百王於上天而祭祀之也。』」某氏曰：「『攺』或當讀為弛，與後『奮』形成鮮明的對照。此句也是打比方，似乎是說第一道工序怠惰，第二道工序再怎麼強勉，最後也不能完成祭稷需要的祭服。」〔註248〕子居曰：「編，當喻指秦楚聯手。奮，當讀為憤。織字屬上讀，不與紝字連讀。這裏當是說以前的聯盟我沒有兌現，這次的聯盟我如果又不兌現，（楚國）奪去現在的這些成績而遷怒於我，秦國的事業無成，我何以向社稷交代。」王寧曰：「此字單就字形而言，釋『編』可從，但文意似不諧。可能如季先生所言，這裡當看做是『臘』的誤寫。《書・舜典》：『肆類於上帝，禋于六宗，望於山川，徧於群神。』其中『類』、『禋』、『望』均祭名，獨『徧』古訓為遍及，似不合。疑此『徧』即『襱（臘）』之誤，臘於群神者，『臘』正是百神之祭也，則傳世典籍中也有誤『臘』為『徧』之事。攺，暮四郎認為當讀施，可從。織紝，乃古之成詞，古書習見。祭稷，古無獨祭稷之事，均與社同祭，故曰『社稷』。『稷』當讀祀。以上三句的意思是：讓某人從事紡績而督促他努力工作，如果織紝的工作完不成（指做成祭服），我穿什麼去祭祀？」楊蒙生讀「或」為「又」，可從。上文以強弓矰繳比喻如果不前往則無以置言，與打獵無關，季旭昇說字當作「襱」是也，但讀作「獵」則誤。整理者讀「臘」不誤。王寧改《書》「徧」作「襱」，殊為輕率。《書》舉祭於上帝、六宗、山川，故總之曰「徧於群神」，「徧」字不誤。王寧又讀簡文「稷」作「祀」，謂「古無獨祭稷之事，均與社同祭」，亦是妄說。一者「稷」不通作「祀」，二者「祭稷」典籍有明文，除季旭昇所舉的《荀子》，還有以下例證：《左傳・襄公七年》：「夫郊祀后稷，以祈農事也。」《孝經・聖治章》：「昔者周公郊祀后稷以配天，宗祀文王於明堂以配上帝。」《家語・辯樂解》：「郊祀后稷，而民知尊父焉。」《公羊傳・宣公三年》：「帝牲不吉，則扳稷牲而卜之。帝牲在於滌三月於稷者，唯具是視。郊則曷為必祭稷？王者必以其祖配。」某氏改讀作「攺之績分而奮之織」，是也。「攺」即「攱（施）」異體字，某氏說「攺」與「奮」對照，讀攺為弛，亦是也，猶今言鬆懈。攺亦可讀為惰，懈怠、嬾惰，「委佗」或作「委惰」，是其比也。「惰」、「弛」一音之轉。奮，猶言勉力、振作。「績」、「織」都是動詞。紝，繒帛也。王祭稷當有禮服，故簡文云「紝之不成，吾何以祭稷」。

〔註248〕「薛後生」說，《初讀》，簡帛網 2016 年 4 月 29 日。

（14）公曰：「義（儀）父，以不穀（穀）之攸（修）遠於君，可（何）
　　　爭而不好？」

　　整理者曰：修，遠也。（P133）

　　　按：「攸遠」即「悠遠」，與「遼遠」同義，攸亦遠也。《爾雅》：「悠，遐
也。」郭璞注：「遐亦遠也。」《穆天子傳》卷3：「白雲在天，山陵自出；道里
悠遠，山川間之。」《賈子・耳痺》：「故天之誅伐，不可為廣虛幽間，悠遠無
人，雖重襲石〔室〕中而居，其必知之乎？」音轉則作「修遠」，「修」訓長遠，
亦「悠」借字。《墨子・非攻中》：「塗道之脩（修）遠。」又《非攻下》作「道
路遼遠」。公序本《國語・吳語》：「今吾道路悠遠。」慈利竹書同，明道本作
「修遠」，《吳越春秋・夫差內傳》作「遼遠」。《御覽》卷85引《歸藏》：「龍
降於天，而道里脩（修）遠，飛而沖天，蒼蒼其羽。」

（15）辟（譬）之女（如）兩犬絭（夾）河敘（啜）而㹜（猌），敊（豈）
　　　愚（畏）不跌（足），心則不戔（察）

　　整理者曰：絭，讀為夾。敘，讀為啜，《釋名》訓「絕也」。㹜，讀為猌，
《說文》：「犬張齗怒也。」（P133）

　　　按：楊蒙生曰：「不足，疑指力之不足。」程燕曰：「絭，字形作『𧲲』
此字左旁應釋為『延』。延，及也。『延河』意謂到河邊。」〔註249〕某氏曰：
「所謂的『猌』字上從困，下從兩犬，此字也可能即讀為『困』字。」〔註250〕
某氏曰：「『絭』程燕改讀為『延』，其說是，右部從欠得聲。」〔註251〕某氏
曰：「『延』就是『垂涎』的『涎』。」〔註252〕某氏曰：「𧲲，左上確實是『延』，
其右旁與簡16『毆』字右旁相近，有可能是『欠』。此字似當讀為『羨』，解
為慕。《淮南子・說林》：『臨河而羨魚，不如歸家織網。』啜，整理報告引《釋
名》解釋為絕，似不可信。『啜』意為飲。」〔註253〕某氏曰：「從兩犬從困得
那個字，可能是個雙聲字。《說文》：『狀，兩犬相齧也。語斤切。』又有『犿』
字，訓為犬吠聲，清人認為音義近。簡文的意思是說：譬之如兩犬及河，喝
完水開始招架，它們是害怕河水不足嗎？當然按照原整理者的意見讀為

〔註249〕程燕《清華六考釋三則》，簡帛網2016年4月19日。
〔註250〕「ee」說，《初讀》，簡帛網2016年4月18日。
〔註251〕「薛後生」說，《初讀》，簡帛網2016年4月19日。
〔註252〕「難言」說，《初讀》，簡帛網2016年4月21日。
〔註253〕「暮四郎」說，《初讀》，簡帛網2016年4月21日。

『猌』，也不能算錯吧。」〔註254〕蘇建洲曰：「所謂『戮』字作『』，此字實為『列』，可比對慈利楚簡『列』字作『』。簡文可能讀為『戾』或『厲』，古書有『心戾』、『心厲』等相關的說法，如《左傳・昭公二十六年》『王心戾虐』、《大戴禮記・保傅》『虎狼生而有貪戾之心』、《大戴禮記・文王官人》『心氣鄙戾者，其聲斯醜』、《莊子・人間世》『獸死不擇音，氣息茀然，於是並生心厲』。」〔註255〕子居以「心則不」與第17簡「裕」字連讀，云：「『延』就是『涎』，所說是，該字從梃從次，即『涎』字的繁構，當讀為沿。啜當訓為喝、飲，《說文》：『啜，嘗也。』『㹜』字為從困從㹜，《說文》：『㹜，兩犬相齧也。』《廣韻》：『㹜，犬相吠也。』《集韻》：『㹜，《說文》：「兩犬相齧也。」』或書作狀。』字又作狋，《說文》：『狋，犬吠聲。』《玉篇》：『狋，同「狺」。』故㹜、㹜、狀、狋皆即『狺』字。裕訓為足。」王寧曰：「，此字當分析為從木涎聲，即『梃』之繁構，此當讀為『擅』，專也，獨佔之意。㹜，此字當即『㹜』之繁構，『困』是累加的聲符。《說文》：『㹜，兩犬相齧也。從二犬。』音語斤切。此段是說：子儀，我和你相隔甚遠，為什麼要爭鬥而不友好？就像兩隻犬都想獨佔河水，邊飲水邊互相撕咬，並不是害怕河水少喝不足，只是天性使然。」①，此字從延從欠，延訓及是延及、蔓延、引伸之義，而不是「到達」義，程燕說非是。某氏讀為羨，音理沒有問題，但「羨河」不辭，引《淮南》「臨河而羨魚」也不當。王寧讀為擅，音理也沒有問題，但「擅河」也不辭。疑讀為趲，《說文》：「趲，趁也。」又「趁，趲也。」二字雙聲互訓。《繫傳》：「趁，自後及之也。」是追逐義。字亦作遳，《廣韻》：「遳，逐也。」又考《楚辭・離騷》王逸注：「楚人名轉曰遳。」《廣雅》：「遳，轉也。」《集韻》：「趲，轉也。」又「遳，轉也，逐也。」猶言回轉、轉行，實亦是「轉」音變字。P.2011王仁昫《刊謬補缺切韻》：「躔，日月行。」日月行亦是轉行，「躔」亦「遳」借字。雙音詞則曰「遳迴」、「儃佪」，迴亦轉也，同義連文。「遳」又有難行不進義，亦「轉行」義之引申。簡文借作「趲（遳）」指轉行而追逐。②，某氏解作飲，是也，但不當讀作啜。本字當作歠（㰲），《說文》：「歠，歙也。㰲，歠或從口從夬。」又「歙，歠也。」二字互訓。《說文》：「啜，嘗也。」「啜」與「歠」義別，不是一字。③某氏說「㹜」是雙聲符字，是也。㹜，子居說是，但整理者讀為猌亦不誤。《說文》：「猌，犬

〔註254〕「此心安處是吾鄉」說，《初讀》，簡帛網2016年4月22日。
〔註255〕蘇建洲《〈清華六〉文字補釋》，簡帛網2016年4月20日。

張斷怒也，從犬來聲，讀又若銀。魚僅切。」〔註256〕猌、斷是聲訓。P.2011
王仁昫《刊謬補缺切韻》：「猌，犬怒。」《說文》：「狀，兩犬相齧也，從二犬。
語斤切。」「狀」是會意字，會兩犬相爭鬥也。猌讀若銀，故字亦作斷（犾），
《廣韻》：「斷，犬爭皃。」《集韻》：「斷、犾，犬爭謂之斷，或從犬。」音轉
亦作齗，俗字作哏。《說文》：「齗，齧也。」又「很，齧也。」「很」專指豕
齧，是「齗」的分別字。④「列」字從蘇建洲隸釋。簡文言「心則不列」，蘇
氏所引諸例「心戾」、「心厲」皆非其誼（「戾虐」之戾訓暴虐；「貪戾」之戾
讀為利，亦貪也；「鄙戾」之戾訓很戾；「心厲」之厲音賴，惡也。都不是同
一語義）。列，讀為類。《爾雅》：「類，善也。」字亦作戾，《廣雅》：「戾，善
也。」簡文是說兩犬繞河岸追逐，為飲水而爭鬥，哪裡是擔心河水不足，乃
其心不善，有貪心也。

（16）先人又（有）言曰：「咎（舅）者不（丕）元。」

　　整理者曰：元，大也。（P133）

　　按：某氏曰：「『元』似應讀為怨。」〔註257〕某氏讀作「咎（舊）者不元
（怨）」，云：「『咎』既可以如字讀，又可以讀為『舊』，解釋為過去之事，故
推測其為雙關隱語。句意猶言既往不咎。」〔註258〕子居曰：「咎訓責怪。元，
善也。『咎者不元』即責怪別人者不會有好結果。」王寧從子居說。咎，讀為
憝、俖。《說文》：「憝，怨仇也。」又「俖，毀也。」經傳皆借「咎」字為之，
謂毀惡怨恨也。俗字亦作憞、諜，《集韻》：「憝，怨也，亦書作憞。」又「俖、
諜：《說文》『毀也。』或從言。」下文「亦唯咎之古（故）」亦同。元，讀為
愄。《方言》卷12：「愄，知（智）也。」《集韻》「愄」字條引「知」作「智」。
《廣雅》：「愄，暂（智）也。」「不」讀如字。咎者不元，謂怨恨者不明智耳。

〔註256〕段玉裁曰：「此從犬、來會意，『聲』字衍，當刪。」朱駿聲曰：「『來』非聲，
　　　　疑會意。」鈕樹玉曰：「按《廣韻》以真次咍，蓋取聲相近，故來聲讀若銀矣。」
　　　　鈕樹玉又曰：「按『聲』字未必衍，蓋聲之轉，故云。」王筠從鈕說。徐灝曰：
　　　　「來聲而又讀若銀者，古音之轉也。」鍾歆曰：「來聲古音在咍部。銀從艮聲，
　　　　在痕。此咍、痕二部相轉。」鈕樹玉等「音轉說」是也。段玉裁《說文解字
　　　　注》，朱駿聲《說文通訓定聲》，鈕樹玉《說文解字校錄》，鈕樹玉《段氏說文
　　　　注訂》，王筠《說文解字句讀》，徐灝《說文解字注箋》，並收入丁福保《說文
　　　　解字詁林》，中華書局1988年版，第9779～9780頁。鍾歆《〈說文〉重文讀
　　　　若轉音考》，《制言》第29期，1936年版，本文第14頁。
〔註257〕「ee」說，《初讀》，簡帛網2016年4月16日。
〔註258〕「東山鐸」說，《初讀》，簡帛網2016年4月27日。

（17）昔繇之坒（來）也，不穀（穀）佰（宿）之靈岙，厭（期）年而
　　　見之，亦唯咎（舅）之古（故）

整理者曰：繇，即《說文》之「羈」：「絆馬也。從馬，口其足。《春秋傳》
曰：『韓厥執羈前。』讀若輒。繫，羈或從糸，執聲。」此處讀為質，指人質，
疑指晉太子圉。「厭」通「期」。（P133）

按：馬楠隸「岙」作「陰」，云：「據下文『公曰：儀父，昔繇之行，不
穀欲裕（自注：『裕』在《尚書》中多讀為『欲』，引出祈使句。此前疑有脫
簡。）我亡反副（復），尚端項瞻遊目以盰我秦邦。不穀敢愛糧？』『繇』當
為楚人，之前曾羈押於秦，而且曾有窺探秦國的間諜行為，被秦國遣出。此
處為秦穆公向子儀解釋之前楚人繇久羈被遣的情況，目的是釋怨。『咎』當如
字讀。」某氏曰：「『繇』應釋為『羈』，與『圉』意義相關，且古音也較近。」
〔註259〕某氏釋作「厭（兼？）」，云：「傳世文獻有『兼日』、『兼月』之例。
『兼年』似指不止一年，言時間較長。」〔註260〕某氏曰：「『厭』似乎不如直
接讀為『壹』，厭聲與壹聲通，《儀禮·鄉飲酒禮》『賓厭介入門左，介厭眾入
門右』，賈公彥疏：『厭字或作擪字者，古字義亦通也。』《晏子春秋》有『兼
歲』一語，見《諫上》：『士既事者兼月，疾者兼歲。』兼亦有倍，加倍的意
思。『兼年』亦見於《逸周書·文傳》篇引夏箴：『小人無兼年之食，遇天饑，
妻子非其有也。』」〔註261〕某氏曰：「《荀子·儒效》：『遂選馬而進，朝食于
戚，暮宿於百泉，厭旦於牧之野鼓之，而紂卒易鄉，遂乘殷人而誅紂。』『厭
旦』的『厭』應該與《繫年》簡133+134『晉（厭）年，韓取、魏擊率師圍
武陽』、《子儀》簡13『厭年而見之』中的「厭」是一樣的意思，《荀子》『厭
旦』應該是第二天早晨之義。」〔註262〕王寧曰：「陶金認為：『繫』當即公
子繫（字子顯），秦國公子。根據《國語·晉語》的記載，秦穆公曾經聽從公
子繫的建議，先後用軍隊護送晉公子夷吾（晉惠公）和重耳（晉文公）歸國
即位，可能此二人也都是由公子繫親自護送回國的。』按：此說當是。這裡
說的『昔繫之行』，當是指以前公子繫護送晉惠公歸國之事。宿，《說文》：『止
也。』此為安置義，相當於軟禁。『厭』似不必讀『期』。《說文》：『厭，笮也。

〔註259〕「ee」說，《初讀》，簡帛網 2016 年 4 月 16 日。
〔註260〕「東山鐸」說，《初讀》，簡帛網 2016 年 4 月 27 日。
〔註261〕「薛後生」說，《初讀》，簡帛網 2016 年 4 月 29 日、5 月 19 日。
〔註262〕「ee」說，《初讀》，簡帛網 2016 年 6 月 21 日。

一曰合也。』『厭』訓『合』，『厭年』當即古籍中常見的『期年』。《說文》：
『期，會也。』又云：『會，合也。』『厭』、『期』義同，故『厭年』即『期
年』，可能是古楚語的一種說法。」《繫年》簡133「晉年」，異說甚多，聊舉
三說：整理者曰：「新蔡簡之『王孫晉』，異文作『王孫厭』。『晉年』亦見清
華簡《子儀》。『晉』應讀為『厭』，與『薦』音近可通。《爾雅》：『薦，再也。』
薦年即再一年。」〔註263〕孟蓬生曰：「『晉年』當讀為『翊（翌、昱）年』。
『晉』字一般認為從昏（香）聲，應該沒有問題。」〔註264〕沈培曰：「『晉
年』正應當讀為『一年』，在簡文中是『過了一年』的意思。」〔註265〕「鴯」
未詳指何人。沈培及某氏讀「厭（晉）年」作「壹年」，其說為長。下面辨析
幾個誤說：①「期」訓會合，「合」同「匋」，圍匝而相合，指週期，乃復其
時之義。「厭」訓合者，《玄應音義》卷1、7、15、16並引《蒼頡篇》：「伏合
人心曰厭。」「厭」當是「奄（弇、揜）」借字〔註266〕，謂掩合、覆合。「期」、
「厭」雖同訓合，但不是同一語義。②《荀子》之「厭旦」，楊倞注：「厭，
掩也，夜掩於旦，謂未明已前也。」《增韻》卷6：「厭，猶臨也，謂陳於將
旦之先也。」方以智曰：「厭旦，應旦也。《荀子》：『厭旦於牧之野。』注：
『厭，掩也，夜掩于旦。』謂黎明、昧爽也。『黎明』亦作『邌明』，或作『犂』。
『昧爽』一作『晉爽』，『晉』又作『昒』。班固用『昒昕』，『昒』即『昧』字……
《弟子職·對客章》『應旦遂行』，正『厭旦』之義也。」〔註267〕朱駿聲曰：
「厭，叚借為晻。按：旦而未明也，注『掩也』，失之。」〔註268〕俞樾曰：
「『厭旦』當作『旦厭』。厭讀為壓，『旦壓於牧之野』與上文『朝食』、『莫宿』
文義一律。《成十六年左傳》：『楚晨壓晉軍而陳。』此云『旦厭』，猶彼云『晨
壓』矣。」〔註269〕方以智所引《管子·弟子職》「應旦遂行」，陳第《毛詩古

〔註263〕《清華大學藏戰國竹簡（貳）》，中西書局2011年版，第200頁。
〔註264〕孟蓬生《清華簡〈繫年〉初札（二則）》，復旦古文字網2011年12月21日。
〔註265〕沈培《再說兩個楚墓竹簡中讀為「一」的用例》，「香港中文大學中國語言及
　　　　文學系五十周年系慶活動——承繼與拓新：漢語語言文字學國際研討會」論
　　　　文，香港中文大學2012年12月17～18日。
〔註266〕朱駿聲謂「厭」訓合乃借作「協」，非是。朱駿聲《說文通訓定聲》，武漢市
　　　　古籍書店1983年版，第137頁。
〔註267〕方以智《通雅》卷11，收入《方以智全書》第1冊，上海古籍出版社1988年
　　　　版，第423頁。
〔註268〕朱駿聲《說文通訓定聲》，武漢市古籍書店1983年版，第138頁。
〔註269〕俞樾《荀子平議》，收入《諸子平議》卷12，中華書局1954年版，第244頁。

音攷》卷3「讓」字條引同〔註270〕，此乃明人所見誤本，古無「應旦」之說，宋刻本《管子》作「應旦」，江永《古韻標準》卷1「讓」字條又承陳第之誤而不知檢正〔註271〕。如此，則方氏「應旦」說無根矣。《管子》「厭旦」乃時間詞，不與「朝食」、「莫宿」一律，俞說非是。考《書・牧誓》：「時甲子昧爽，王朝至於商郊牧壄，乃誓。」又《武成》：「甲子昧爽，受（紂）率其旅若林，會於牧野。」方以智說「厭旦」指昧爽，是也。《釋文》引馬融曰：「昧，未旦也。」孔傳：「昧，冥。爽，明。早旦也。」《禮記・內則》：「由命士以上，父子皆異宮。昧爽而朝，慈以旨甘。日出而退，各從其事。」《荀子・哀公》：「君昧爽而櫛冠，平明而聽朝……君平明而聽朝，日昃而退。」是「昧爽」為日未出前天將明亮而尚黑暗的時間。《說文》：「昧，〔昧〕爽，旦（且）明也，一曰闇也。」〔註272〕又「爽，旦明也。」昧即黑闇，爽即旦明，故「昧爽」又稱作「昧旦」。《書・太甲上》：「先王昧爽丕顯，坐以待旦。」《晏子春秋・內篇問下》引讒鼎之銘曰：「昧旦丕顯，後世猶怠。」是「昧爽」即「昧旦」也。《詩・女曰雞鳴》：「女曰雞鳴，士曰昧旦。」《家語・顏回》：「孔子在衛，昧旦晨興，顏回侍側。」朱駿聲說「厭」借為晻，甚確，字亦音轉作闇（暗），「厭旦」即「昧旦」，亦即「昧爽」，「厭」是暗昧之義。《荀子》「厭旦」之「厭」與清華簡「𣅦（厭）年」之「厭」毫無關涉。③「兼歲」、「兼年」之「兼」取兼併、累積為義，與簡文亦無涉。不辨詞義，但憑檢索同形之字，牽而一之，即輕易立說，徒生異端耳。

（18）公曰：「義（儀）父！溋（嬴）氏多絲〈絲〉緒而不繂（續），級（給）織不能官居

按：楊蒙生讀「絲緒」作「聯婚」，云：「句意為秦聯婚於晉而晉不續其好。」子居曰：「絲，諧音於『思』，指頭緒、思緒。這裏秦穆公仍然是以紡織來比喻政事。給織，即供職。官居，指居於君位。」王寧於「絲」下斷句，又以「官居」屬下句，云：「『溋』當為『盈』之或體，乃『縆』之假借字，《說文》：『縆，絲綬也。』縆氏蓋即負責編織絲綬的工人。緒本為絲線，這

〔註270〕陳第《毛詩古音攷》卷3，學津討原本，本卷第51頁。
〔註271〕江永《古韻標準》卷1，《叢書集成初編》第1247冊影貸園叢書本，中華書局1985年影印，第118頁。
〔註272〕當連篆讀作「昧爽」，段玉裁補「昧」字，又改「旦」作「且」，《繫傳》正作「昧爽」。段玉裁《說文解字注》，上海古籍出版社1981年版，第302頁。

裡當用為動詞，即搓製絲線的意思。是說：負責編織絲綬的工人有很多絲，搓製絲線卻連續不起來，不能用於編織。」「絲緝」成詞，《詩·抑》「荏染柔木，言緝之絲」，王氏斷讀無理。秦人嬴姓，嬴氏即指秦國。《詩·何彼襛矣》：「其釣維何？維絲伊緡。齊侯之子，平王之孫。」鄭玄箋：「釣者以此有求於彼，何以為之乎？以絲之為緡，則是善釣也。以言王姬與齊侯之子，以善道相求。」孔疏：「其釣魚之法維何以為乎？維以絲為繩，則是善釣。以興其娶妻之法，亦何以為之乎？維以禮為之，則是善娶。」用作釣魚的絲繩稱作「絲緡」，用《詩》典，因以「絲緡」指婚姻。「級」讀如字，「織」讀為職。級職指官級官職。官居，猶言居官、做官。簡文蓋指秦、楚結為婚姻而不能延續，時有中斷，而婚姻者級職低微，不能掌握權政。

（19）臺上又（有）兔，桫（橤）枳（枝）堂（當）榃（楥），觚（竢）客而誩（翰）之

按：某氏曰：「『橤』就是『橤／柚』。」〔註273〕某氏曰：「所謂的『翰』應讀為『翰伐』的『翰』。」〔註274〕楊蒙生改讀「榃」作「原」，「誩」作「扞」，又曰：「橤，疑讀為占卜辭中『無絲』之絲。」蘇建洲曰：「榃，整理者隸作『桫』，此字的偏旁又見於《子產》20『善君必桫昔前善王之法律』，此二字偏旁同為『多』，可能就是《說文》的『夅』，古文字『廾』、『又』做為表意偏旁常可互作。《說文》：『夅，持弩拊。從廾、肉。讀若達。』『桫』當讀為『樛』。《說文》：『樛，下句曰樛。』簡文『樛枝』，是向下彎曲的樹枝。榃，字形作『榃』。鄔可晶根據《說文》『𨻌，讀若書卷之卷』，認為此字可讀為『捲』，甚至不排除此字就是『捲』的異體的可能。『捲』是用屈木作成的飲器，正與『樛枝』相合。至於『桫』，鄔先生讀為『究』，『頯』從『夅』聲。《周易》夬卦『壯于頄』之『頄』，《釋文》引鄭作『頯』，馬王堆帛書本亦作『頯』。此是『夅』通『九』聲之證。上述二說皆可從。」〔註275〕王寧從蘇、鄔說，又云：「『榃』即『捲』之或體，然此當讀為『圈』，《說文》：『養畜之閑也。』此指關兔子的圍欄或木籠。誩，疑當讀『宴』。此言臺上有兔，用彎曲的樹枝做成圍欄關著，等待客人來飲宴，以兔為菜餚也。」子居曰：「兔，當釋為『象』。這裏當是秦穆公以柚、枳自比，說自己才力不濟。誩，當讀為

〔註273〕「bulang」說，《初讀》，簡帛網 2016 年 4 月 16 日。
〔註274〕「ee」說，《初讀》，簡帛網 2016 年 4 月 18 日。
〔註275〕蘇建洲《〈清華六〉文字補釋》，簡帛網 2016 年 4 月 20 日。

諫，訓為匡正。」①「槵」字右旁從肉從又，都是聲符，讀為枸（句）。「枳」當讀作穮（穚），不讀作枝，不是指樹枝。「梜枳」即「枸枳」，雙聲連語，是「枳枸」倒言，卷曲貌，字亦作「穚穢」、「穚橄」、「枳棍」等形〔註276〕。②堂，讀為常。櫃，讀為卷。諆，即「謿」，同「嘲」，與「調」一聲之轉，字亦作啁，戲弄、調笑。簡文是說兔子常常卷曲在臺上，等著來客去調笑它。

（20）公及三方者（諸）邘（任）君不瞻皮（彼）汨（沮）漳之川扂（開）而不盧（闔）殹（也）！廘（篤），巳（仁）之橢（楷）也

整理者曰：第15、16簡之間疑有缺簡。「任君」大約指有抱負之君。扂，讀為開，或即「開」之異體。盧，讀為闔，或即「闔」之異體。郭店簡《性自命出》：「篤，仁之方也。仁，性之方也。」疑「廘」字從力，鹿聲，與「篤」通用。（P134）

按：蘇建洲曰：「『殹』不能讀為『也』，當讀為『抑』。原釋『篤』與『仁』皆不確。所謂的『篤』實為『虜』字，所謂的『仁』當為『夷』字，『虜夷』可能與『任君』相對或是子儀的自稱。簡文應該讀為『公及三方諸任（？）君不瞻彼沮漳之川，開而不闔，抑虜夷之楷也』。」〔註277〕子居曰：「殹當讀為緊，廘當讀為助，夷當讀為人，楷訓為楷模。」王寧曰：「開，指水暢流無阻。闔，指水壅塞不通。『開而不闔』即暢流不息之意。廘，蘇先生釋為『虜』可從，『錄』與『鹿』、『慮』與『虜』並音同，故從力從虍聲之『虜』亦可從力鹿聲。唯『虜夷』或『鹿夷』一詞不可解，上博二《容成氏》曰『於是乎樊（畔）宗、鹿（離）族、殘群』，上博六《天子建州》『男女不語鹿（離），朋友不語分』，均用『鹿』為『離』，則『鹿』可讀來紐歌部音，此『鹿夷』疑可讀為『邐迤』。《說文》：『邐，行邐邐也。』段注：『邐邐，縈紆皃。』《集韻》：『邐，《說文》：「行邐邐也。」一曰：邐迤，旁形連延也。』『楷』當作『湝』，《說文》：『水流湝湝也。』（此說蒙蕭旭提示）這裡當是指湝湝之水流，亦即河流。『邐迤之湝』即縈紆連延之流水，蓋即源遠流長之意。這幾句是說：您沒看見沮、漳的河川嗎？暢流而不息，可是源遠流長了。」①當讀作：「公及三方者邘，君不瞻彼沮漳之川開而不闔殹？廘巳之橢也？」「公及三方者

〔註276〕參見蕭旭《清華簡（六）連綿詞例釋》。
〔註277〕《初讀》，簡帛網2016年4月20日。

邘」不詳，待考。整理者疑第 15、16 簡之間有缺簡，殆是也。第 16 簡始自「方」字。《說文》、《玉篇》說「邘」是「郚」省文，「者邘」或讀為「諸郚」。楚三徙都，都城稱郚，故稱「三郚」，「諸郚」即「三郚」歟？②整理者說「盠」即「闔」異體，是也。「開」之作「屏」，亦是其比。《集韻》：「盠，閉戶也。」字亦省作屋，《說文》：「屋，閉也，從戶，劫省聲。」許君說「劫省聲」，非是，當是「盍」省聲。《禮記‧雜記上》《釋文》引《字林》：「屋，閑（閉）也。」〔註278〕又引《纂文》：「屋，古闔字。」〔註279〕「殹」是句末表示反問的語氣詞。③「尸」是古「夷」字。「鹿」古音同「陸」，音轉如「逐」、「由」，蟲名「馬陸」一名「馬蚿」、「馬蚰（軸）」，草名「商陸（蓎蔆）」一名「蓬蔆（蓎）」，皆是其比也。「鹿尸」疑是「由夷」音轉，雙聲連語，延行貌，徘徊貌，遲疑緩行貌。音變又作「由衍」、「由延」、「逐夷」，也可倒言作「夷由」、「夷猶」〔註280〕。④楷讀為湝，水流湝湝貌，簡文指湝湝之水流。《詩‧鼓鍾》：「鼓鍾將將，淮水湯湯。」又「鼓鍾喈喈，淮水湝湝。」毛傳：「喈喈，猶將將。湝湝，猶湯湯。」《廣雅》：「湯湯、湝湝，流也。」鹿尸之橋，指緩緩而流的湝湝水流。

（21）公曰：「義（儀）父！昔緒（質）之行，不穀（穀）欲裕我亡反副（復），尚諯（端）項瞻遊目以晉我秦邦，不穀（穀）敢忎（愛）糧？」

整理者曰：晉，見《說文》，或為左右結構，有「遮人視線」和「直視」兩解，此處表示直視。（P134）

按：楊蒙生以「尚（倘）諯（端）項」為句，云：「裕，此處或有廣大意，又疑訓為道。我，疑為『義』字之省。反，疑讀為叛。簡 19 之『反』，同此，指晉叛秦好。副，貳也；又疑為倍，《呂氏春秋‧副理》『帶益三副矣』，是其例。穆公意謂：以道義待晉質，希冀他不要對秦國有貳心，或不要背叛秦國之好。倘若晉人誠心恭敬地對待我秦國，寡人又怎會吝惜糧食而不救濟晉國呢？」某氏曰：「『反副』應讀為『反覆』。」〔註281〕某氏曰：「『亡反副』或

〔註278〕《釋文》據通志堂本，宋刻本「閑」誤作「閉」。
〔註279〕《通志》卷 29 引「纂文」作「纂要」。《纂文》三卷，何承天撰；《纂要》六卷，顏延之撰。
〔註280〕參見蕭旭《俗字探源舉例》「鵯」字條。
〔註281〕「ee」說，《初讀》，簡帛網 2016 年 4 月 16 日。

當讀為『亡（無）反（判）副』，『判』、『副』均為剖之義。」〔註282〕某氏又曰：「『裕我』當釋讀為『容儀』。」〔註283〕某氏曰：「『昏』亦見於包山簡120號，與《皇門》簡1、《芮良夫毖》簡20之『开/視』乃一字異體，這裡當讀為『啟』，此種用例文獻常見，參駱珍伊《〈清華一‧皇門〉與〈清華三‧芮良夫毖〉「覓」字考》（《第二十五屆中國文字學國際學術研討會論文集》）。」〔註284〕某氏又曰：「『昏』似乎讀為『覬』更好。」〔註285〕某氏曰：「『昏』整理者解釋為『直視』，此字或即後世之『看』字吧？」〔註286〕子居曰：「尚訓為猶，即『如果還』。端項，即直著脖子。瞻遊目，即放眼望。昏即盰，當訓直視。『瞻遊目以盰』猶言覬覦。」王寧曰：「『反副』當讀『販幅』，《說文》：『販，大也。』『販幅』即大幅，廣大義，『亡（無）販幅』即沒有很廣大的土地。」裕，讀為諭、喻，告曉，使之明白、理解。清華簡（六）《子產》簡25「怂命裕義」，讀作「尊令諭義」，亦其例。「我」是秦穆公自稱。整理者讀「反副」為「反復」，是也，某氏讀作「反覆」亦同，猶言變化無常。「尚」讀如字，副詞，子居說是。「瞻」上疑脫「以」字。諯，讀為轉。諯項以瞻，轉動頸項以視，猶言反顧。《楚辭‧離騷》：「忽反顧以遊目兮，將往觀乎四荒。」《說文》：「开，平也。」故「昏（盰、鼻）」訓直視、平視。故宮博物院藏王仁昫《刊謬補缺切韻》：「盰，盰然能視。」〔註287〕其意蓋謂「盰然」即「妍然」，取巧慧為義，非也。P.3906《碎金》：「人眼盰：魚絹反。」P.2058、S.6204《碎金》同，「眼盰」蓋即「眼妍」，與簡文義別。尚諯（端）項瞻遊目以昏我秦邦，言其期望之切。

（22）子義（儀）曰：「臣觀於湋𣲘（滋），見致髳迻（徛）淒（濟），不終，需髳，臣其歸而言之。」

整理者曰：滋，水邊，涯岸。「髳」或為「烏」之專字。或以為右半為「𦥑」省聲，字讀為「鸛」。「迻」為「徛」之異體，《說文》：「舉脛有渡也。」指放在水中用以過河的石頭或渡橋。需，等待。（P134）

〔註282〕「暮四郎」說，《初讀》，簡帛網2016年4月17日。
〔註283〕「暮四郎」說，《初讀》，簡帛網2016年4月21日。
〔註284〕「薛後生」說，《初讀》，簡帛網2016年4月17日。
〔註285〕「薛後生」說，《初讀》，簡帛網2016年4月19日。
〔註286〕「東山鐸」說，《初讀》，簡帛網2016年4月27日。
〔註287〕《廣韻》脫「然」字。

　　按：馬楠讀「攷𪖠」作「屬𪖠」，讀「需」作「濡」，云：「是說屬𪖠而舉脛渡滋，而𪖠不濡。試讀𪖠為輨，即轂端，類似的文例有《毛詩》『濟盈不濡軌』。」楊蒙生曰：「攷𪖠，疑讀為『獨鸛』。它與下文之『需鸛』均指與秦國反目之後的晉國。」某氏讀「攷𪖠」為「鬥鸛」，「需𪖠」為「濡鸛」，云：「大意是說，我在漳水邊上看到兩隻鸛鳥相鬥渡河，最終其事不果，兩隻鸛鳥身上都被濡濕了。不過，鸛為水鳥，似不會被濡濕？故懷疑字或可讀為『鸐』？」〔註288〕子居曰：「攷讀為獨，所說是。𪖠當讀鶂，即比翼鳥。逪當讀為踦，《說文》：『踦，一足也。』比翼鳥『相得乃飛』，所以這裏說『需𪖠』。」整理者讀▨為滋，是也，音轉亦作涵，指水邊。整理者讀「逪淒」為「徛濟」，是也，也言「徛渡」，《玉篇》：「彴，徛渡也。」指從水中石橋上渡河。馬楠及某氏讀需為濡，亦是也。楊蒙生讀攷為獨，是也，而所釋句意則誤。「𪖠」字圖版作「▨」，鳥名，其字待考。簡文是說我在漳水邊上看到一隻孤零零的▨鳥從石橋上渡河，沒有走過去，▨鳥身上濡濕了。

（23）臣見二人𩰚（仇）競，一人至，辭於儷，獄乃成，臣其歸而言之

　　整理者曰：儷，耦也。一說「儷」讀為麗，美也。「於」訓「而」。（P134）

　　按：馬楠作一句讀作「一人至辭於儷」，云：「應當是說民無偽詐，可以片言折獄，不需兩造，僅聽單方面陳述就可以成獄。」楊蒙生曰：「『二人仇競』中之二人所指實為秦、晉二國，『一人至』中之一人即指秦人。他所『儷』，即所依靠的，即是楚國，則『辭於儷』實指秦人訟於楚國。」王寧讀同馬楠，云：「『仇』同『讎』，對也。《說文》：『競，彊語也。』段注：『彊語謂相爭。』『仇（讎）競』即面對面地爭吵。獄，《說文》：『确也。』段注：『《召南》傳曰：「獄，埆也。」「埆」同「确」，堅剛相持之意。』這裡當為『爭執』義。成，平也，此可理解為講和、和解。『一人』是指另外來的一個人（第三方）。儷，偶也，當是指那兩個正在爭吵的人。這是說有兩個人爭吵，來了一個人對二人說了一番話，於是爭執得以和解。」整理者作二句讀作「一人至，辭於儷」，不誤。《說文》：「仇，讎也。」二字同義，不是同字。《爾雅》：「仇，匹也。」《說文》「競，彊語也」，乃聲訓，競、彊一聲之轉，指爭辯。二人仇競，謂二人相匹敵地爭辯，不相上下。「一人」指爭辯的二人中的一個人，不是另外來的一個人。至，讀為質，質樸、篤實。於，猶以也，介詞。儷，

〔註288〕「東山鐸」說，《初讀》，簡帛網2016年4月27日。

讀為戾。《說文》：「戾，曲也。」指理虧。獄，爭訟。謂其中一人質樸，自認理虧，其爭訟遂平。

五、《子產》校補

（1）不良君古（怙）立（位）劼（固）稾（福），不惖（懼）失民

整理者曰：怙，恃也。固，安也。「怙位固福」意云仗恃權位，安於福享。（P139）

按：某氏曰：「『福』讀為『富』更好些，參張新俊《上博簡〈彭祖〉：『毋怙富』解》。」〔註289〕單育辰曰：「『福』讀為『富』更好，可參〈彭祖〉簡8『毋故（怙）富』……『古』則讀為固，應是堅守、固執的意思。」〔註290〕某氏曰：「劼，也應當讀為怙。『位』、『富』同樣是不良君怙恃的東西。」〔註291〕某氏曰：「『劼』是否7號簡『劼』之誤？」〔註292〕王寧曰：「『福』依字讀即可。」〔註293〕「怙富」雖是成語，然不用於君主。古立劼稾，當讀為「居（或『處』）位怙福」，「位」指威勢而言，「福」指上天鬼神所祐助。簡文下文云「有戒，所以紳（申）命固立（位）」，「命」指天命，正指鬼神祐助之命。《書·洪範》：「惟辟作福，惟辟作威。」

（2）邦安民鮮（遂），邦危民麗（離）

整理者曰：鮮，即「薜」字，讀為遂，順也。（P139）

按：馬楠曰：「『鮮』可以直接讀為肆。謂邦安時民放恣，邦危時民離散。」某氏曰：「肆，或理解為放恣恐不妥，『肆』應該是安適從容一類意思。」〔註294〕王寧曰：「『鮮』當讀為《禮記·表記》『君子莊敬日強，安肆日偷』之『肆』，鄭注：『肆，猶放恣也。』『安肆』猶言安逸，『肆』是逸樂、安樂之意。」鮮，當讀為佚（逸），佚樂。「肆」訓逸樂，亦「佚（逸）」借字。

〔註289〕「ee」說，《清華六〈子產〉初讀》，簡帛網2016年4月18日。本篇下文省稱作「《初讀》」。

〔註290〕單育辰《清華六〈子產〉釋文商榷》，《出土文獻》第11輯，中西書局2017年版，第210～211頁。「ee」即單育辰。

〔註291〕「幕四郎」說，《初讀》，簡帛網2016年4月28日。

〔註292〕「bulang」說，《初讀》，簡帛網2016年4月17日。

〔註293〕王寧《清華簡六〈子產〉釋文校讀》，復旦古文字網2016年7月3日。本篇下文引其說皆見此文。

〔註294〕「bulang」說，《初讀》，簡帛網2016年4月17日。

（3）子產所旨（嗜）欲不可智（知），內君子亡攴（變）

整理者曰：內，猶心也。句意云內心始終為君子，沒有改變。（P139）

按：某氏曰：「『攴』似當讀為辨。是說『內君子』（應該是指鄭國的大夫或者史官）對子產的嗜欲沒有辨析。」〔註295〕某氏曰：「似應斷讀為：『子產所嗜欲，不可知內，君子亡偏。』」〔註296〕王寧曰：「『內』即『納』。『攴』即『鞭』字，讀『辨』是，分別義。此二句意思是說子產的喜好不能知道，收納君子無所分別。」單育辰改讀作「子產所嗜欲，不可知內，君子亡攴（變）……」，云：「子產所嗜好者，是不能知其內中的，君子無所偏好……。」〔註297〕整理者句讀（從簡文原有的句讀符號斷讀）及讀攴為變，皆得之。內，讀為入。入君子，進用君子，指舉用賢人。《左傳·襄公三十一年》：「子產之從政也，擇能而使之。」此子產入君子之事。簡文下文云「當事乃進，亡好」，「進」即「內」字確詁。簡文言子產的喜好雖不可知，但他舉用賢人卻沒有改變。

（4）又（有）道樂才（存），亡道樂亡，此胃（謂）劼（嘉）𩏩（理）

整理者曰：劼，原作「𤤶」。清華簡《厚父》第1簡「劼」為「嘉」字。嘉，美也。𩏩，疑即「勑」字。（P140）

按：王寧曰：「『有道』當即存道，謂生存之道；『亡道』謂覆亡之道。『樂』本喜樂義，此引申為易於、容易之意。『劼』為『固』義，『劼理』即『固理』。」「亡道」即「無道」，與「有道」對文，王寧說非是。樂，好（去聲）也。《厚父》之「劼」不是「嘉」，應讀如字，勤苦也，另詳。此「劼」亦然。「𩏩」即「勑」字，字亦省作來。《說文》：「勑，勞也。」《玉篇》、《集韻》引同，《繫傳》本作「勑，勞勑也」。《爾雅》：「勞、來，勤也。」《慧琳音義》卷48、55並引《廣雅》：「勑，勤也。」字亦作徠，《玉篇》：「徠，勞也。」劼𩏩，同義連文，猶言勤勞、勤苦。

（5）曰：「勿以𢆶巳（也）。」

整理者曰：𢆶，疑讀為屏，《說文》：「蔽也。」在此意指受物欲所蔽。或

〔註295〕「暮四郎」說，《初讀》，簡帛網2016年4月17日。

〔註296〕「ee」說，《初讀》，簡帛網2016年4月18日。

〔註297〕單育辰《清華六〈子產〉釋文商榷》，《出土文獻》第11輯，中西書局2017年版，第211頁。

說此字從弓，「弓」與「弗」通，應讀為「費」，意即耗費。（P140）

　　按：某氏曰：「簡9與簡23的『骿』應是一字，似應讀為病。簡8＋9『勿以骿（病）也』、簡23『以爰（援）骿（病）者』，都很通。」〔註298〕王寧曰：「骿疑當讀勒，《玉篇》：『勒，大也。』《集韻》：『大力也。』以，用也。『巳』當讀『已』，句末語氣詞。『勿以勒已』意思是不要在這方面用大力（指人、財、物等方面）。」王氏讀「巳」為「已」，是也；而讀骿為勒，殊誤。「勒」是會意字，字亦作「脅」、「勵」，訓大力，指氣力大貌，形容詞，不能作「以」的賓語。《廣雅》：「骿，益也。」P.2011 王仁昫《刊謬補缺切韻》、《玉篇》同。王念孫曰：「骿者，增多之意，故為益也。《莊子·駢拇篇》云：『此皆多駢旁枝之道。』『駢』與『骿』通。」〔註299〕簡文子產說不要增益遊樂玩好之物。

（6）用身之道……不以逸求得，不以利行直（德）

　　按：王寧曰：「『直』當依字讀，指物價，亦即價值之『值』。是說不因為逸樂求多獲得，不因為利益而亂定價。」直，讀為志。行志，謂按心意行事。《國語·晉語八》：「及桓子驕泰奢侈，貪欲無藝，略則行志，假貸居賄。」

（7）子產專（傅）於六正，與善為徒，以谷（愨）事不善，母（毋）茲悍（違）柿（拂）其事

　　整理者曰：傅，就。六正，即六官。愨，誠也。茲，訓「致」。拂，違也。（P141）

　　按：某氏曰：「專，似當讀為輔。」〔註300〕某氏曰：「專應讀為敷，典籍常見『敷政』一語。」〔註301〕王寧曰：「專讀輔是，『六正』即下文之子羽、子剌等『六甫（輔）』，『輔於六正』即六正輔佐之。『谷』原整理者讀愨，義不可通，當為『卻』，退也、止也。『事』當讀『使』。『卻使』猶言不使，謂不用。」於，猶以也，介詞。整理者讀谷為愨，是也；讀專為傅，亦是也，

〔註298〕「ee」說，《初讀》，簡帛網2016年4月17日。其說又見單育辰《清華六〈子產〉釋文商榷》，《出土文獻》第11輯，中西書局2017年版，第212頁。

〔註299〕王念孫《廣雅疏證》，收入徐復主編《廣雅詁林》，江蘇古籍出版社1992年版，第95頁。

〔註300〕「慕四郎」說，《初讀》，簡帛網2016年4月17日。

〔註301〕「ee」說，《初讀》，簡帛網2016年4月18日。其說又見單育辰《清華六〈子產〉釋文商榷》，《出土文獻》第11輯，中西書局2017年版，第214頁。

但釋「就」則誤。《說文》：「傅，相也。」即輔助義，字或省作「偩」；輔訓助，亦是「傅」借字。「事不善」之「事」讀為待。典籍「敷政」即「布政」，與簡文「專於六正」無涉。柫，讀為咈。《說文》：「咈，違也。」《廣雅》：「咈，盭也。」「拂」亦借字，字亦作佛、佛，又省作弗，音轉又作勃〔註302〕。字亦作費，《鹽鐵論·大論》：「聖人不費民之性。」音轉又作悖，《韓詩外傳》卷1：「不悖我語。」《列女傳》卷6作「拂」。

（8）裝（勞）惠邦政，耑（端）使於四叟（鄰）

整理者曰：端，直也。（P141）

按：《爾雅》：「惠，順也。」謂順理之。耑，讀為專，專業。專使，指子產專業於外交事務。

（9）絅（治）綅（覍）纞（懈）思（緩），悘（更）則任之，善則為人

整理者曰：綅，讀為覍，即「弁」，急也。思，即《說文》「患」字古文，讀為緩，與上「弁」字相對。句意指官員怠於緩急的政事。悘，讀為更，改也。（P142）

按：石小力曰：「『絅綅』疑可讀作『怠慢』，古書又作『怠嫚』，懈怠輕忽之義。」〔註303〕某氏曰：「應讀為：『治煩解亂，病則任之，善則為人』。『丑』讀為寬或緩似也能通。」〔註304〕某氏曰：「思，讀患可乎？」〔註305〕某氏曰：「整理者讀『纞思』為「懈緩」，甚是。我們認為『絅綅』可讀為『給慢』。簡文『絅（給）綅（慢）纞（懈）思（緩）』四字平列，文義相近，《廣雅》：『懈、慢、給，緩也。』是其證。」〔註306〕王寧曰：「『絅』字楚簡習見，多用為『治』，指治事。『綅』是『覍』之繁構，當讀為『辨』。『治辨』一詞，《荀子》一書中多見，乃治事、辨事也。『纞』字清華簡《筮法》用為

〔註302〕參見蕭旭《淮南子校補》，花木蘭文化出版社2014年版，第104頁。

〔註303〕《清華六整理報告補正》；石小力說又見《清華簡第六冊字詞補釋》，《華學》第17輯，2017年版，第188頁。

〔註304〕「ee」說，《初讀》，簡帛網2016年4月17日。其說又見單育辰《清華六〈子產〉釋文商榷》，改讀作「治煩解患」，《出土文獻》第11輯，中西書局2017年版，第215頁。

〔註305〕「bulang」說，《初讀》，簡帛網2016年4月17日。

〔註306〕「黔之菜《清華簡（陸）〈子產〉篇之「勖勉」或可讀為「毘勉」》，復旦古文字網2016年5月12日。

『解』，通曉義。『思』即『慣』字，當即《說文》之『摜』，云『習也』。『習』即習熟，今言熟悉是也。悟，楚簡文字中『丙』均從口作，故此字乃『怲』字。此疑當讀為『炳』，這裡是顯著、突出之意。『人』當指官府的普通工作人員。」絧纔繲思，讀作「治變解患」。變，指患難事故等非常之事。患，憂也，難也，苦也。「悟」同「怲」，讀為梗、鞕，俗作「硬」字，與「剛」、「堅」、「彊」並一音之轉。任，讀為栠。《說文》：「栠，弱貌也。」字亦作恁、栠、銋、荏、衽〔註 307〕，音轉則作「靭」、「韌」、「肕」，柔也。悟則任之，猶言剛則柔之。「為人」未詳。

（10）勛勉救善，以勸（助）上牧民

整理者曰：勛，疑為「勖」字之譌，勖、勉同義。救，猶助也。（P142）

按：趙平安曰：「勛勉救善，可讀為『勸勉救善』。」〔註 308〕某氏曰：「救應讀為求。簡 17『勛勉救（求）善』、簡 27『獻勛和憙』，勛應讀為勸。」〔註 309〕某氏曰：「勛勉，即獎賞勸勉有功者。」〔註 310〕某氏曰：「救應讀為求。『勛勉』或是『黽勉』一詞之異寫。『勛（黽）勉救（求）善』就是『努力求善』的意思。」〔註 311〕王寧曰：「勛當訓帥，猶今言帶頭、領頭。」「勛」無帶領義。勛，讀為訓，告誡、教誨。「救」讀如字，救助，整理者說不誤。「救善」即「救善討惡」之「救善」。簡文是說子產訓勉下屬，從而救助善人。

（11）句（苟）我固善，不我能亂；我是巟（荒）幻（怠），民屯荖然

整理者曰：屯，訓為「皆」。荖，疑從攴聲，讀為剝，《說文》：「裂也。」在此為分裂離散之義。（P142）

按：趙平安曰：「荖，應當分析為從心、從芠兩個部分。芠是癹的訛體字。癶變成艸，不僅頻見於三晉文字，而且在整個古文字中也是比較普遍的現象。戰國文字中『癹』往往與『廢』相通。『荖』從心從癹，很可能是『廢』

〔註 307〕參見蕭旭《淮南子校補》，花木蘭文化出版社 2014 年版，第 665～666 頁。

〔註 308〕趙平安《〈清華簡（陸）〉文字補釋（六則）》，清華大學出土文獻網 2016 年 4 月 16 日。本篇下文引其說亦出此文。

〔註 309〕「ee」說，《初讀》，簡帛網 2016 年 4 月 17、10 日。

〔註 310〕「明珍」說，《初讀》，簡帛網 2016 年 4 月 27 日。

〔註 311〕「黔之菜」《清華簡（陸）〈子產〉篇之「勛勉」或可讀為「黽勉」》，復旦古文字網 2016 年 5 月 12 日。

的專字……屯訓皆，蓯然即廢然。廢，伏也，偃也。」某氏曰：「『蓯』字若從癹聲，似可讀為『勃』、『悖』、『怫』等字。『勃然』、『悖然』、『怫然』皆指因發怒或驚慌而變色之貌。」〔註312〕某氏曰：「『廢然』見於《莊子‧德充符》『人以其全足笑吾不全足者眾矣，我怫然而怒；而適先生之所，則廢然而反』。從《莊子》看，『廢然』是指一種心情。結合這裏的『我是荒怠，民屯廢然』看，『廢然』應當是由於『我』（助上牧民者）荒怠而導致的頹然、頹廢的樣子。」〔註313〕王寧曰：「『蓯』當即『潑』字，此讀為廢。《莊子》之『廢然』與『怫然』當意相反，『怫然』為暴怒之貌，『廢然』當為平靜、平和之貌，猶『釋然』。在此當為頹廢委頓之貌。這兩句是說：如果我在事務上荒廢懈怠，民眾都會頹廢萎靡。」「蓯」字圖版作「蓯」，整理者隸定不誤。即使「癶變成艸是普遍的現象」，也不能肯定此簡「蓯」就一定是從心、從癹之譌。「蓯」從攴得聲，疑讀為懯。「懯然」即「懯懯」，也作「懤懤」。《爾雅》：「懯懯、邈邈，悶也。」《釋文》：「懯，本又作譽。」郭璞注：「皆煩悶。」P.2011 王仁昫《刊謬補缺切韻》：「懯，心悶。」《玉篇》：「懯，煩悶也，悖也。」《集韻》：「譽、懯，《爾雅》：『懯懯，悶也。』或從暴。」簡文是說我如荒怠，則民皆悶然不知所從。

（12）古之狂君，窂（卑）不足先善君之憸（驗），以自余（餘）智，民亡可事，任硅（重）不果，邦以襄（壞）

整理者曰：卑，《左傳‧昭公二十五年》「語卑宋大夫」，杜注：「其才德薄。」驗，效也。自，自己。餘，猶多也。（P142）

按：馬楠改讀「憸」作「儉」，云：「簡文應當是說先善君有儉約之德，懂得任用賢能，分擔政務。狂君『以自余智』，不能『自分』，導致邦國崩壞。『果』疑讀為課，訓為試、用，『任重不果』與『重任以果將』相對。前善王『求蓋之賢』應當指前代遺賢（詳《鄭武夫人規孺子》「蓋臣」條），對應子產用尊『老先生之俊』。」某氏曰：「『窂』似當讀為僻，邪僻也。『事』當讀為使。『民亡可事』不是說民眾無有可以從事的事情，而是說民眾不可役使。」〔註314〕某氏曰：「『窂』可以考慮讀為『彼』，指代『狂君』。『自』似

〔註312〕「明珍」說，《初讀》，簡帛網 2016 年 4 月 18 日。
〔註313〕「蟇四郎」說，《初讀》，簡帛網 2016 年 5 月 1 日。
〔註314〕「蟇四郎」說，《初讀》，簡帛網 2016 年 4 月 17 日。

可讀為迹，遵循（參苦行僧先生貼）。」〔註315〕王寧曰：「卑當讀俾，《詞詮》：『俾，不完全外動詞，《爾雅》云：『俾，使也。』』即『倘使』之使，意思相當於『假如』、『如果』。憸，按上簡5有『共憸』讀『恭儉』，此亦當讀儉，自我約束之意。『事』讀『使』是。此二句當讀為『以自餘智，民無可使』，即自認為多智慧，臣民沒有可使用之人。『以自餘智』相當於古說的『自賢』，《呂氏春秋·謹聽》：『亡國之主反此，乃自賢而少人。』《逸周書·史記解》：『昔有共工自賢，自以無臣，久空大官，下官交亂，民無所附，唐氏伐之，共工以亡。』」蔣瓊傑曰：「砫，應讀為屬。事，讀作使，役使、使用的意思。不果，是說某事沒有做成、沒有實現。」〔註316〕①不足，猶言不重視。整理者讀宷為卑，是也。卑，卑小，輕視，即「不足」之義。《爾雅》「俾，使也」，是「使令」之使，故楊樹達稱作「外動詞」，不是假設之詞。②事，役使。整理者及王寧、蔣瓊傑解說「以自余智，民亡可事」，皆是也。《管子·形勢解》：「亂主自智也，而不因聖人之慮，矜奮自功，而不因眾人之力。」《呂氏春秋·驕恣》：「亡國之主，必自驕，必自智，必輕物。」③憸，讀為謙，謙虛、謙退。《淮南子·原道篇》「不以廉為悲」，高誘注：「廉，猶儉也。」《說文》：「顩，鹻皃。」《釋名》：「廉，斂也，自檢斂也。」此三例是聲訓。《荀子·宥坐》「富有四海，守之以謙」，《家語·三恕》同；《韓詩外傳》卷3、8「謙」作「儉」，《說苑·敬慎》同。《集韻》：「瘷、瘷：物毒喉中病。或從兼。」又「鹻、鹻：鹹也，或從兼。」此上皆其音轉之證。「憸」正與「以自餘智」相對，簡文是說狂君輕視先善君的謙虛之德，而自多其智，認為手下無人足以任事。

（13）善君必狄（察）昔前善王之鷀（灋）聿（律），叔（求）婧（蓋）之臤（賢），可以自分，砫（重）任以果將

整理者曰：鷀，疑即「灋（法）」字譌變。蓋，進也。自分，分擔自己的任事。將，美也。果將，功成而美。（P142）

按：某氏曰：「當斷讀為：『善君必狄昔前善王之灋（法）律，**※**（肆——肆）鑪（選）之賢可，以自分重任，以果將。』『**※**』並非『叔』字，應當釋

〔註315〕「薛後生」說，《初讀》，簡帛網2016年4月17日。
〔註316〕蔣瓊傑《試說清華六〈子產〉中的「砫」》，《出土文獻》第11輯，中西書局2017年版，第220～222頁。

為『肄』，讀為『肆』，為分句句首的連接詞。嬎讀為選。原簡『可』字下有墨點。本篇這種符號似乎都是用在句讀處，則此處不應例外。」〔註317〕某氏贊成其說，補充說道：「《墨子·尚同》：『是故選天下之賢可者，立以為天子。』與簡文高度相似！『賢可』也可分開來說，參陳劍《〈上博（八）王居〉復原》，陳先生原注：『「不稱賢進可」作一頓讀，「可」猶言可用之人、適合之人。』」〔註318〕某氏曰：「看到《子儀》簡14的『樤』字，想到《子產》簡20『⿰犭⿱肉又』字右旁與此相同，故當為『〔猺系〕』字，讀為『由』，釋為『遵循』之義。」〔註319〕徐在國曰：「⿰犭⿱肉又，此字當釋為『豚』，在簡文中當讀為『循』，沿着，順着。引申為遵守，遵從，遵循。」〔註320〕鄔可晶讀「⿰犭⿱肉又」作「究」〔註321〕。張伯元曰：「『䕼』可通『薦』，表舉薦之義。聿，常用作句首、句中助詞，絕大多數出現在動詞前面。上下句似可斷在『聿』字之前，為『善君必察昔前善王之䕼（薦），聿求盡之賢』，與『法律』無關，與鑄刑鼎更是無甚關涉。」〔註322〕王寧曰：「⿰犭⿱肉又，當分析為從又豚聲，可能即『揗』字的異構，讀『循』當是，釋為『遵循』之義。」蔣瓊傑曰：「⿰犭⿱肉又，懷疑其從『繇』省，讀為『由』或『迪』。」〔註323〕蘇建洲《清華六〈子產〉拾遺》，《清華簡國際會議論文集》，浸會大學、澳門大學、清華大學 2017 年 10 月 26～28 日，第 31、33 頁。曰：「『⿱肉又』可能是『⿱肉又』省簡一個『又』的結果。也可能是因為書寫位置不夠，故省為『⿱肉又』……『⿰犭⿱肉又』則讀為軌，遵循、依照、效法的意思。」〔註324〕綜取各說，簡文可讀作：「善君必⿰犭⿱肉又昔前善王之䕼，聿▮嬎之，賢可以自分，重任以果將。」①「⿰犭⿱肉又」字右旁從肉從又，都是聲符，某氏讀為「由」，釋為「遵循」，是也，音轉亦作「迪」、「道」、「蹈」。「䕼」當是「厣」增旁字。《廣雅》：「厣，瀘也。」張伯元讀䕼為薦，說善君必察昔前善王之舉

〔註317〕「暮四郎」說，《初讀》，簡帛網 2016 年 4 月 17 日。

〔註318〕「此心安處是吾鄉」說，《初讀》，簡帛網 2016 年 4 月 17 日。原注：陳劍文出處見 http://www.gwz.fudan.edu.cn/SrcShow.asp？Src_ID=1604。

〔註319〕「明珍」說，《初讀》，簡帛網 2016 年 4 月 26 日。

〔註320〕徐在國《談清華六〈子產〉中的三個字》，簡帛網 2016 年 4 月 19 日。又刊於《中國文字學報》第 10 輯，商務印書館 2020 年版，第 63～64 頁。

〔註321〕鄔可晶說轉引自蘇建洲《〈清華六〉文字補釋》，簡帛網 2016 年 4 月 20 日。

〔註322〕張伯元《清華簡六〈子產〉篇「法律」一詞考》，簡帛網 2016 年 5 月 10 日。

〔註323〕蔣瓊傑《試說清華六〈子產〉中的「砡」》，《出土文獻》第 11 輯，中西書局 2017 年版，第 219 頁。

〔註324〕蘇建洲《清華六〈子產〉拾遺》，《清華簡國際會議論文集》，浸會大學、澳門大學、清華大學 2017 年 10 月 26～28 日，第 31、33 頁。

薦，殊不成文。②「聿」屬下句，張伯元說是也。聿，猶言以也，介詞。「⿰⿱⿱⿱⿱」即「救」省筆字，整理者讀⿰⿱作求，是也。「婡」即「嬩」，讀為進。將，行也。

（14）乃斂（竄）辛道、敓語，虛言亡實（實）

整理者曰：「斂」字從泉聲，試讀為竄，《書·舜典》「竄三苗于三危」，孔疏：「投棄之名。」即放逐。或即西周金文之「斁」。（P142～143）

按：馬楠曰：「『斂』應遵從整理報告第二種意見。應當為侵部字，試讀為勘，訓為『犯而不校』的校。」某氏曰：「『斂』字應讀為禁。簡 25 那個『斂』亦應釋為『禁』，相關字讀為『禁禦』。」〔註325〕徐在國說同某氏。某氏曰：「敓似讀為爽，班固《幽通賦》『抗爽言以矯情兮』，項岱曰：『爽言，過差之言。』『爽語』與『爽言』相類。《御覽》卷 84 引《周書》『無擅制、無更創』，馬王堆帛書《經法·國次》、《十大經·正亂》作『擅制更爽』（參蔡偉《〈馬王堆漢墓帛書〉札記（三則）》）。又《殷高宗問於三壽》簡 20『上下毋倉』之『倉』，郭永秉讀為爽。」〔註326〕王寧曰：「『辛道』謂辛辣之言，猶惡言。又疑『辛道』讀為『訊（誶）詢』，《集韻》：『謤、訊：告也，問也。或作誶。』又曰：『誶：《說文》：「讓也。」』誶，猶罵也，責讓也。』《說文》：『詢，往來言也。』謂惡語往來相責罵。」①徐在國及某氏讀斂作禁，是也。清華簡（七）《越公其事》簡 54＋55：「及群斂御。」整理者讀為「禁御」〔註327〕。②「辛道」不辭，「辛」疑「辥」脫誤。辥，讀為蠥（孽），字亦作孼（孽）、䕏，妖孽也。王寧讀作「訊（誶）詢」，最是無理。「訊」、「誶」是形近而誤〔註328〕，《集韻》當作異體字，非是。「責罵」義是「誶」，而不是「訊」；不能既讀「辛」作「訊」，再改作「誶」。「詢」訓往來言，指往來之言，言語不節，即俗語「嘮叨」的「叨」字〔註329〕，不是往來而言的意思。P.2011 王仁昫《刊謬補缺切

〔註325〕「ee」說，《初讀》，簡帛網 2016 年 4 月 16、17 日。其說又見單育辰《清華六〈子產〉釋文商榷》，《出土文獻》第 11 輯，中西書局 2017 年版，第 217 頁。下同。

〔註326〕「ee」說，《初讀》，簡帛網 2016 年 4 月 23 日。

〔註327〕《清華大學藏戰國竹簡（柒）》，中西書局 2017 年版，第 142 頁。

〔註328〕曾良舉過大量的「誶、訊相混例」，可以參看。曾良《俗字及古籍文字通例研究》，百花洲文藝出版社 2006 年版，第 61～64 頁。

〔註329〕參見黃侃《字通》、《說文釋例箋識》，並收入《說文箋識》，中華書局 2006 年版，第 114、346 頁。

韻》：「詾，多言。」③某氏讀敆為爽，則「爽語」是過錯之語，如何禁得人說錯話？敆之言槍（俗作「搶」）也，衝突、頂撞之義。或讀敆為爭。

（15）好飲食酨（醢）釀

整理者曰：酨，讀為醢，《說文》：「酒也。」《說文通訓定聲》：「按酒厚也。」（P143）

按：石小力曰：「整理者釋作『釀』字原形作『襄』，下部從酉，但上部與『襄』差距較大，釋『釀』不確，疑上部所從乃『鼎』之變形。」某氏曰：「『酨』疑讀為旨，美也。第二字不能確識，猜是從酉從覃。《說文》：『醰，酒味長也。』《魏都賦》：『宅心醰粹。』李善注：『醰，美也。』」〔註330〕王寧曰：「『酨』字從酉枳聲，當是『醢』之異構。襄，下從酉，上面的部分當是從目襄聲，疑是訓『省視』之『相』的後起專字，故此字當分析為從酉相聲，原整理者釋『釀』可從，在此疑當讀為『醢』。」酨，讀為菹，字亦作湇、蘁，醃菜。《說文》：『菹，葅也。湇，菹或從皿。』《集韻》引《廣雅》：「蘁，葅（葅）也。」《玉篇》「菹，葅也。湇，同上。」《集韻》：「菹、湇、蘁：《說文》：『葅也。或從皿。』亦作蘁。」「湇」、「蘁」二字皆誤脫一點。「襄」字不識，如是「釀」，則指釀菜，即醃菜。字亦作釀，《廣雅》：「釀，葅（葅）也。」王念孫曰：「釀之言釀也。《內則》注『釀菜』，是也。」考《釋名》：「菹，阻也，生釀之，遂使阻於寒溫之間不得爛也。」是生釀之菜即菹菜。《齊民要術·蔓菁》有「擬作乾菜及釀葅」法。

（16）此謂由善胥（散）卷（愆）

整理者曰：由，《小爾雅》：「用也。」散，放也。愆，過也。（P143）

按：何有祖曰：「『善』下一字疑讀作『靡』。靡愆，即沒愆，無愆。由善靡愆，似指遵從善道，無過錯。《詩·假樂》『不愆不忘，率由舊章』之『由、愆』，與簡文同。」〔註331〕某氏曰：「胥讀作靡，可信。卷，似當讀為患。『靡患』可能是說消除禍患，與『由善』並列，結構也相同。」〔註332〕王寧曰：「此句當讀為『此謂由善靡捲』。《廣雅》：『由，用也。』《方言》卷

〔註330〕「此心安處是吾鄉」說，《初讀》，簡帛網2016年5月3日。
〔註331〕何有祖《讀清華六短劄（三則）》，簡帛網2016年4月19日。此文先發佈於《初讀》，簡帛網2016年4月16日。
〔註332〕「暮四郎」說，《初讀》，簡帛網2016年4月17日。

13：『靡，滅也。』即消滅、消除義。『由善』謂使用良善之人，『靡捲』謂消除兇惡之人的囂張氣勢。」陳偉武曰：「散當讀為鮮。『由善脅（鮮）卷（愆）』是說遵從善道，鮮少過失。」〔註333〕由，讀為導。《論衡・對作》：「期便道善，歸正道焉。」「道善」即「導善」〔註334〕。字亦作迪，《說文》：「迪，道也。」《繫傳》：「又為引道之道也。」「引道」即「引導」。《玉篇》：「迪，導也。」此乃聲訓。裴學海曰：「『迪』與『道』古同音通用（《君奭篇》：『我道惟寧王德延。』馬本『道』作『迪』。按『迪』、『道』古音同在幽部，今音猶為雙聲字），亦同義。」〔註335〕《書・皋陶謨》：「允迪厥德，謨明弼諧。」又《益稷》：「各迪有功。」二例《史記・夏本紀》「迪」皆作「道」，亦其例。所謂「脅」字圖版作「」，當隸作「脅」，「濟」字所從，是「散（散）」省形，即「散」字，簡文讀為剗，除也，俗作鏟字。《小爾雅》：「剗，滅也。」卷，讀為害。「关」聲字群母元部，清華簡（六）《管仲》中「管」作「笑」，是「关」聲字轉讀見母；「害」上古音為匣母月部。見母與匣母能夠直接相通，元部、月部是嚴格的陰陽對轉。

（17）子產既由善用聖，班羞（好）勿（物）昳（俊）之行

整理者曰：聖，才之善也。班，別也，即選擇分別。羞，讀為好。物，物色之。（P143）

按：蔡一峰曰：「『班羞勿昳』讀『辨修物俊』更直接。修，優異、美善義。『辨修』、『物俊』同意連言，皆言辨別物色才俊美善之行。」〔註336〕王寧曰：「『由』與『用』義同。『由善用聖』即使用善良之人和賢明之人。《左傳・襄公三十一年》言子產從政，使公孫揮『班位貴賤能否』，『班』為分而布予，指班位，謂任命職位。『羞』是進獻義，這裡是推薦的意思。『俊』即相當於《左傳》的『能』，謂優秀的賢人；『勿』相當於『否』，謂不優秀的普通人。『行』是行列義，此指某一類人。『勿俊之行』是包括『勿之行』和『俊之行』。」王寧說『『勿』相當於『否』』，「勿昳」即「能否」，其說非是，

〔註333〕陳偉武《讀清華簡第六冊小札》，《出土文獻》第11輯，中西書局2017年版，第208～209頁。
〔註334〕參見劉盼遂《論衡集解》，中華書局1990年版，第1177頁。
〔註335〕裴學海《經傳釋詞正誤》，《古書虛字集釋》附錄，中華書局1954年版，第6頁。
〔註336〕「無痕」（蔡一峰）說，《初讀》，簡帛網2016年4月18日。其說又見蔡一峰《讀清華簡第六輯零劄（五則）》，《古文字論壇》第2輯，中西書局2016年版，第259頁。

否定詞置於主詞前，古漢語無此詞法。「由」亦讀為導。班，賞賜也，字亦作頒。羞，養也。勿，讀為屼，高皃。《文選・魯靈光殿賦》：「屹山峙以紆鬱，隆崛屼乎青雲。」張載注：「《西京賦》云：『終南太一，隆屈崔崒。』崛屼乎青雲，言此物上逮青雲。」劉良注：「隆崛屼，極高貌。」蔣斧印本《唐韻殘卷》：「屼，崛屼。」〔註337〕《廣韻》：「屼，崛屼，高皃。」「隆屈（崛）」成詞，是「隆穹」、「隆窮」音轉，二韻書誤讀《文選》，誤以「崛屼」為詞。盷，讀為峻，亦高貌。行，操行，品德。勿盷之行，簡文指有崇高品行的人。

（18）乃聿（肆）參（三）邦之命（令），以為奠（鄭）命（令）、埜（野）命（令），道（導）之以孝（教）

整理者曰：肆，習也。三邦，指夏、商、周。（P143）

按：王寧曰：「『聿』當依字讀，《書・湯誥》：『聿求元聖，與之戮力。』《傳》：『聿，遂也。』《釋文》：『聿，述也。』《正義》：『聿訓述也，述前所以申遂，故聿為遂也。』《說文》：『述，循也。』此為遵循義。下簡25『聿參（三）邦之型（刑）』之『聿』同。」王寧說「聿」為遵循義，是也，但引證則誤。《玉篇》：「聿，循也。」「聿」是「筆」本字，訓循是「述」借字。《書》「聿求」之「聿」是虛詞，字或作「曰」、「欥」、「遹」〔註338〕，不是遵循義。

（19）乃怵（迹）天堅（地）、逆川（順）、弜（強）柔，以咸敓（全）御

整理者曰：迹，《漢書・平當傳》顏注：「謂求其蹤迹也。」強，與「剛」同義。咸，同也。敓，試讀為全。御，治也。或疑「敓御」為一詞。（P143）

按：某氏曰：「『怵』不能讀迹，『迹』本來從『責』。」〔註339〕某氏曰：「『怵』或者讀為『擧』，『咸』似當讀為『一』。」〔註340〕程燕曰：「怵，此字當分析為從心，亦聲，疑讀為『繹』。繹，尋繹，理出事物的頭緒，可引申為解析。」〔註341〕王寧曰：「『怵』當是『懌』之或體，讀『繹』當是，《爾雅》：『繹，陳也。』《廣雅》：『繹，窮也。』布陳研究之意。」①「敓御」讀

〔註337〕刊本《唐韻》殘損作「崛▨」，「▨」必是「屼」殘損。

〔註338〕參見王引之《經傳釋詞》，嶽麓書社1984年版，第30～32頁。

〔註339〕「bulang」說，《初讀》，簡帛網2016年4月17日。

〔註340〕「薛後生」說，《初讀》，簡帛網2016年4月29日。

〔註341〕程燕《清華六考釋三則》，簡帛網2016年4月19日。

作「禁御」，已詳上文引某氏說。②整理者讀怵為迹不誤，但當訓遵循、效法。「迹」字從辵亦聲，「蹟」是其異體字，籀文作「速」（見《說文》），或謂「迹」是「速」形誤，其中「亦」是「束」形誤，「速」、「蹟」並從束得聲，然此誤甚早，或當在二漢以前。《北齊書‧廢帝紀》：「（廢帝）時年六歲，性敏慧，初學反語，於『跡』字下注云『自反』，時侍者未達其故，太子曰：『跡字，足傍亦為跡，豈非自反耶？』」「足亦」自反為「跡」，則「亦」是聲符。「足責」自反亦為「蹟」，「責（束）」亦是聲符〔註342〕。③「弝」即「強」，與「剛」、「堅」一聲之轉，不惟同義也。故「弝」可讀為「剛」，亦可讀為「堅」，「堅柔」、「剛柔」都是先秦成語。④咸，讀為廞，字亦作淫，音轉亦作興，猶言布陳、興作。《說文》：「廞，陳輿服於庭也。」《小爾雅》：「廞，陳也。」段玉裁曰：「《周禮》故書『廞』為『淫』，鄭司農云：『淫讀為廞。廞，陳也。』許說同先鄭。《釋詁》曰：『廞，興也。』後鄭注《周禮》云：『廞，興也，興作之。』說同《爾雅》。按：易『淫』為『廞』，古音同在七部也。釋『廞』為『興』，古六部七部合音也。」〔註343〕

（20）肂（肆）叁（三）邦之型（刑），以為奠（鄭）型（刑）、埜（野）型（刑），行以尊（尊）命（令）裕義（儀），以昊（釋）亡㸚（教）不姑（辜）

整理者曰：裕，寬緩也。儀，法也。法律寬緩，故下云「釋亡教不辜」。（P143）

按：某氏曰：「『無教不辜』當標點為『無教、不辜』，是兩種情況的人。」〔註344〕某氏讀「尊命裕義」作「訓命容儀」，云：「『尊』當讀為訓。『訓命』即訓告、命令，這裏是名詞。」〔註345〕黃人二等曰：「『義』如字讀即可。義，古多訓宜，於理稱『合宜』，於事則謂『能斷』。因此，『義』可以代指『刑罰』。命，讀為令，可從。『令』謂政令。『尊』似可讀為劕，減省之義；此字亦傳統文獻中常見的『撙』字。『劕令裕義』正謂政令減省，刑禁寬裕。

〔註342〕「跡」是自反字，參看顧炎武《音論》卷下《南北朝反語》，收入《音學五書》，中華書局1982年版，第53頁。又參看俞正燮《癸巳類稿》卷7《反切證義》，收入《叢書集成續編》第18冊，新文豐出版公司1988年印行，第470頁。
〔註343〕段玉裁《說文解字注》，上海古籍出版社1981年版，第446頁。
〔註344〕「難言」說，《初讀》，簡帛網2016年4月19日。
〔註345〕「暮四郎」說，《初讀》，簡帛網2016年5月3、4日。

『無教』、『不辜』謂『無教民』、『不辜民』。『無教民』謂不被先王德教之民。『不辜民』謂無罪之人。」〔註346〕王寧曰：「『愻』當分析為從心尊聲，當即『悛』之或體，恐怕仍當讀『駿』或『峻』為是。『裕』訓寬、緩，與『峻』義相反。『峻命』即嚴厲的法令，『裕義』即寬緩的禮法。」范雲飛曰：「『愻命裕義』讀為『尊令裕義』。『令』就是對應上述的『鄭令』、『野令』之『令』。『刑』的目的就是尊『令』，進而達到裕『義』的目的。」〔註347〕愻命裕義，讀作「尊令諭義」，諭，亦作喻，告曉，使之明白、理解。清華簡（六）《子儀》簡16+17「不穀（穀）欲裕我亡反副（復）」，亦其例，謂告諭之我無反復也。《管子・心術上》：「故禮者謂有理也，理也者，明分以諭義之意也。」簡文是說行鄭刑、野刑，以使下民尊重法令，曉諭道義。

（21）為民型（刑）程，上下隓（維）昜（輯）

整理者曰：刑程，猶云法度。維，猶連結也。輯，和也。（P143）

按：石小力曰：「『隓』字當從心，雝聲，『雝』即『鵰』字異體。鵰從昌聲，昌，古音影母元部，疑可讀為同音之『晏』，《詩經・衛風》『言笑晏晏』，《傳》：『和柔也。』與輯意近。」〔註348〕徐在國曰：「**[字]**，此字當分析為從心，鵰聲，在簡文中當讀為『和』。『蜎』、『環』二字古通，『遠』、『桓』二字古通，『桓』、『和』二字古通，因此，『隓』可讀為『和』。」〔註349〕某氏曰：「隓昜，似不若讀為『安輯』直接。」〔註350〕王寧曰：「『雝』疑是『悁』字的繁構，此讀為『和』。『悁昜』即『和輯』，和樂義。又作『和集』。」「型」讀如字，楷模、法式。「刑」訓法，轉是借字，整理者以今律古，顛倒本字與借字。程，程式。徐在國、石小力對「**[字]**」的字形分析可取，但徐氏讀雝為和，其音轉甚迂曲。石小力及某氏讀雝為晏、安，皆合音理。余謂雝亦可讀為厭，字亦省作懕、猒、厭，影母雙聲，韻部則元、談相轉〔註351〕。信

〔註346〕黃人二等《讀〈清華大學藏戰國竹簡（陸）・子產〉書後（一）》，簡帛網2016年4月25日。

〔註347〕范雲飛《〈清華陸・子產〉「尊令裕義」解》，簡帛網2016年10月18日。

〔註348〕《清華六整理報告補正》；石小力說又見《清華簡第六冊字詞補釋》，《華學》第17輯，2017年版，第189頁。

〔註349〕徐在國《談清華六〈子產〉中的三個字》，簡帛網2016年4月19日。又刊於《中國文字學報》第10輯，商務印書館2020年版，第65～66頁。

〔註350〕「薛後生」說，《初讀》，簡帛網2016年4月16日。

〔註351〕元部談部相轉雖非常例，但可能是方音之變。《周禮・士師》鄭玄注：「辯當

陽簡 2-13「二紡絹」，又 2-15「一紡冒與絹」，「絹」即包山簡 259 之「繝」字〔註352〕，此其音通之例。《說文》：「厴，安也。《詩》曰『厴厴夜飲』。」今《詩・湛露》作「厭厭」。《方言》卷 6：「猒，安也。」《玉篇殘卷》：「猒，安靜之猒音於監反，為『慇』字，在《心部》。」

（22）可用而不勛（遇）大國，大國古（故）肯复（作）其慇（謀）

整理者曰：作，猶用也。(P143)

按：趙平安改讀「古」作「固」，云：「『勛』通『寓』，表示居住；或通『虞』，表示欺騙。簡文是說，國家用度足夠又不居於大國之間（或國家用度足夠卻不欺騙大國），大國固能成其謀略。」石小力曰：「『勛』字疑當讀為耦，匹、配。用為動詞，『耦大國』即匹敵大國，與大國爭強之意。」〔註353〕某氏曰：「『古』似乎讀為『胡』。肯者，得也，能也。言小國自給，大國便無可插手之釁。」〔註354〕某氏曰：「『勛』似讀愚，欺騙、蒙蔽義。」〔註355〕王寧曰：「『勛』疑即耦耕之『耦』的或體。整理者讀『遇』當不誤，『遇』有敵對、為敵之義。『作』當讀為『措』，置也。大國故肯措其謀，謂大國因此願意放棄對鄭國的圖謀。」石小力說是，「遇」本義是遭逢、遇見，訓敵對亦「耦」借字。字亦作偶，《文子・微明》：「秉要以偶眾。」《淮南子・主術篇》「偶」作「應」，應對之義。不勛大國，謂不去招惹大國，不跟大國作對頭。古肯，某氏讀作「胡肯」，是也，猶言怎麼會。复（作），猶言興也。

為貶，聲之誤也。」「貶」談部，「辯」元部。《莊子・秋水》《釋文》：「邯音寒。」「邯」談部，「寒」元部。

〔註352〕參看劉信芳《楚簡帛通假彙釋》，高等教育出版社 2011 年版，第 52、335 頁。

〔註353〕《清華六整理報告補正》；石小力說又見《清華簡第六冊字詞補釋》，《華學》第 17 輯，2017 年版，第 189 頁。

〔註354〕「心包」說，《初讀》，簡帛網 2016 年 4 月 16 日。

〔註355〕「無痕」說，《初讀》，簡帛網 2016 年 4 月 17 日。

清華簡（七）校補

　　《清華大學藏戰國竹簡》第七輯共收錄竹簡四篇，分別是《子犯子餘》、《晉文公入於晉》、《趙簡子》、《越公其事》〔註1〕，下面作校補。

一、《子犯子餘》校補

（1）吾宝（主）之弎（二）晶（三）臣，不閈（干）良誹（規），不誚（敝）又（有）善，必出又（有）□

　　整理者曰：閈，讀為干，犯也。誹，疑讀為規，法也，即法度。誚，讀為敝，棄也。或讀為蔽，掩也。缺一字，疑可補為「惡」。出，除去。或讀為絀，退也。「必出有惡」與上文「不誚有善」正反相對，意為不棄善，必去惡。（P95）

　　按：石小力曰：「閈當讀為扞，與『蔽』同義，皆當訓為屏藩，即保護之意。」〔註2〕某氏曰：「扞、蔽似不是保護這樣的積極意義，而是扞禦或扞蔽、阻蔽等掩阻賢良的行為。」〔註3〕某氏曰：「『閈』恐即『嫻』字。」〔註4〕某氏曰：「『閈』從石小力讀『扞』，可改訓為抵制、抵觸，『不扞良規』即不抵制有益的規諫。」〔註5〕某氏曰：「閈讀闌，訓遮。蔽訓掩，二字同義。它們

〔註1〕《清華大學藏戰國竹簡》（七），中西書局 2017 年版。
〔註2〕清華大學出土文獻讀書會《清華七整理報告補正》（石小力整理），清華大學出土文獻網站 2017 年 4 月 23 日。下文引石小力、馬楠、楊蒙生、王挺斌、魏棟、鄭邦宏說皆出此文。
〔註3〕「難言」說，《清華簡七〈子犯子餘〉初讀》，簡帛網 2017 年 4 月 23 日。本篇下文省稱作《初讀》。
〔註4〕「暮四郎」說，《初讀》，簡帛網 2017 年 4 月 23 日。
〔註5〕「無痕」說，《初讀》，簡帛網 2017 年 4 月 24 日。

都與『出』意思相反。」〔註6〕趙嘉仁曰：「詿讀為規是，但訓為『法度』則非。『規』在這裡是『規諫』的意思。『閑』應讀為扦或迂，乃阻止、遮蔽的意思。『誧』或讀為『蔽』是，但所引典籍不貼切。『不蔽有善』意為不遮蔽有才能的人。」〔註7〕張崇禮曰：「閑，我曾釋為掩門之掩，見《釋金文中的「閑」字》。『掩』與『蔽』對言。掩，隱也、蔽也。」〔註8〕「吾主之」下疑奪「於」字，「不閑良詿，不誧有善」云云是吾主（重耳）對於二三臣的態度，言其能納諫從善。趙嘉仁及某氏說「詿」訓規諫，「閑」是抵制義，皆得之。但閑當讀為𢺵，俗作扞、捍、攼。《說文》：「𢺵，止也。《周書》曰：『𢺵我於艱。』」《繫傳》：「今《尚書》借『扞』字。」今《書》見《文侯之命篇》。

（2）□□於難，瞿（諤）䡅（留）於志

整理者曰：「瞿，疑為『䧹』字省，即『鷹』字，讀為諤。《文選・諷諫》「諤諤黃髮」，李善注：『諤諤，正直貌。』䡅，讀為留。《管子・正世》「不慕古，不留今」，尹知章注：「留，謂守常不變。」（P95）

按：某氏曰：「所謂的『諤』字當釋『蓳』，讀為勸。『䡅』當讀為懋。《說文》：『勸，勉也。懋，勉也。』二字為同義複詞，簡文謂勤勉於志向。又或，勸，猶力也。簡文謂勉力於志向，亦可通。」〔註9〕王寧曰：「『瞿』釋『䧹』是，但疑當讀為『咢』或『愕』，訓驚，引申為『錯愕』，《後漢書・寒朗傳》：『而二人錯愕不能對。』李注：『錯愕，猶倉卒也。』即倉促、倉猝，就是因為驚恐而忙亂的意思。『䡅』當即『䡺』字，此應讀為籀，《說文》：『籀，讀書也。』又曰：『讀，籀書也。』（此據段本）。就是讀書，這裡是讀的意思。『志』即上博簡（八）《志書乃言》的『志書』。」〔註10〕子居曰：「『鷹䡅』似當讀為『鷹虋』，『鷹虋』為正輪之器，因此自然很適合用以形容重耳正其

〔註6〕「lht」說，《初讀》，簡帛網 2017 年 4 月 27 日。

〔註7〕趙嘉仁《讀清華簡（七）散札（草稿）》，復旦古文字網 2017 年 4 月 24 日。下引趙嘉仁說皆出此文。

〔註8〕《初讀》，簡帛網 2017 年 4 月 27 日。

〔註9〕「汗天山」說，《初讀》，簡帛網 2017 年 4 月 30 日。其說又見侯乃峰《讀清華簡（七）零札》，《中國文字學會第九屆學術年會會議論文集》，貴州師範大學 2017 年 8 月 19～21 日，第 213～214 頁。又同題發表於《中國文字學報》第 9 輯，商務印書館 2018 年版，第 90～91 頁。

〔註10〕王寧《釋清華簡七〈子犯子餘〉中的「愕籀」》，復旦古文字網 2017 年 5 月 4 日。

志。」〔註11〕謝明文曰：「讀轞為留，似可從。『瞿』或可讀作訓勤、訓勞的
『劬』……『瞿』可徑讀作『瞿』。」〔註12〕石小力曰：「『轞』字在簡文中用
為本字『軌』，遵循，依照。軌於志，即遵從自己的心志，也就是雖然遇到禍
難，但仍秉志不亂。雖不識『瞿』為何字，但讀音當與『懼』相近，應該可
以確定下來，該字在簡文中的意思應該與『軌』相近，循此音義，疑『瞿』
可讀為『矩』，法也。」〔註13〕羅濤曰：「『瞿』字的上半部分可以理解為『單』
省聲……讀為癉，意為勞苦。『轞』字從留得聲，讀為勞。」〔註14〕「瞿轞於
志」應上文「□□於難」而言，「志」當指意向、心意，不指志書。轞讀為留，
是也，但當訓留止。瞿，讀為遽。《說文》：「遽，相遇驚也。」字亦作遽、悷、
愕，指驚心，引申為戒懼、恭敬；字亦作顎、顒，則恭敬見於面也。《廣韻》：
「顎，嚴敬曰顎。」《集韻》：「顎，恭嚴也，或作顒。」此言重耳遭受困難，
故驚愕戒慎於心也。金宇祥讀為恪，訓恭敬、恭謹〔註15〕，亦是同源字。

（3）幸得又（有）利不忻蜀（獨），欲皆僉之。事又（有）訛（過）焉，不忻以人，必身廛（擅）之

整理者曰：忻，《玉篇》：「喜也。」（P95）

按：某氏曰：「忻當讀為斤，訓為察。」〔註16〕某氏曰：「忻讀為祈，求
也。」〔註17〕馮勝君曰：「忻當讀為憖。忻，曉紐文部；憖，疑紐文部。二
字疊韻，聲紐亦非常相近。不少從斤得聲的字即屬疑紐，如『狋』、『圻』、
『齗』等。憖從㹞聲，《說文》：『㹞，讀又若銀。』《淮南子·兵略》：『進退
詘伸，不見朕憖。』『朕憖』同書《覽冥篇》作『朕垠』。據《玉篇》、《集韻》
等字書，『憖』即『垠』字異體。而《說文》：『圻，垠或從斤。』從『憖』、

〔註11〕子居《清華簡柒〈子犯子餘〉韻讀》，中國先秦史網站 2017 年 10 月 28 日。
〔註12〕謝明文《清華簡說字零札（二則）》，《清華簡國際會議論文集》，浸會大學、澳門大學、清華大學 2017 年 10 月 26～28 日，第 95～96 頁。又刊於《出土文獻》第 13 輯，中西書局 2018 年版，第 119～123 頁。
〔註13〕石小力《釋戰國楚文字中的「軌」》，《首屆漢語字詞關係學術研討會論文集》，浙江大學 2019 年 10 月 26～27 日，第 83～84 頁。
〔註14〕羅濤《〈清華大學藏戰國竹簡（七）〉釋讀拾遺》，《漢字漢語研究》2019 年第 4 期，第 80 頁。
〔註15〕金宇祥《〈清華柒·子犯子餘〉新研》，《第三十屆中國文字學國際學術研討會論文集》，臺灣成功大學 2019 年 5 月 24～25 日，第 339 頁。
〔註16〕「厚予」說，《初讀》，簡帛網 2017 年 4 月 24 日。
〔註17〕「汗天山」說，《初讀》，簡帛網 2017 年 5 月 5 日。

『垠』、『圻』互為異體這一點來看，不僅『忻』讀為『懃』毫無問題，甚至很可能『忻』就曾經作過『懃』的異體字。不忻（懃），即不肯、不願的意思。」〔註18〕鄭邦宏從馮說〔註19〕，是也。《淮南子·俶真篇》：「通於無懃。」又「通於無圻。」高誘注：「圻，垠字也。」又《原道篇》：「下出于無垠之門。」是「懃」即「圻（垠）」字。《說文》：「猌，犬張齗怒也。」「猌」、「齗」同聲為訓。《說文》：「听，笑皃。」《廣雅》：「听，笑也。」《集韻》、《類篇》引《博雅》「听」作「齗」，《集韻》又引《廣雅》「听」作「齗」。《玉篇》：「齗，笑也。」《集韻》：「齗，笑露齒。」《史記·司馬相如傳》《上林賦》：「無是公听然而笑。」《索隱》：「听音齗，又音牛隱反。」《文選·廣絕交論》：「主人听然而笑曰。」〔註20〕《韓詩外傳》卷9：「戴晉生欣然而笑，仰而永嘆曰。」《史記·孔子世家》：「孔子欣然而笑曰。」《孔叢子·記問》：「夫子忻然笑曰。」《類聚》卷19引《竹林七賢論》：「籍因對之長嘯，有間，彼乃齗然笑曰：『可更作。』」〔註21〕《後漢書·張衡傳》《思玄賦》：「戴勝懃其既歡兮，又誚余之行遲。」李賢注引張揖《字詁》：「懃，笑貌也。」《文選·思玄賦》舊注：「懃，笑貌。」「听」、「齗」、「欣」、「忻」、「齗」、「懃」諸字當亦是異體字〔註22〕。然考《說文》：「懃，一曰說也，一曰甘也。」「說」即「悅」，亦喜也，與願肯、甘願義相因。整理者說亦不誤。

（4）吾主弱寺（時）而慍（強）志，不□□□顧監於訛（禍），而走去之

整理者曰：寺，讀為時。《國語·越語下》：「時將有反。」韋昭注：「時，天時。」（P96）

按：趙嘉仁讀訛為過。王挺斌曰：「時，指的就是光陰、歲月。『弱時』指的是年少，同古書中的『弱辰』、『弱歲』、『弱年』、『弱齒』、『弱齡』。弱時而強志，指的是年少而記憶力好。」王寧曰：「寺，當讀持，本義是握持，這

〔註18〕馮勝君《清華簡〈子犯子餘〉篇「不忻」解》，簡帛網2017年5月5日。
〔註19〕鄭邦宏《讀清華簡（柒）札記》，《出土文獻》第11輯，中西書局2017年版，第249頁。
〔註20〕朝鮮正德四年五臣集注本「听」誤作「聽」。
〔註21〕《御覽》卷392引「齗然」形誤作「斷然」，《世說新語·棲逸》無「齗然」二字。
〔註22〕王念孫《廣雅疏證》已經指出「听」亦作「欣」、「齗」，收入徐復主編《廣雅詁林》，江蘇古籍出版社1992年版，第101頁。

裡指體力方面的事情，猶今言體力活，今言『肩不能扛，手不能提』，亦指體力弱。」〔註23〕翁倩曰：「寺疑可讀為恃，意為依靠。『吾主弱寺而強志』這句話就可理解為，我主上沒有強大的依靠但有堅強的意志。」〔註24〕趙說是，王、翁說非也。寺，讀為植，立也。弱寺，即「弱植」。《左傳·襄公三十年》：「其君弱植，公子侈，大子卑，大夫敖，政多門。」孔疏：「《周禮》謂草木為植物，植為樹立，君志弱，不樹立也。」俞樾曰：「植當為『脂膏腫敗』之腫，字本作殖，亦或作埴。」〔註25〕孔說是，俞說非也。《文選·和謝監靈運》：「弱植慕端操。」李善注引王逸《楚辭》注曰：「植，志也。」劉良注：「植，立。」二義本相因，植訓志者，「植」字動詞名用，所立者亦曰植，因有「志」義，故《廣韻》云「植，立志也」；「操」本訓把持，動詞名用，所持者亦曰操，因有「節志」、「節操」之義，是其比也。弱植言其本質柔弱（即上文所言「好定而敬信，不秉禍利，身不忍人」），強志言其意志固執〔註26〕，二者有內外之別。「弱植」之反面，則為「固植」。《管子·法法》：「上無固植，下有疑心。」尹知章注：「植，志。」《楚辭·招魂》：「弱顏固植。」王逸注：「固，堅。植，志也。」〔註27〕洪氏《補注》：「植，一作立。」一本作「立」者，以同義字易之也。固植，言堅固所立之志，「之志」二字乃以意補足者也。朱駿聲、朱起鳳、姜亮夫謂植假借為志、識〔註28〕，皆非也。《淮南子·兵略篇》：「錞鋌牢重，固植而難恐，勢利不能誘，死生不能動。」《賈子·容經》：「軍旅之視，固植虎張。」章太炎引《管子》、《楚辭》訓植為志〔註29〕。倒

〔註23〕王寧《釋清華簡七〈子犯子餘〉中的「愕籀」》，復旦古文字網 2017 年 5 月 4 日。

〔註24〕翁倩《清華簡（柒）〈子犯子餘〉篇札記一則》，簡帛網 2017 年 5 月 20 日。

〔註25〕俞樾《群經平議》，收入王先謙《清經解續編》第 13 冊，鳳凰出版社 2005 年版，第 6957 頁。其說又見俞氏《古書疑義舉例》卷 7，中華書局 1956 年版，第 135 頁。

〔註26〕「悅園」認為「惡」應釋作「愆」，見包山簡 85、278 及蔡侯申鐘等。愆志，即違背志願。《初讀》，簡帛網 2017 年 4 月 28 日。圖版字形作「圖」，整理者釋文不誤。《國語·晉語七》：「其壯也，彊志而用命。」「志」同「誌」、「識」，此「彊志」指記憶力彊，與簡文不同。

〔註27〕《晉書音義》卷中引王逸注作「植，立志也」。

〔註28〕朱駿聲《說文通訓定聲》，武漢市古籍書店 1983 年版，第 218 頁。朱起鳳《辭通》卷 16，上海古籍出版社 1982 年版，第 1652 頁。姜亮夫《楚辭通故（四）》，收入《姜亮夫全集》卷 4，雲南人民出版社 2002 年版，第 468 頁。

〔註29〕章太炎說轉引自方向東《賈誼集匯校集解》，河海大學出版社 2000 年版，第 258 頁。

言則作「植固」，《管子・版法》：「植固不動，倚邪乃恐。」尹知章注：「言執法者必當深植而固守。」又《任法》：「植固而不動，奇邪乃恐。」〔註30〕尹知章注：「所立堅則不可動。」《文選・薦譙元彥表》：「竊聞巴西譙秀，植操貞固。」呂延濟注：「植，立。操，志也。」「植操」同義連用，皆動詞名用也。「植固」即「植操貞固」也。倒言又作「埴固」，《淮南子・泰族篇》：「重者可令埴固，而不可令凌敵。」《文子・自然》「埴固」作「固守」。《墨子・尚賢中》：「此言聖人之德章明，博大埴固以脩久也。」畢沅曰：「埴訓黏土，堅牢之意。」朱起鳳從其說〔註31〕。埴，讀為植，立也。植固，立其牢固之心，猶言持固、守固，故《文子》易作「固守」也。畢說非是。弱時而強志，指其性格懦弱，但又很犟。

（5）凡民秉瓦（度）諯（端）正譖（僭）訧（忒），才（在）上之人

整理者曰：瓦，即「宅」字，讀為度，法制也。諯，讀為端，直也。譖，讀為僭，差也。訧，讀為忒，差忒也。僭忒，也作「僭差」，意為僭越禮法制度，即失度。《書・洪範》：「民用僭忒。」孔傳：「在位不敦平，則下民僭差。」（P96）

按：瓦，圖版作「𠂤」，即「庀」字。《廣雅》：「僭、忒，差也。」「忒」本義訓變更，訓差乃讀為忒。《說文》：「忒，失常也。」然此文訧當讀為慝，姦惡也。譖，讀為讒，虛偽不信也，字亦作僭。《韓詩外傳》卷2：「聞君子不譖人，君子亦譖人乎？」《荀子・哀公》、《新序・雜事五》「譖」作「讒」。《詩・巷伯》「取彼譖人」，《禮記・緇衣》鄭玄注、《後漢書・馬援傳》、《漢紀》卷23引並作「讒人」。《史記・陳丞相世家》「無畏呂嬃之讒也」，《漢書・王陵傳》「讒」作「譖」。P.3694《箋注本切韻》：「譖，譖讒。」P.2011王仁昫《刊謬補缺切韻》、蔣斧印本《唐韻殘卷》、《玉篇》並曰：「譖，讒也。」《說文》、蔣斧印本《唐韻殘卷》並曰：「讒，譖也。」譖、讒一音之轉耳。《書・洪範》「民用僭忒」，《釋文》：「忒，他得反，馬云：『惡也。』」《漢書・王嘉傳》引作「僭慝」，顏師古注：「僭，不信也。慝，惡也。」也作「譖慝」、「讒慝」，《爾雅》：「謔謔、謞謞，崇讒慝也。」郭璞注：「樂禍助虐，增譖惡也。」

〔註30〕《管子・版法解》同。
〔註31〕畢沅《墨子校注》，收入《叢書集成新編》第20冊，新文豐出版公司1985年版，第371頁。朱起鳳《辭通》卷17，上海古籍出版社1982年版，第1765頁。

《墨子·修身》：「譖慝之言，無入之耳。批扞之聲，無出之口。」王念孫曰：「『譖慝』即『讒慝』，《左傳》『閒執讒慝之口』是也（《僖二十八年》）。『讒』與『譖』古字通。」〔註32〕也作「讒忒」，《魏書》卷80：「姦佞為心，讒忒自口。」「譖忒」猶言詐偽，與「端正」對文。

（6）卑（譬）若從騩（雉）肰（然），吾尚（當）觀其風

整理者曰：從，追逐。騩，讀為雉。風，指雉飛的風向。（P97）

按：某氏曰：「簡文中的『風』，當譬喻前文所說的『昔之舊聖折（哲）人』之教化、風氣、作風、風度。」〔註33〕王寧曰：「『風』疑是《書·費誓》『馬牛其風』的『風』，亦即《左傳·僖公四年》『唯是風馬牛不相及也』之『風』，古訓為『佚』、為『放』，就是逃走的意思。」〔註34〕「騩」當是「鵜」增旁字，文獻多作「鵜」，古音夷、弟一聲之轉。《說文》：「鵜，鵜胡，汙澤也。鵜，鵜或從弟。」《集韻》引「鵜胡」作「鵜鶘」。《爾雅》：「鵜，鴮鸅。」郭璞注：「今之鵜鶘也，好群飛，沈水食魚，故名洿澤，俗呼之為淘河。」《玉篇》：「鵜，鴮鸅，好食魚，又名陶（淘）河鳥。」P.2011王仁昫《刊謬補缺切韻》：「鵜，鵜鶘，鳥名。」「鵜鶘」也可單稱，《楚辭·九思·憫上》：「鵠竄兮枳棘，鵜集兮帷幄。」洪氏《補注》：「鵜，一作鵜。」《詩·曹風·候人》：「維鵜在梁，不濡其翼。」《詩》序：「《候人》，刺近小人也，共公遠君子而好近小人焉。」鄭玄箋：「鵜在梁，當濡其翼而不濡者，非其常也，以喻小人在朝，亦非其常。」秦公二語疑用《詩》典，「風」同「諷」，「觀其風」言觀《候人》之諷鵜鳥，秦公自言當近君子也。

（7）昔者成湯以神事山川，以惪（德）和民，四方夷莫句（後），與人面見湯，若霂（濡）雨方奔之而鹿雁（膺）焉

整理者曰：湯征伐夷的情形，《書》原有載，已佚。《孟子·梁惠王下》：「《書》曰：『湯一征，自葛始。』天下信之，東面而征，西夷怨；南面而征，北狄怨。曰：『奚為後我？』」《滕文公下》：「湯始征，自葛載。十一征而無敵於天下，東面而征，西夷怨；南面而征，北狄怨。曰：『奚為後我？』」與，

〔註32〕王念孫《墨子雜志》，收入《讀書雜志》卷9，中國書店1985年版，本卷第30頁。
〔註33〕「汗天山」說，《初讀》，簡帛網2017年4月30日。侯乃峰《讀清華簡（七）零札》，《中國文字學報》第9輯，商務印書館2018年版，第92頁。
〔註34〕《初讀》，簡帛網2017年5月3日。

訓為使。𩂣，從雨，鼻聲，疑讀為濡，潤也。雁，讀為膺。《楚辭·天問》：「萍號起雨，何以興之？撰體協脅，鹿何膺之？」王逸注：「膺，受也。」以鹿喻風神，呼應雨神萍號。疑簡文也是以鹿喻風呼應上文的雨。（P97）

　　按：馬楠曰：「『與人』當上屬為句。𩂣從鼻得聲，可讀為溥，訓為大。雁讀為鷹。『方』用作副詞，表示正在。『而』字或為衍文。與下文『見受若大岸將具崩方走去之』正相對應。」某氏曰：「從雨從鼻那字是『雹』字，簡文可能不通假為別字。」〔註35〕某氏讀作「四方夷莫後與，人面見湯」，云：「『與』應是親近的意思。『𩂣雨』讀為暴雨。『鹿』字釋可疑，寫法也有訛誤，可能是『麃』或從『麃』的字。此字可隸定為『〔麃+比〕』。」〔註36〕某氏曰：「『與』讀為舉，全。」〔註37〕金宇祥曰：「『𩂣讀為霧。」〔註38〕潘燈曰：「『𩂣或是『霍』的繁構，直接讀霍，訓為疾速貌。」〔註39〕潘燈又曰：「『雁』直接讀鷹。」〔註40〕王寧曰：「馬楠已經指出『「與人」當上屬為句』，應該是對的。「句」應當讀為君后之『后』。『莫后與人』是不肯把君主之位交給別人，就是不肯讓別人當自己的君主的意思，他們都想讓湯來作君主，所以下文說『面見湯』。『湯』後不當斷句，而應讀作『面見湯若𩂣』為句，『方奔之而鹿雁焉』為句，與簡13的『方走去之』句式略同，『方』當訓『并』，『方奔』、『方走』即『并奔』、『并走』，也可以理解為『皆奔』、『皆走』。這個從雨鼻聲的字釋『雹』應該是正確的……應該讀為『風』。簡文言『面見湯若風雨』，謂象風雨一樣急速地去面見湯。所謂『鹿』這個字應該是從鹿苟（敬）省聲，可能就是『慶』字的異構。簡文中『慶雁』當讀為『響應』。」〔註41〕林少平曰：「當作如下斷讀：『四方夷莫，句與人面，見湯若𩂣（濡）雨，方奔之，而鹿雁（膺）焉。』《呂氏春秋·異用》：『湯出，見野張網四面，祝曰：「從天墮者，從地出者，從四方來者，皆入吾網。」湯曰：「嘻！盡之矣。非桀其孰為此也？」湯收其三面，置其一面……漢南之國聞之曰：「湯之德及禽獸

〔註35〕「難言」說，《初讀》，簡帛網 2017 年 4 月 23 日。

〔註36〕「ee」說，《初讀》，簡帛網 2017 年 4 月 23 日。其說又見單育辰《〈清華大學藏戰國竹簡（柒）〉釋文訂補》，《清華簡國際會議論文集》，浸會大學、澳門大學、清華大學 2017 年 10 月 26～28 日，第 170～171 頁。

〔註37〕「lht」說，《初讀》，簡帛網 2017 年 4 月 27 日。

〔註38〕《初讀》，簡帛網 2017 年 4 月 27 日。

〔註39〕《初讀》，簡帛網 2017 年 5 月 3 日。

〔註40〕《初讀》，簡帛網 2017 年 5 月 4 日。

〔註41〕王寧《清華簡七〈子犯子餘〉文字釋讀二則》，簡帛網 2017 年 5 月 3 日。

矣！」四十國歸之。』《史記・殷本紀》略同。四方，與『四面』同義。夷，
讀作屍，陳也。莫，讀作幕，幬帳也，可指網一類之物。可知『陳幕』與『張
網』同義。故簡文『四方夷莫』與『四面張網』同義。句，當讀作本字，義
為止。盡，止也。與，讀作以。人面，讀作『仁面』。『四方夷莫，句與人面』
實際上就是指文獻所記載的成湯『網開三面』典故。」〔註42〕某氏曰：「斷句
應為『四方夷莫後與人面見湯，若霻雨方奔之而鹿脣，焉用果念政九州而命
君之』。其中『霻』字結構清晰，但不能確定它到底是哪個字，寫的是哪個詞，
其中的原因之一是對『方奔』與『鹿脣』這兩個詞沒有搞清楚。我們認為『方
奔』是一個雙聲連綿詞，應讀為『滂浡／滂浡』，指氣勢勃發盛大。『方奔』
也可能讀為『滂霈』，只不過『奔』與『霈』韻部不是太近，待考……『之』
應是助詞而無實意。至於『鹿脣』當是何詞，現在不能遽定，其意當如『難
擋』。『焉用』指哪裡用得着。」〔註43〕陶金從林少平讀，而說不同，云：「人
面，長着人臉而為人類之意。尼莫，當讀為『夷貊』。句，當讀為苟。『句與』
讀作『苟與』，有兩種解讀方案：其一，『苟與人面』和『矧惟人面』視作同
義語互參，『矧惟』或『苟與』的意思相當於『只要為』、『只要是』。『夷貊』
應該視為地域概念，表示遠方，並不表示種族。可解讀為：四方夷貊（之地），
只要是長着人面的（都會去見湯）。其二，將『人面』與『夷貊』概念完全對
立。『苟』訓為『且』。此句可解讀為：四方夷貊隨同有面目之人（一起去見
成湯）。」〔註44〕整理者句讀不誤，讀句為後，引《孟子》以證，亦不誤。惟
謂「《書》已佚」則失考，《書・仲虺之誥》：「初征自葛，東征西夷怨，南征
北狄怨。曰：『奚獨後予？』攸徂之民，室家相慶，曰：『徯予後，後來其蘇。』」
「方奔之」與下文「方走去之」相對應，「而」非衍文。與，介詞，猶以也，
用也。「人面」指人形面具，此四夷風俗。言四夷之人莫肯後于人，戴著人形
面具去朝見湯。某氏說「霻雨」讀為暴雨，是也，專字作「瀑雨」，指急疾之
雨、大雨。《孟子・梁惠王下》：「民望之，若大旱之望雲霓也。」又《滕文公
下》：「民之望之，若大旱之望雨也。」司馬相如《諭難蜀父老書》「蓋聞中國
有至仁焉，舉踵思慕，若枯旱之望雨」，亦用此典。簡文言民之望湯如大旱之

〔註42〕林少平《清華簡所見成湯「網開三面」典故》，復旦古文字網 2017 年 5 月 3
日。
〔註43〕「水墨翰林」說，《初讀》，簡帛網 2017 年 5 月 4 日。
〔註44〕陶金《清華簡七〈子犯子餘〉「人面」試解》，簡帛網 2017 年 5 月 26 日。

望大雨也，狀其急迫、渴望之心，而不是狀其急速奔走。方，猶將也。「鹿」字是。「雁」是「鷹」古文（見《玉篇》），《說文》作「雁」，云：「雁，鳥也，從隹，瘖省聲，或從人，人亦聲。雁，籀文從鳥。」俗字譌變從广作雁、瘖。雁，讀為應。《詩·鹿鳴》：「呦呦鹿鳴，食野之苹。」毛傳：「興也。苹，蓱也。鹿得蓱，呦呦然鳴而相呼，懇誠發乎中，以興嘉樂賓客當有懇誠相招呼以成禮也。」簡文言湯至仁，四夷之人如大旱之望大雨，將奔走朝見湯，其往也，如鹿鳴之相呼應也。

（8）用果念（臨）政（正）九州而魯君之

整理者曰：用，猶則也。果，猶竟也。念，疑讀為臨。臨者，撫有之也。政，讀為正，猶定也。魯，不識，疑讀為承，或讀為烝。烝，君也。（P97～98）

按：趙嘉仁曰：「『果』應該就訓為『果敢』、『果決』。」陳偉曰：「用，恐當訓為『乃』，於是義。念，疑當讀為『咸』或『奄』，皆、盡義。政，在讀為『正』之外，也可能讀為『征』。《孟子·滕文公下》：『湯始征，自葛載。十一征而無敵于天下。東面而征，西夷怨；南面而征，北狄怨，曰：奚為後我？』《叔夷鐘》銘『（成唐）咸有九州』，《詩·玄鳥》『（湯）奄有九有』，可參看。」〔註45〕單育辰曰：「『念』應與清華（一）《保訓》簡 3『恐弗念終』之『念』義近，《保訓》之『念』有讀為『堪』者。『念政』讀為『堪征』或『戡定』。又，梁立勇讀《保訓》『念』為『能』，那麼『果念政九州』讀為『果能定九州』，也算通順。」〔註46〕「果」字整理者說是，猶終也、卒也。「用」字、「政」字陳偉說是。念，讀為戡，字亦作戡、堪，亦征伐義，與「政（征）」同義連文。《書·西伯戡黎》：「西伯既戡黎。」《釋文》：「戡，音堪，《說文》作『戡』，云『殺也』，以此。戡訓刺，音竹甚反。」清華簡（一）《耆夜》：「武王八年，延（征）伐鄁（者），大戡之。」《爾雅》：「堪，勝也。」郭璞注引《書》作「堪黎」。《左傳·昭公二十一年》：「王心弗堪。」《漢書·五行志》作「戡」，孟康曰：「戡，古堪字。」魯，圖版作「」，說法甚多，皆未洽，待考。

〔註45〕陳偉《清華七〈子犯子餘〉校讀（續）》，簡帛網 2017 年 5 月 1 日。

〔註46〕單育辰《〈清華大學藏戰國竹簡（柒）〉釋文訂補》，《清華簡國際會議論文集》，浸會大學、澳門大學、清華大學 2017 年 10 月 26～28 日，第 172 頁。

二、《晉文公入於晉》校補

（1）毋甆（察）於妞（好）妝（臧）嫋（媥）盫（斐）皆見

整理者曰：嫋，讀為媥，《說文》：「輕貌。」盫，疑從盍聲，《說文》讀若「灰」、「賄」，試讀為斐，《說文》：「醜貌。」（P101）

按：石小力曰：「盫，整理者讀為斐，不當。『盫』從妍聲，古音匣母之部；斐，古音滂母微部，二字聲韻皆不近，難以通用。疑可讀為曉母之部的『娊』，《說文》：『卑賤名也。』《集韻》：『娊，婦人賤稱。』」〔註47〕某氏曰：「『妝』破為『臧』，似與前『好』犯複，義應各有所當，讀如本字即可，《禮記‧緇衣》『毋以嬖御人疾莊後』，《郭店楚簡》正用『妝』字。」〔註48〕單育辰曰：「 ，隸定為『甆』不確，應隸定為『辡』，讀為辨或別。『盫』應從有得聲，讀為醜，與『好』文義相對。」〔註49〕王寧曰：「後二字疑當讀『纇頯』，《說文》：『纇，大醜貌。頯，醜也。』『好臧』是美，『纇頯』則醜也。」〔註50〕妝讀為臧，亦可讀為莊，善也，美也，亦好也。所謂「盫」字，圖版作「 」，疑「盨」誤書。「嫋盨」即「嫙娟」、「便娟」、「便蜎」、「嫙嬛」、「便嬛」、「便圜」，音轉亦作「嬋娟」、「蟬蜎」，輕麗貌，美麗貌。北大漢簡（四）《妄稽》：「嫖冀便圜。」

（2）為薂事（採）之羿（旗）戠糧者出

整理者曰：薂採之旗，軍出有刈草採薪之事，《左傳‧昭公六年》楚公子棄疾過鄭「禁芻牧採樵，不入田，不樵樹，不采蓻，不抽屋，不強匄」，《昭公十三年》晉叔鮒求貨於衛「淫芻薂者」。（P102）

按：某氏曰：「事，更可能是從『弁』的。」〔註51〕某氏曰：「原釋『事』的字下部確實從弁，此字當釋為『芉』，讀為畚，盛糧器。戠，按此字當從帚得聲，而『歸』字簡文常作『逑』，疑二字可通，歸糧，即饋糧。」〔註52〕

〔註47〕《清華七整理報告補正》；其說又見石小力《清華簡第七冊字詞釋讀札記》，《出土文獻》第11輯，中西書局2017年版，第242頁。

〔註48〕「心包」說，《清華（七）〈晉文公入於晉〉初讀》，簡帛網2017年4月23日。本篇下文省稱作《初讀》。

〔註49〕單育辰《〈清華大學藏戰國竹簡（柒）〉釋文訂補》，《清華簡國際會議論文集》，浸會大學、澳門大學、清華大學2017年10月26～28日，第172～173頁。

〔註50〕《初讀》，簡帛網2017年4月29日。

〔註51〕「心包」說，《初讀》，簡帛網2017年4月27日。

〔註52〕「悅園」說，《初讀》，簡帛網2017年4月27日。

某氏曰：「▨，原考釋釋為『蕘』，細看簡文，除去上部艸旁以外，剩餘的偏旁從中、人，實即『夅』字。〔艸夅〕從夅（疑母宵部）聲，與『蕘』從堯（疑母宵部）聲，聲韻俱同，故可通讀。▨，艸下從史，原考釋隸作『事』，不確。楚簡『事、史』字形有別。」〔註53〕王寧曰：「『蕘』字，明珍言此字當從『敖』的左旁，應該是對的，當釋『莪』。『事』字心包指出是從『弁』，疑是。前述諸旗均以動物名之，而此處整理者讀『蕘採』，殊不類。疑此二字當讀『獒獌』或『獟獌』，亦即《爾雅》之『貙獌』，《說文》：『獌，狼屬。』或云『貙虎』。『侵糧者』疑當讀『侵掠者』或『侵略者』，指外出作戰、侵掠敵國的士卒。」〔註54〕「▨」字不識，姑從整理者說。下字「▨」原釋「事」不誤，當是「菜」字異體，讀為采（採）。《列子・說符》：「臣有所與共（供）擔纆（緪）薪菜者，有九方皋。」俞樾曰：「『菜』當為『采』，古字通用。」〔註55〕某氏說「祓」讀為歸（饋），是也。簡文言旗幟之作用，整理者引《左傳》二例說之，非是。《墨子・旗幟》：「守城之法……薪樵為黃旗……城上舉旗，備具之官致財物，物足而下旗。」《通典》卷152：「須櫓木樵葦，舉黃旗。」《虎鈐經》卷6「櫓」作「礌」。此即「蕘採之旗」也。

三、《趙簡子》校補

（1）𝕮（趙）柬（簡）子既受蓳將軍，才（在）朝。郱（范）獻子進諫曰：「昔虐（吾）子之將方少，女（如）又（有）訛（過），則非子之咎，帀（師）保之辠（罪）也

整理者曰：吾子，范獻子對趙簡子的尊稱。實際上，士鞅地位一直比趙鞅高。簡文所謂「進諫」，實為「告誡」。趙鞅之父趙景叔早卒，趙鞅早早代父上朝，為將時年齡尚小。（P108）

按：「吾子」非尊稱。吾子，是「牙（伢）子」音轉，猶僮子，古言孺子，今言小兒，是長輩對晚輩親切的稱呼。《列女傳》卷1：「敬姜嘆曰：『魯其亡乎，使吾子備官而未之聞耶？』」《國語・魯語下》「吾子」作「僮子」。《列女傳》卷1：「孟母曰：『真可以居吾子矣。』遂居之。」二例皆母親稱兒子作「吾子」。《管子・海王篇》：「吾子食鹽二升少半。」尹知章注：「吾子，謂小

〔註53〕「明珍」說，《初讀》，簡帛網2017年4月28日。
〔註54〕《初讀》，簡帛網2017年4月30日。
〔註55〕俞樾《列子平議》，收入《諸子平議》卷16，上海書店1988年版，第322頁。

男小女也。」《管子·地數》：「凡食鹽之數，嬰兒二升少半。」「嬰兒」亦指僮子，非幼兒。董志翹指出秦漢古籍中「兒子」指「嬰兒」、「小兒」〔註56〕，「兒子」亦「吾子」音轉。

（2）冬不裘，夏不張（帳）籔（箑）

整理者曰：張，讀為帳。「籔」見於上博簡《柬大王泊旱》簡 15、清華簡《鄭文公問太伯（甲、乙）》簡 5 等處，此處讀為箑。《說文》：「箑，扇也。篓，箑或從妾。」《淮南子·精神》：「知冬日之箑、夏日之裘無用於己，則萬物之變為塵埃矣。」高誘注：「楚人謂扇為箑。」（P110）

按：趙嘉仁曰：「張疑讀為障。障，遮擋也。『裘』字前疑省去或漏掉一個動詞『服』或類似意思的詞，應與『張（障）』相對。《六韜·龍韜》：『將冬不服裘，夏不操扇，雨不張蓋，名曰禮將。』《呂氏春秋·有度》：『夏不衣裘，非愛裘也，暖有餘也。冬不用箑（引者按：《呂氏》原文作『篓』，下同），非愛箑也，清有餘也。』都是『裘』、『扇』相對，沒有『帳』，與簡文『裘』、『箑』相對相合。」某氏曰：「張，讀本字即可，為『張羅』之義。《楚辭·招魂》王逸注：『張，施也。』」〔註57〕侯乃峰曰：「《六韜》云云，『張』如字讀即可，義為張開、展開。《呂氏春秋·有度》云云，簡文原文當作『冬不衣裘』。」〔註58〕「張」讀本字，是也。說「裘」前脫一個動詞，亦是也，可補「披（被）」、「服」、「衣」、「御」等字。所引《六韜·龍韜》見《厲軍篇》，《御覽》卷273、702引「服裘」作「衣裘」，《意林》卷1、《類聚》卷69、《御覽》卷11引「張蓋」作「張幰」。《治要》卷40、《御覽》卷273引《三略》：「冬不服裘，夏不操扇，是謂禮將。」《淮南子·俶真篇》：「夫夏日之不被裘者，非愛之也，燠有餘於身也；冬日之不用翣者，非簡之也，清有餘於適也。」又《主術篇》：「民有寒者，而冬不被裘。」〔註59〕又《兵略篇》：「故古之善將者，必以其身先之，暑不張蓋，寒不被裘，所以程寒暑也。」《劉子·兵術》：「暑不張蓋，寒不禦裘，所以均寒暑也。」《後漢紀》卷19：「吳起為

〔註56〕董志翹《〈漢書〉舊注辨證（續）》，收入《訓詁類稿》，四川大學出版社 1999 年版，第 51 頁。

〔註57〕「明珍」說，《清華七〈趙簡子〉初讀》，簡帛網 2017 年 4 月 27 日。本篇下文省稱作「《初讀》」。

〔註58〕侯乃峰《讀清華簡（七）零札》，《中國文字學報》第 9 輯，商務印書館 2018 年版，第 93 頁。

〔註59〕《文子·上仁》同。

將，暑不張蓋，寒不披裘。」《御覽》卷281引《三國典略》：「斛律光……寒不服裘，夏不操扇。」皆其證也。籔，「執」聲與「疌」聲字古音不近，不得讀作箑，當讀為笠〔註60〕。上博簡（二）《容成氏》簡14：「舜於是乎始挽（免）籔幵（攓）耨。」又簡15：「芙籔□疋□……」陳劍讀籔為笠。上博簡（四）《柬大王泊旱》簡15：「母（毋）敢埶（執）箻籔。」白于藍讀籔為笠〔註61〕。笠，所以禦暑，亦所以禦雨。《管子·四時》：「夏發五政……三政曰令禁扇去笠。」尹知章注：「禁扇去笠者，不欲令人禦盛陽之氣。」《儀禮·既夕》：「燕器，杖笠翣。」鄭玄注：「笠，竹篛蓋也。翣，扇。」賈公彥疏：「笠者，所以禦暑。翣者，所以招涼。」此皆以禦暑。《漢語大字典》引《管子》例，以「笠」為門閂〔註62〕，殊為無理，蓋未讀尹知章注也。簡文笠指笠狀之車蓋，《左傳·宣公四年》：「又射汰輈，以貫笠轂。」杜預注：「兵車無蓋，尊者則邊人執笠，依轂而立，以禦寒暑，名曰笠轂。」孔疏：「服虔曰：『笠轂，轂之蓋如笠，所以蔽轂上，以禦矢也。』一曰：車轂上鐵也。或曰：兵車旁幔輪謂之笠轂。杜以彼為不安，故改之而為此說，亦是以意而言，差於人情為近耳。」夏不張籔，即「暑不張蓋」、「暑不張幔」之誼也。《尉繚子·戰威》：「暑不張蓋，寒不重衣。」《史記·商君列傳》：「五羖大夫之相秦也，勞不坐乘，暑不張蓋。」

（3）𡚾其衣尚（裳），孚（飽）其酓（飲）飤（食）

整理者曰：「𡚾」字左旁疑為「奴」字古文，字從大，奴聲（奴、者同為魚部字，聲母同為舌音），可能是「奢」字的異體。（P110～111）

按：楊蒙生曰：「此字右側『大』字形體明顯，若將之視作聲符，則參照由之造成的晉失諸侯和緊接其後的儉奢之議，宜將之讀為『汰奢』之『汰』。」趙嘉仁曰：「整理者說不可信。『𡚾』字應為『嬓』字的誤字。『嬓』字在楚簡中就用為『美』。這正是《國語·越語》中的『其達士，絜其居，美其服，飽其食』一句中的『美其服』和『飽其食』。」某氏曰：「𡚾，左部字形有沒

〔註60〕余此文曾發佈於復旦古文字網，2017年5月27日。孔德超《讀清華簡（柒）札記四則》說略同，《第八屆出土文獻研究與比較文字學全國博士生學術論壇論文集》，西南大學2018年11月2～5日，第24頁。
〔註61〕白于藍《戰國秦漢簡帛古書通假字彙纂》，陳劍說亦轉引自此書，福建人民出版社2012年版，第590頁。
〔註62〕《漢語大字典》（第二版），崇文書局、四川辭書出版社2010年版，第3156頁。

有可能是戰國楚簡的『畫』字？字釋為『畫』。《釋名》：『畫，繪也，以五色繪物象也。』《玉篇》：『畫，形也，繪也，雜五色綵也。』《書・顧命》孔疏：『彩色為畫。』『畫其衣裳』謂以彩色繪畫其衣裳，美飾之也。」〔註63〕某氏曰：「『㹈』左旁似為『鳥』，右旁為『大』，當釋為『獻』，讀為汰。」〔註64〕某氏曰：「首字右邊從『大』，或許是『文』字之誤？『文／紋其衣裳』是說紋飾其衣裳，《國語》有『文錯其服』。」〔註65〕孫合肥曰：「左側形體作『㣇』形，其上部與『女』形不同，此字形左側上部為『爻』，下部為『人』，即『佼』字。『佼』字見於郭店簡（《五行》32），簡文用為『容貌』之『貌』。『㣇』形為『佼』異構，將『人』形移到了『爻』形的下部。從形體上看，『㹈』字應當隸定作『㹈』。㹈，從大，佼聲，讀為貌，或即『貌』字異體，簡文中為華美之義。簡文『㹈』或讀為美。」〔註66〕王寧曰：「孫先生對左旁字形的分析可能是對的。右旁的『大』字當是『去』之省，是義符，這個字從去省貌聲，可能即『虛耗』之『耗』的異體或專字，後世多寫作『耗』，在簡文中疑當讀為『好』，《吳越春秋・勾踐伐吳外傳》：『量其居，好其衣，飽其食而簡銳之。』『好』即『美』的意思。」〔註67〕某氏曰：「從爻聲出發，讀為『表』或者『茂』。」〔註68〕子居曰：「字既從大，則或當讀為綴，雜彩。『綴其衣裳』即彩飾其衣裳。」〔註69〕金宇祥曰：「『㹈』字左半為『此』、右半為『大』，從大、此聲，可讀為資，訓為蓄積、蓄藏，《國語・越語上》：『臣聞之賈人，夏則資皮，冬則資絺，旱則資舟，水則資車，以待乏也。』」〔註70〕孫氏分析字形可取，但二讀皆無據，且「貌其衣裳」不辭。趙嘉仁、王寧引《國語・越語上》及《吳越春秋》解作「美」、「好」，亦是也，但未得其字。《老子》第80章云「甘其食，美其服」，亦其證。㹈，讀為姣，字亦作佼。《說文》：「姣，好也。」《史記・蘇秦列傳》《索隱》引作「姣，美也」。《方言》卷1：「娥、㜲，好也。自關而東，河濟之閒謂之媌，或謂之姣。好，其通語也。」《楚辭・九歌・東皇太一》：「靈偃蹇兮姣服。」王逸注：「姣，

〔註63〕「汗天山」說，《初讀》，簡帛網 2017 年 4 月 25 日。

〔註64〕「悅園」說，《初讀》，簡帛網 2017 年 4 月 26 日。

〔註65〕「bulang」說，《初讀》，簡帛網 2017 年 5 月 1 日。

〔註66〕孫合肥《清華柒〈趙簡子〉札記一則》，簡帛網 2017 年 4 月 25 日。

〔註67〕《初讀》，簡帛網 2017 年 5 月 2 日。

〔註68〕「心包」說，《初讀》，簡帛網 2017 年 5 月 2 日。

〔註69〕子居《清華簡七〈趙簡子〉解析》，中國先秦史論壇 2017 年 5 月 29 日。

〔註70〕《初讀》，簡帛網 2017 年 10 月 2 日。

好也。服，飾也。」《文選·南都賦》：「男女姣服，駱驛繽紛。」又《舞賦》：「於是鄭女出進，二八徐侍，姣服極麗，姁婾致態。」字亦作妖，《初學記》卷7、《御覽》卷62引《韓詩》：「鄭交甫過漢皐，遇二女妖服、珮兩珠。」《太平廣記》卷59、《記纂淵海》卷186引《列仙傳》作「麗服」〔註71〕。

四、《越公其事》校補

（1）赶陞（登）於會旨（稽）之山（第一章）

整理者曰：赶，《說文》：「舉尾走也。」此處義為奔竄。又疑讀為迁，《說文》：「進也。」本篇第4簡作「赶在會稽」。（P114）

按：某氏曰：「赶疑讀為遷。」〔註72〕某氏曰：「『赶』解為奔竄，缺乏訓詁根據。『迁』字不見於典籍實際使用。我們懷疑『赶』或可讀為間（閒），意為雜廁。『播棄宗廟，赶（間）在會稽』，是說播棄宗廟，雜廁在（流落到）會稽山。」〔註73〕某氏曰：「赶，應讀為竄，訓為隱匿。《國語·越語上》『越王句踐棲於會稽之上』，可以與簡文『赶陞於會稽之山』、『赶在會稽』對讀，簡文中的『赶（竄）』對應該句中的『棲』。古書中有『棲』與『竄』連言的例子，如《後漢書·西羌傳》：『餘剩兵者不過數百，亡逃棲竄，遠依發羌。』可見在古人眼裡『棲』與『竄』是意義相關的。這一個例子為我們將與古書中『棲』對應的『赶』讀為『竄』，提供了積極的證據。」〔註74〕王寧曰：「《戰國策·韓策三》云『保於會稽之上』，《史記·越王勾踐世家》云『越王乃以餘兵五千人保棲於會稽』，《越絕書·請糴內傳》作『保棲於會稽山上』，則『赶陞』相當於『保棲』，『赶』可能讀為扞，又作捍、干，古訓衛也、蔽也、禦也，與『保』義類同。」〔註75〕林少平曰：「《穆天子傳》：『天子遂驅升於弇山。』古文『驅』與『赶』皆當訓為急走義。」〔註76〕某氏曰：「赶，當讀為蹇。《說文》：『蹇，跛也。』段注：『《易》曰：「蹇，難也。」行難謂

〔註71〕《記纂淵海》據宋刊本，四庫本在卷86。

〔註72〕「ee」說，《清華七〈越公其事〉初讀》，簡帛網2017年4月27日。本篇下文省稱作《初讀》。其說又見單育辰《〈清華大學藏戰國竹簡（柒）〉釋文訂補》，《清華簡國際會議論文集》，浸會大學、澳門大學、清華大學2017年10月26～28日，第177頁。

〔註73〕「暮四郎」說，《初讀》，簡帛網2017年4月28日。

〔註74〕「苦行僧」說，《初讀》，簡帛網2017年5月5日。

〔註75〕《初讀》，簡帛網2017年5月6日。

〔註76〕《初讀》，簡帛網2017年5月6日。

之蹇。」在簡文中，『蹇』意為行走困難？」〔註77〕《說文》「赶」訓舉尾走者，朱翱音巨言切（《廣韻》同），《玉篇》、《集韻》音渠言切，《集韻》又音渠焉切，《廣韻》、《集韻》又音其月切。其音巨言（渠言、渠焉）切者，是「披（揵）」、「搴」分別字，故有舉義；其音其月切者，是「撅」分別字，故亦有揭舉義。《說文》「迁」訓進者，字亦作「玟」，書傳多作「干」，是進求、求取義。整理者未達厥誼，引之不當。「保於會稽」、「保棲於會稽」之「保」不是衛禦義，王寧的理解有誤。《左傳‧哀公元年》：「越子以甲楯五千，保於會稽。」《戰國策‧韓策三》：「昔者吳與越戰，越人大敗，保於會稽之上。」《墨子‧非攻中》：「（吳闔閭）東而攻越，濟三江五湖，而葆之會稽。」《吳越春秋‧夫差內傳》：「越王大恐曰：『……抵罪於吳，軍敗身辱，逋逃出走，棲於會稽，國為墟莽，身為魚鼈。』」《越絕書‧內傳陳成恒》作「遯逃出走，棲於會稽」。「保（葆）」即「逋（遯）逃出走」義。《孟子‧梁惠王下》：「越王勾踐退於會稽。」「退」亦退逃義。《史記‧楚世家》：「楚襄王兵散，遂不復戰，東北保於陳城。」又《六國表》作「王亡走陳」，《白起列傳》作「東走徙陳」，《韓子‧初見秦》作「荊王君臣亡走，東服於陳」（《戰國策‧秦策一》「服」作「伏」）。「保」、「服（伏）」一音之轉，當讀為赴，字亦音轉作趄、報，其義與《六國年表》、《白起傳》作「走」同，猶言奔走、趨赴。《韓子‧十過》：「曹人聞之，率其親戚而保釐負羈之閭者七百餘家。」《列女傳》卷3「保」作「赴」，此其確證。《荀子‧修身》：「保利棄義，謂之至賊。」《新序‧善謀》：「齊、魏得地保利，而詳事下吏。」《戰國策‧秦策四》、《史記‧春申君傳》作「葆」，亦皆讀為赴，趨也。簡文「赶」與《說文》「赶」是同形異字（與後世訓「追逐」的「趕」字亦異），音義全別，疑是「馯（駻）」異體。《說文》：「馯，馬突也。」《韓子‧五蠹》：「猶無轡策而御馯馬。」《淮南子‧氾論篇》：「是猶無鏑銜纚策錣而御駻馬也。」高誘注：「駻馬，突馬也。」字亦作扞，《家語‧致思》：「懍懍焉若持腐索之〔御〕扞馬。」王肅注：「扞馬，突馬。」《淮南子‧說林篇》、《說苑‧辨物》作「奔馬」，《新序‧雜事四》作「犇馬」。馯即奔突義，與「保」訓趨奔義合。

〔註77〕「汗天山」說，《初讀》，簡帛網2017年5月6日。其說又見侯乃峰《讀清華簡（七）零札》，《中國文字學會第九屆學術年會會議論文集》，貴州師範大學2017年8月19～21日，第217頁。又同題發表於《中國文字學報》第9輯，商務印書館2018年版，第94頁。

（2）（吾）君天王，以身被甲胄，勅（敦）力�👤鎗（槍），疌（挾）弪秉
　　　橐（枹），振鳴……（第一章）

　　整理者曰：敦力，致力。�👤，某種兵器，或疑「鈒」字之訛，即「殳」
字異體……或與鋒刃有關。第 2 章有「敦刃」、第 3 章有「敦齊兵刃」。鎗，
讀為槍，長兵。疌弪秉橐，《國語・吳語》作「挾經秉枹」，韋昭注：「在掖曰
挾。」弪，見於馬王堆漢墓遣冊，當是弓箭類兵器。「弪」字亦見於齊國陶文，
作人名，與字書中弧度義之「弪」不是一字。《國語・吳語》作「經」。俞樾
曰：「世無臨陣而讀兵書者。經，當讀為莖，謂劍莖也。《考工記・桃氏》曰：
『以其臘廣為之莖圍。』注曰：『鄭司農云：「莖謂劍夾，人所握鐔以上也。」
玄謂：莖，在夾中者。莖長五寸。』此云挾莖，正謂此矣。作『經』者，假
字耳。」橐，讀為枹，鼓槌。《國語・吳語》：「王乃秉枹。」（P115～116）

　　按：羅小華曰：「疌，可徑釋為『挾』。關於這四個字的解釋，存在以下
幾種可能：一、如果撇開《國語》的記載，僅從清華簡的上下文來看，『挾
弪』屬上讀，而『秉橐』屬下讀，也是可以講得通的。『弪』在馬王堆遣策簡
中為弓箭類兵器。這樣看來，『挾』也應該是某種兵器，可讀為鋏。《玉篇》、
《集韻》：『鋏，劍也。』下句的『秉橐（枹）』，正可與『振鳴』相對應。二、
如果結合《國語》的記載來看，簡文仍從整理者的句讀，又可以有兩種理解
方式：1. 即清人俞樾的解釋。2. 將『橐』理解為兵器，也是可以的。橐，
我們懷疑讀柎，指弓把。那麼，『弪』讀為莖，卻不必視為劍莖，可以理解
為箭莖，即箭幹。三、如果撇開清華簡，僅從《國語》的記載來看，則『經』
可解釋為旗竿。清華簡中的『挾莖』，等同於傳世文獻中常見的『挾矢』。挾
弪秉橐，意思是一手手指夾著箭幹，一手抓著弓弣。」〔註78〕某氏曰：「『敦
力』之『力』似當讀作飭，亦治也。『力』聲字用作『飭』，楚簡中已有好幾
例。」〔註79〕李守奎曰：「『秉橐』讀為秉枹或秉桴，古之成語，音義俱通。
『挾弪』與文獻中的『挾矢』相當。《國語》中的『經』即使讀為莖，也是
指箭矢之莖，而不是劍之莖。『挾弪秉桴』是形容勇於戰鬥，『挾』只能訓為
持，與『秉』為同義詞。儘管釋『疌』讀為『挾』形、音、義都有了著落，
解釋也不是唯一的。比如讀為『插』，因為要援桴擊鼓，所以就把弓箭插入

〔註78〕羅小華《清華簡〈越公其事〉簡3「挾弪秉橐」臆說》，簡帛網 2017 年 4 月 25
　　　日。
〔註79〕「zzusdy」說，《初讀》，簡帛網 2017 年 4 月 27 日。

箙或發中。從文字構形上來說，手持雙矢是挾，手持倒矢是插的可能性也不是不存在。」〔註80〕鈹，圖版字形作「㲋」。蘇建洲曰：「此字右旁即『沒』的偏旁。整理者認為是『鈹』字之訛確實不能排除，但筆者以為此字更可能應讀為『鈲』。益陽楚墓有件兵器戈銘文：『子者造𢼸（鈲）。』陳劍指出：『此字疑應讀為新造弨戟銘（《集成》17.11161）中自名「弗戟」之「弗」，亦即燕戈銘中自名之「鈲」。一般認為此類用法之「弗／鈲」讀為訓「擊」、「斫」之「刜」，燕戈銘中則已轉化為器名。』」〔註81〕江秋貞認為「鈹」是「莫邪」合音，「鎗」是「干將」合音〔註82〕。江說極有理據。《爾雅》：「敦，勉也。」「敦力」即「勉力」，與後文二「敦」字不同。「力」亦勉力義，與「敦」同義連文。《國語‧吳語》中「挾經秉枹」凡二見，皆不可分屬上下文，四字自當連文。「弳」字從弓㸒聲，㸒聲字多取直義，「弳」當是「莖」分別字，指箭莖。挾弳秉枹，皆指戰事而言，或持弳，或持枹也，不是一手持弳，一手持枹。「挾」不當讀為插，李氏一說非是。

（3）寡人不忍君之武礪（勵）兵甲之鬼（威），科（播）棄宗廟，赶才（在）會旨（稽）（第一章）

整理者曰：不忍，不忍心。武，兵威。礪，讀為勵，勸勉、振奮。兵甲，兵器鎧甲，指軍隊。（P116）

按：某氏曰：「『不忍』應當是無法承受之義，『武礪』應當與『兵甲之鬼（威）』意思相近。『礪』似當讀為厲，與『威』義近。『寡人不忍君之武礪（厲）、兵甲之鬼（威）』的大意是我不能承受您的武略之厲、兵甲之威。」〔註83〕某氏曰：「『武』當訓跡，指腳印，簡文中代指腳步、腿腳。簡文或當是說，寡人不忍心讓君王您的腳步受虐磨礪於兵甲的威力，故……」〔註84〕

〔註80〕李守奎《〈國語〉故訓與古文字》，收入《臺灣第28屆中國文字學國家學術研討會論文集》，臺灣大學2017年5月12～13日，第42～43頁。

〔註81〕蘇建洲《談清華七〈越公其事〉簡三的幾個字》，復旦古文字網2017年5月20日。

〔註82〕江秋貞《清華簡七〈越公其事〉簡3「鈹鎗」一詞考釋》，《中國文字》新45期，藝文印書館2019年版，第161～184頁。

〔註83〕「蕈四郎」說，《初讀》，簡帛網2017年4月28日。

〔註84〕「汗天山」說，《初讀》，簡帛網2017年5月1日。其說又見侯乃峰《讀清華簡（七）零札》，《中國文字學會第九屆學術年會會議論文集》，貴州師範大學2017年8月19～21日，第217頁。又同題發表於《中國文字學報》第9輯，商務印書館2018年版，第94頁。

某氏曰：「『不忍』當訓為不能忍受。『武』當訓為勇猛，『礪』讀為勵或厲皆可，訓為激勵、振奮，『武厲』一詞見於《楚辭·天問》：『何壯武厲，能流厥嚴。』這句話的大意是，寡人不能忍受您（夫差）勇猛的振奮兵甲之威。」〔註85〕白于藍等曰：「『武礪』當讀為『武烈』。『兵甲之鬼（威）』當與『兵威』同義，與『武烈』並列。」〔註86〕「不忍」當取整理者說。簡文「武礪」不成詞，當「礪兵甲之威」為句，某氏說誤。「武」是楚語，楚人謂士曰武〔註87〕，簡文指吳軍。礪，讀為勘，俗作厲、勵，勘勉也、奮勵也。《說文》：「勘，勉力也。」《廣雅》：「勵，勘也。」《文選·馬汧督誄》：「稜威可厲，懦夫克壯。」張銑注：「厲，勘。」「兵甲」用本義，指兵器鎧甲。《國語·吳語》：「君王舍甲兵之威以臨使之。」「甲兵」亦此誼。《鹽鐵論·誅秦》：「其所以從八極而朝海內者，非以陸梁之地，兵革之威也。」《論衡·順鼓》「攻社，一人擊鼓，無兵革之威，安能救雨？」「兵革」亦其比也。白于藍說「兵甲之威」與「兵威」同義，殊誤，後者「兵」指軍隊，所指不同。

（4）孤其率越庶姓，齊郯同心，以臣事吳，男女備（服）（第一章）

整理者曰：齊郯，猶步調一致。（P116）

按：王磊曰：「《國語·吳語》：『句踐請盟：一介嫡女，執箕箒以晐姓於王宮。一介嫡男，奉槃匜以隨諸御。』《國語·越語上》：『願以金玉、子女賂君之辱，請句踐女女於王，大夫女女於大夫，士女女於士。』根據《國語》中的兩則對讀材料可知，所謂男女，並非泛指，而是指勾踐的子女以及越國貴族的子女。這裏的『備』應以本字讀之，解釋為『充任、充當』。《吳語》韋昭注：『晐，備也。』正可與『男女備』相佐證。」〔註88〕某氏曰：「《性情輪》簡37有個字，徐在國先生釋為『俵』，《性自命出》簡4與之對應的字是『迎』，如其說可信，則這裡『郯』可以讀為節。《子產》簡6有『柰』，整理者讀為秩，本簡又有『即（節）』，因此也不排除『郯』讀為『秩』的可能。」〔註89〕

〔註85〕「未之」說，《初讀》，簡帛網2017年5月1日。其說又見石小力《清華簡第七冊字詞釋讀札記》，《出土文獻》第11輯，中西書局2017年版，第243頁。

〔註86〕白于藍、岳拯士《清華簡〈越公其事〉校釋（六則）》，《中國文字》2020年夏季號（總第3期），第181～182頁。

〔註87〕參見蕭旭《〈淮南子〉古楚語舉證》，《淮南子校補》附錄二，花木蘭文化出版社2014年版，第804頁。

〔註88〕王磊《清華七〈越公其事·第一章〉札記一則》，簡帛網2017年5月14日。

〔註89〕「bulang」說，《初讀》，簡帛網2017年5月1日。

「備」訓充任、充當，句意不完，整理者讀服是也。本篇簡25「乃盟，男女備」，簡44「越邦備信」，簡71「孤請成，男女備」，整理者讀備為服（第122、137、150頁），亦皆是也。其中簡71，《國語·吳語》作「孤敢請成，男女服為臣御」，尤其確證，「服」即服從、臣服義。劦，讀為輯、集，亦齊也。《爾雅》：「輯，和也。」《淮南子·主術篇》：「聖主之治也，其猶造父之御，齊輯之於轡銜之際，而急緩之於唇吻之和。」〔註90〕

（5）天不仍賜吳於越邦之利（第二章）

整理者曰：仍，重複、再一次。越邦之利，指戰勝越國之利。（P120）

按：於，介詞，猶以也〔註91〕。

（6）虞（且）皮（彼）既大北于坪（平）备（邍），以朒（潰）去其邦，君臣父子其未相得（第二章）

整理者曰：大北，大敗。备，「邍」之省略。平邍，古書多作「平原」。朒，讀為潰，敗退。又疑讀為遺，「遺」、「去」同義聯用。相得，彼此投合。（P120）

按：某氏曰：「前既言『大北』，此又言『潰』，似嫌重複。頗懷疑讀為『遂』，是逃的意思。睡虎地秦簡《秦律雜抄》簡26：『虎失（佚），不得，車貲一甲……豹旛（遂），不得，貲一盾。』銀雀山漢墓竹簡（一）《守法守令十三篇》簡976：『……□述（遂）亡不從其將吏，比於亡軍。』放馬灘秦簡《日書》乙種簡287：『其鐘貴，亡人旛（遂）。』皆此意。故『以朒去其邦』是說大北之後逃離其邦（而止於會稽山），『以』猶而。」〔註92〕朒，讀為喟，太息也，憤懣不得志。字亦作愲，心不安也，憤懣也。《玉篇》：「愲，滿也。」「滿」同「懣」。《文選》宋玉《神女賦》：「含然諾其不分兮，喟揚音而哀歎；顙薄怒以自持兮，曾不可乎犯干。」「喟」、「顙」同義對文，合言則曰「喟懣」、「愲怦」（「懣」、「怦」亦可單言）。《廣雅》：「愲怦，忨（忨）慨也。」〔註93〕《楚辭·離騷》：「喟憑心而歷茲。」王逸注：「憑，滿也，楚人名滿曰憑。憑，一作馮。」越人戰敗，以憤懣去其邦，故君臣父子相怨

〔註90〕《列子·湯問》、《文子·上義》同。
〔註91〕參見楊樹達《詞詮》，中華書局1954年版，第431頁。
〔註92〕「zzusdy」說，《初讀》，簡帛網2017年4月29日。
〔註93〕《集韻》「愲」字條引《博雅》：「愲，忨慨也」。

而未相得也。簡 14 云「今彼新去其邦而悹」，「悹」是怨毒義，與此「惛去其邦」正相應。

（7）今越公其故（胡）又（有）繕（帶）甲八千以臺（敦）刃皆（偕）死（第二章）

整理者曰：臺，讀為敦。《莊子·說劍》：「今日試使士敦劍。」第 20 簡作「敦齊兵刃」。（P120）

按：某氏曰：「《莊子》『敦劍』，郭嵩燾解敦為治。簡 3『敦力』之『力』似當讀作飭，亦治也。『力』聲字用作『飭』，楚簡中已有好幾例。簡 20『敦齊兵刃』，整理者已言猶『敦比』，『齊』訓整，即整飭、整治，亦與『飭』義相近。」〔註94〕王寧曰：「此句不當是問句，『故』當依字讀，意為仍然。『敦刃』當讀『推刃』，漢代書多稱『推鋒』。」〔註95〕陳治軍曰：「敦刃，即斷刃。」〔註96〕張新俊曰：「敦可以讀作蹈。」〔註97〕魏宜輝指出此句「故」字當釋作「敁」，讀作「猶」，「尚且」之義〔註98〕，是也。敦，陳治軍說可備一通，亦可讀為頓。頓刃，猶言折刃，指殊死決鬥。馬王堆帛書《戰國縱橫家書》：「請為天下顏（雁）行頓刃。」《史記·越王勾踐世家》：「越王曰：『所求於晉者，不至頓刃接兵，而況於攻城圍邑乎？』」又「而頓刃於河山之間。」《淮南子·齊俗篇》：「其兵（戈）銖而無刃。」許慎注：「楚人謂刃頓為銖。」《賈子·制不定》：「屠牛坦一朝解十二牛，而芒刃不頓者。」又見《漢書·賈誼傳》，顏師古曰：「頓，讀曰鈍。」皆「頓刃」之證。《左傳·襄公四年》：「師徒不勤，甲兵不頓。」本字作「鈍」，不鋒利也。《國語·吳語》：「使吾甲兵鈍弊，民人離落。」《戰國策·趙策二》：「敝甲鈍兵。」《漢書·陳湯傳》：「兵刃樸鈍，弓弩不利。」《孫子·作戰》：「夫鈍兵挫銳，屈力殫貨，則諸侯乘其弊而起。」《通典》卷 148、《御覽》卷 293 引並作「頓兵」，《淮南子·

〔註94〕「zzusdy」說，《初讀》，簡帛網 2017 年 4 月 27 日。

〔註95〕《初讀》，簡帛網 2017 年 5 月 1 日。

〔註96〕陳治軍《清華簡〈越公其事〉札記七則》，《楚文化研究論集》第 13 集，上海古籍出版社 2018 年版，第 669 頁。

〔註97〕張新俊《清華簡〈越公其事〉釋詞》，《第十一屆「黃河學」高層論壇暨「古文字與出土文獻語言研究」國際學術研討會論文集》，河南大學 2019 年 6 月 22～23 日，第 317 頁。

〔註98〕魏宜輝《讀〈清華大學藏戰國竹簡（柒）〉札記》，浸會大學、澳門大學、清華大學《清華簡》國際會議論文集，2017 年 10 月 26～28 日，第 182 頁。

修務篇》亦有「頓兵剉銳」語。

（8）遠夫甬（勇）戔（殘），吾先王用克內（入）於郢（第二章）

整理者曰：遠夫，疑指遠征之兵士。甬，讀為勇。戔，讀為殘，又疑讀為踐，赴也。司馬遷《報任少卿書》：「深踐戎馬之地。」（P120）

按：司馬遷《書》「踐」是踏義。「戔」是「戋」繁構。甬戔，讀為勇前。

（9）今皮（彼）新去其邦而𥸨（篤），母（毋）乃豕鬭（第二章）

整理者曰：𥸨，讀為篤，專一不變。豕鬭，大意是如窮途之獸，負隅頑抗。（P121）

按：某氏曰：「疑當讀為：『今彼新去其邦而逐，毋乃死鬭？』吳王之意大概是說：越國士兵剛剛離開他們的邦國（銳氣猶存，又思返回故邦國），這時候我們去追逐（消滅）他們，恐怕他們會拼死戰鬭吧？」〔註99〕趙嘉仁曰：「字釋為『篤』沒有問題，但是在文中應該讀為『毒』。毒乃暴烈、猛烈義。」某氏曰：「𥸨似當讀為毒，痛恨、憎恨義（也有可能取其他義項，看《匯纂》1205頁）。」〔註100〕趙嘉仁及某氏讀𥸨為毒，是也，憎惡也，怨恨也，苦痛也。馬王堆帛書《戰國縱橫家書》：「怨笁積怒，非深於齊。」《戰國策・趙策一》、《史記・趙世家》「笁」作「毒」。豕鬭，疑指群豕亂鬭。簡文言越軍離開故國，皆有怨恨之心，莫肯為鬭也。

（10）亡（無）良邊人再（稱）瘼愳怨（怨）晉（惡）（第三章）

整理者曰：瘼，或以為當隸作「瘼」，均不見於字書。稱瘼，《國語》有「稱遂」，意義或相近。《國語・周語下》：「稱遂共工之過。」韋昭注：「稱，舉也。舉遂共工之過者，謂鄣洪水也。」（P123）

按：①《國語》「稱遂」不成詞，彼以「遂」與「過」呼應。書傳「遂過」是成語，《呂氏春秋・審應》：「公子食我之辯，適足以飾非遂過。」《韓子・難二》：「李子之奸弗蚤禁，使至於計，是遂過也。」《賈子・過秦論下》：「秦王足己不問，遂過而不變。」也稱作「遂非」，《逸周書・芮良夫》：「遂

〔註99〕「汗天山」說，《初讀》，簡帛網 2017 年 4 月 27 日。其說又見侯乃峰《讀清華簡（七）零札》，《中國文字學會第九屆學術年會會議論文集》，貴州師範大學 2017 年 8 月 19～21 日，第 218 頁。又同題發表於《中國文字學報》第 9 輯，商務印書館 2018 年版，第 95 頁。

〔註100〕「zzusdy」說，《初讀》，簡帛網 2017 年 4 月 29 日。

非不悛。」《漢書・董賢傳》：「將軍遂非不改。」也稱作「順過」、「順非」，《孟子・公孫丑下》：「順過飾非，就為之辭。」又「且古之君子，過則改之；今之君子，過則順之。」《韓詩外傳》卷 4：「順非而澤，聞見雜博。」「遂」是隨順、放縱義。整理者不達厥誼，引《國語》殊為失當。②「瘦」圖版作「」，孫合肥分析字形從首從犮，隸定此字為「㾊」或「癹」，讀「發」，訓為起〔註101〕；王寧分析字形從首從犬，云：「整理者注云此詞相當於『稱遂』應該是對的，後世古書裏多稱『稱述』。《說文》『述，循也』，是其義。『〔首＋犬〕』者，會犬出首突冒之意，此字形當為『突』或『猝』字之本字，從广之字形，則『瘁』字也，簡文中讀為遂或述。」〔註102〕某氏曰：「『瘦』字或可讀為讎，讎怨之義，與『怨』、『惡』同義。亦或可讀為咎，亦是怨仇之義。」〔註103〕「」從首得聲，讀為道，與「稱」同義連文。

（11）茲（使）吾弍（二）邑之父兄子弟朝夕粲（粲）然為豺狼，飲（食）於山林萠（草）芒（莽）（第三章）

整理者曰：粲，疑為「粲」字。粲然，眾人聚集貌。又疑粲讀為獠，《說文》：「獠，嚙也。」獠然，如豺狼相撕咬貌。萠芒，讀為「草莽」。（P123）

按：孫合肥曰：「『萠』為「幽」字異體，增艸旁繁構。幽，隱也。幽莽，意為幽靜隱蔽的草莽。」〔註104〕某氏曰：「弍，當讀作貳。貳邑，指兩屬之邑。」〔註105〕某氏曰：「粲可讀為殘，意即『殘害』、『殘殺』。『然』表示順承關係。『山林萠芒』當讀為『山林幽冥』。」〔註106〕某氏曰：「第 17 號簡從艸從幽的字，與甲骨文中從木從幽的字（《合集》27978）很可能就是一字。這裡『幽』也充當聲符。頗疑這個字最早就是表示幽草、幽林之『幽』。」〔註107〕某氏曰：「當斷讀為『茲吾二邑之父兄子弟朝夕粲然，為豺狼食於山林幽冥』。『為豺狼食於山林幽冥』是說戰死者的屍體在山林幽冥之地被豺

〔註101〕孫合肥《清華七〈越公其事〉札記一則》，簡帛網 2017 年 4 月 25 日。

〔註102〕《初讀》，簡帛網 2017 年 4 月 29 日。

〔註103〕「汗天山」說，《初讀》，簡帛網 2017 年 5 月 20 日。其說又見侯乃峰《讀清華簡（七）零札》，《中國文字學會第九屆學術年會會議論文集》，貴州師範大學 2017 年 8 月 19～21 日，第 218 頁。又同題發表於《中國文字學報》第 9 輯，商務印書館 2018 年版，第 95 頁。

〔註104〕孫合肥《清華七〈越公其事〉札記一則》，簡帛網 2017 年 4 月 25 日。

〔註105〕「易泉」說，《初讀》，簡帛網 2017 年 4 月 26 日。

〔註106〕「厚予」說，《初讀》，簡帛網 2017 年 4 月 26 日。

〔註107〕「東潮」說，《初讀》，簡帛網 2017 年 4 月 26 日。

狼所食。」〔註108〕季旭昇曰：「『二邑之父兄子弟朝夕棧然為豺狼食於山林薗芒』應作一句讀。棧似可讀為殂，《說文》：『殂，禽獸所食餘也。』《說文通訓定聲》：『《廣雅》：「殂，餘也。」字亦作脧，經傳皆以「殘」為之。』『殂』修飾『為豺狼食於山林薗芒』。」〔註109〕「弍邑」讀作「二邑」不誤，代指吳、越二國。「為」猶如也、若也，比喻之詞〔註110〕。「豺狼」下不當讀斷，陳劍正不讀斷〔註111〕。某氏讀棧為殘，是也，而所釋則誤。「然」是狀詞。殘然為豺狼，言如豺狼之兇殘也。薗芒，讀為幽莽，指幽闇的草叢。眾草曰莽。簡文言使二邑之父兄子弟朝夕如兇殘的豺狼逐食於山林幽草之中。

（12）孤疾痌（痛）之，以民生之不長而自不冬（終）其命，用事（使）徒邍逃（趣）聖（聽）命於⋯⋯（第三章）

整理者曰：民生，猶言人生。《國語·吳語》：「因使人告于吳王曰：『天以吳賜越，孤不敢不受。以民生之不長，王其無死。民生於地上，寓也，其與幾何？』」第73簡：「民生不仍，王其毋死。民生地上，寓也，其與幾何？」用，因此。「邍」、「趣」同義連用，猶邍卒。邍，急速。逃，即「趣」字。《說文》：「趣，疾也。」（P124）

按：馬楠曰：「民生之不長而自不終其命，似出《高宗肜日》：『降年有永有不永，非天夭民，民中絕命。』」某氏曰：「『邍』字應與『徒』字連讀，『徒邍』一詞見於《國語·吳語》：『徒邍來告。』韋昭注：『徒，步也。邍，傳車也。』『徒邍』連用，則泛指使人。」〔註112〕胡敕瑞說同某氏〔註113〕，其說是也。「民生之不長」句與《書》無涉，《管子·小稱》：「其生不長者，其死必

〔註108〕「慕四郎」說，《初讀》，簡帛網2017年4月29日。
〔註109〕季旭昇《談清華柒〈越公其事〉的「棄惡周好」與〈左傳〉的『同好棄惡』》，收入《「古典學的重建」——出土文獻與早期中國經典研究國際學術研討會論文集》，北京師範大學珠海校區2020年12月19～20日，第202頁。
〔註110〕參見裴學海《古書虛字集釋》，中華書局1954年版，第118頁。
〔註111〕陳劍《〈越公其事〉殘簡18的位置及相關的簡序調整問題》，復旦古文字網2017年5月14日。下引陳說出處同此。
〔註112〕「朱之」說，《初讀》，簡帛網2017年4月29日；其說又見石小力《清華簡第七冊字詞釋讀札記》，《出土文獻》第11輯，中西書局2017年版，第243頁。
〔註113〕胡敕瑞《〈清華大學藏戰國竹簡（柒）·越公其事〉札記三則》，清華大學出土文獻網站2017年4月29日。又胡敕瑞《〈清華大學藏戰國竹簡（柒）·越公其事〉札記》，《出土文獻》第12輯，中西書局2018年版，第164～165頁。

不終。」可以參證。趣，讀為促。

（13）羅（羅）甲纓冑，敦齊兵刃以扙（捍）御（禦）寡人（第三章）

整理者曰：羅，讀為羅，被。纓，古書作「嬰」。《荀子·樂論》：「帶甲嬰冑。」《墨子·兼愛下》：「被甲嬰冑將往戰。」敦齊，猶敦比，治理。《荀子·榮辱》：「孝弟愿愨，軥錄疾力，以敦比其事業而不敢怠傲。」（P124）

按：某氏曰：「『羅』所訓之『被』是遭受的意思，與『被甲』之『被』顯然不同。懷疑『羅』讀為麗，著也。蔡一峰認為『羅』即有包羅之義，不煩破讀。」〔註114〕某氏曰：「羅，或當讀為『縭（縭）』？用作動詞『繫』。」〔註115〕某氏曰：「羅，讀為『穿』亦可？本篇簡文『范蠡』寫成『范羅』，二字通假。《說文》蠡從彖聲，彖、川音近可通。而川、穿皆昌紐元部（川或歸文部），『羅』讀為『穿』應該問題不大？《說文》：『擐，貫也。《春秋傳》曰：「擐甲執兵。」毌（貫），穿物持之也。』《左傳·成公十三年》：『躬擐甲冑。』《國語·吳語》：『夜中乃令服兵擐甲。』意即穿甲。」〔註116〕蘇建洲曰：「羅，讀為帶。」〔註117〕王寧曰：「『敦齊』當讀為《荀子·解蔽》『好相推擠』之『推擠』。」〔註118〕陳劍讀作「麗甲」。某氏曰：「『齊刃』見於《尉繚子·制談》：『金鼓所指，則百人盡鬥。陷行亂陣，則千人盡鬥。覆軍殺將，則萬人齊刃。』」〔註119〕①某氏指出羅讀為羅訓被是遭受義，是也，「羅」即「離」俗字。羅，讀為連，一聲之轉。連甲，謂以組（即絲繩）連綴鎧甲。《呂氏春秋·去尤》：「邾之故法，為甲裳以帛。公息忌謂邾君曰：『不若以組。凡甲之所以為固者，以滿竅也，今竅滿矣，而任力者半耳。且組則不然，竅滿則盡任力矣。』」高誘注：「以帛綴甲。」《初學記》卷22引「綴」作「連」。《管子·五行》：「組甲厲兵。」尹知章注：「組甲，謂以組貫甲也。」《左傳·襄公三年》：「組甲三百，被練三千。」孔疏引賈逵曰：「組甲，以組綴甲，車士服之。被練，帛也，以帛綴甲，步卒服之。凡甲所以為固者，以盈竅也。帛盈竅而任力者半，卑者所服。組盈竅而盡任力，尊者所服。」又引馬融曰：「組甲，以組為甲裏，公

〔註114〕「xiaosong」說，《初讀》，簡帛網2017年4月27日。
〔註115〕「汗天山」說，《初讀》，簡帛網2017年4月27日。
〔註116〕「汗天山」說，《初讀》，簡帛網2017年4月27日。
〔註117〕《初讀》，簡帛網2017年4月27日。
〔註118〕《初讀》，簡帛網2017年4月29日。
〔註119〕「易泉」說，《初讀》，簡帛網2017年4月30日。

族所服。被練，以練為甲裏，卑者所服。」《初學記》卷22引《左傳》服虔注亦曰：「組甲，以組綴甲。」此自是漢人舊說。以組綴甲謂之「組甲」（動詞），所綴之甲亦謂之「組甲」（名詞），《尉繚子·兵教下》：「國車不出於閫，組甲不出於櫜〔註120〕，而威服天下矣。」此即名詞例。簡文「羅甲」言戰備也，不是穿戴鎧甲義。②《尉繚子》「齊刃」與此文義無涉，不得檢索同字形邃謂之同義。整理者說「敦齊，猶敦比，治理」不誤，但「治理」是泛言，如何治理，則不明晰。《荀子·榮辱》楊倞注：「敦，厚也。比，親也。言不敢怠惰也。」王引之曰：「楊說亦非。『敦』、『比』皆治也。《魯頌·閟宮》箋云：『敦，治也。』《孟子·公孫丑篇》『使虞敦匠事』，謂治匠事也。比，讀為庀，治也。敦比其事業，猶云治其事業耳。《彊國篇》『敦比於小事』，義與此同，楊注以為『精審躬親』，亦失之。」〔註121〕《彊國篇》「敦比于小事者」〔註122〕，郝懿行曰：「敦，讀如堆。敦比者，敦迫比近，從集於前也。注似未了。」朱駿聲曰：「敦，叚借為督，敦、督一聲之轉。」〔註123〕王先謙曰：「敦比，治也。」〔註124〕整理者說當本於二王。郝說近臆，朱氏順楊注而說。王引之說近之，然亦未探本。比，齊同也。敦，讀為尃，字亦省作專，音轉又作剬、斷〔註125〕，亦整齊之義。《說文》：「尃，等也。《春秋傳》曰：『尃本肇末。』」《廣雅》：「尃、等、斷，齊也。」P.2011王仁昫《刊謬補缺切韻》：「尃，齊。」王念孫曰：「《說文》：『尃，等也。』《齊語》：『尃本肇末。』韋昭注與《說文》同。《說文》又云：『剬，斷齊也。』《釋言》云：『專，齊也。』〔註126〕義並與『尃』同。」〔註127〕陳瑑解《國語》曰：「《說文》：『尃，等也。』《廣雅》：『尃齊也。專，齊也。』又《說文》：『剬，斷〔齊〕也。』義並同。」〔註128〕王、陳說是矣，而猶未盡。《說

〔註120〕《尉繚子》據宋刊《武經七書》本，明刊《武經七書直解》本、四庫本《尉繚子》「櫜」作「橐」，蓋臆改。

〔註121〕王先謙《荀子集解》，中華書局1988年版，第59～60頁。

〔註122〕錢佃《荀子考異》引一本作「熟比」，形之誤也。

〔註123〕朱駿聲《說文通訓定聲》，武漢市古籍書店1983年版，第795頁。

〔註124〕王先謙《荀子集解》，中華書局1988年版，第304頁。

〔註125〕「敦」、「斷」一聲之轉，《莊子·逍遙遊》《釋文》：「斷，司馬本作敦，云：『敦，斷也。』」

〔註126〕引者按：指《廣雅·釋言》，非《爾雅》。

〔註127〕王念孫《廣雅疏證》，收入徐復主編《廣雅詁林》，江蘇古籍出版社1992年版，第317頁。

〔註128〕陳瑑《國語翼解》卷4，收入《叢書集成新編》第109冊，新文豐出版公司1985年印行，第672頁。陳氏引《說文》奪「齊」字。

文》「剸，斷齊也」是聲訓，「斷」、「剸」音近，斷亦齊也。《玉篇》：「塼，等齊也。」《玉篇》、《廣韻》並云：「剸，齊也。」字亦作揣，《孟子・告子下》：「不揣其本而齊其末。」揣亦齊也。段玉裁《說文》注曰：「等者，齊簡也，故凡齊皆曰等。《齊語》：『塼本肇末。』韋注：『塼，等也。』按《孟子》曰：『不揣其本而齊其末。』『揣』蓋『塼』之叚借字。耑聲、專聲同部。趙注云『揣量』，似失之。」又曰：「《國語》：『塼本肇末。』『塼』即《孟子》『揣其本』之揣，其義同也。」焦循從其說〔註129〕，汪遠孫、朱駿聲亦並謂「揣」與「塼」通〔註130〕。字亦作端，《家語・五儀解》：「夫端衣玄裳。」王肅注：「端衣玄裳，齋服也。」「齋」同「齊」。《周禮・春官・宗伯》：「其齊服，有玄端素端。」鄭玄注：「端者，取其正也，士之衣袂皆二尺二寸而屬幅，是廣袤等也。」是「端」有齊等之義也。《廣韻》：「端，等也。」《說苑・臣術》：「衣服端齊，飲食節儉。」「敦齊」即「端齊」，猶言齊整，故引申訓治理也。敦齊兵刃，謂齊整其兵器，不雜亂也。

（14）孤用医（委）命蟄脣

整理者曰：委命，任命。《史記・刺客列傳》：「此丹之上願，而不知所委命，唯荊卿留意焉。」蟄脣，疑讀為「重臣」。（P125）

按：馬楠曰：「『蟄脣』似當讀為『董振』，昭三年《左傳》『而辱使董振擇之』，杜注：『董，正也。振，整也。』孔疏『言正整選擇，示精審也。』」某氏亦曰：「蟄脣，當讀為『董振』。『董振』一詞，見於《左傳・昭公三年》『而辱使董振擇之，以備嬪嬙』，《經義述聞》卷32：『董振即動震，謂敬謹也。』楊伯峻注：『董振，猶今慎重之意。』」〔註131〕某氏曰：「『蟄脣』是否指『童侲』，侲亦童也，未成年人。」〔註132〕范常喜讀「蟄脣閣」為句，云：「『蟄脣閣』三字當讀作『踵晨昏』。晨昏相繼、以晨繼昏之義。」〔註133〕某氏說「蟄

〔註129〕段玉裁《說文解字注》，上海古籍出版社 1981 年版，第 500、601 頁。焦循《孟子正義》卷 24，中華書局 1987 年版，第 807 頁。

〔註130〕汪遠孫《國語發正》卷 6，收入王先謙《清經解續編》卷 99，鳳凰出版集團 2005 年版，第 11 冊，第 3096 頁。朱駿聲《說文通訓定聲》，武漢市古籍書店 1983 年版，第 758 頁。

〔註131〕「汗天山」說，《初讀》，簡帛網 2017 年 5 月 5 日。

〔註132〕「難言」說，《初讀》，簡帛網 2017 年 4 月 25 日。

〔註133〕范常喜《清華簡〈越公其事〉與〈國語〉外交辭令對讀札記一則》，《中國史研究》2018 年第 1 期，第 202～203 頁。

昬」即「童侲」，是也，但他沒有論證，其餘說法皆誤。委命，猶言授命，整理者所引《史記》亦此義（《史記》文本於《戰國策．燕策三》，鮑彪注：「委棄性命，猶言不知死所。」亦誤）。《吳越春秋．勾踐歸國外傳》：「北向稱臣，委命吳國。」「𥫆昬」即清華（六）《管仲》之「昬童」，亦即「侲童」，指宮中男奴女婢〔註 134〕。「委命𥫆昬」即賈誼《過秦論》「委命下吏」之誼，指把自身性命交給卑賤之人。

（15）闅冒兵刃（第三章）

整理者曰：闅，《玉篇》：「門也。」甲骨文有「」字，待考。冒，頂著。司馬遷《報任少卿書》：「張空拳，冒白刃。」（P125）

按：趙嘉仁曰：「『闅』字疑為『蒙』字異體。『蒙』從冡聲，古音在明紐東部；『闅』從豖門聲，門古音在明紐文部。《淮南子．脩务》：『冒蒙荊棘。』文中『冒蒙』就相當於簡文的『闅冒』。」某氏曰：「『闅』可能是『突』字異體嗎？檢文獻有『冒鋒突刃』、『冒突白刃』，但時代較晚。」〔註 135〕某氏曰：「闅，疑讀為逐。逐冒兵刃，謂冒著兵刃追逐。」〔註 136〕某氏曰：「闅，從門從豖，以豖為聲，可讀作蹈，訓作踐踏。」〔註 137〕王寧曰：「整理者舉出甲骨文有『〔門+豩〕』的字，值得重視，『闅』字所從的『豖』很可能就是『豩』的省寫。可能『門』為綴加的聲符，在簡文中可能是讀為『奮』。如果必由『門』聲求之，也可能讀為敃，彊也。《說文》訓冒也，昏冒義，在簡文中不合適。」〔註 138〕某氏曰：「我們比較傾向於王寧對字形的分析，但是他讀闅為奮、敃，則於簡文之文義似有未合。從豩或燹與從分聲的字讀音相近而通假，簡文之『闅冒』可讀為『坌冒』。《新書．勸學》：『坌（一本或作坌）冒楚棘。』《淮南子．脩務》作『冒蒙荊棘』。蔣禮鴻指出：『坌冒之坌與逢同，觸犯之義也……坌、逢聲近義通。』然則『闅（坌）冒兵刃』與『坌冒楚棘』，文例相類，用意相近，就是觸犯兵刃、觸犯荊棘之義。」〔註 139〕某氏曰：「其字上門下豖，頗疑『豖』是『豖』之訛，字原當作『闅』，从門豖

〔註 134〕參見蕭旭《清華簡（六）校補》。
〔註 135〕「難言」說，《初讀》，簡帛網 2017 年 4 月 25 日。
〔註 136〕「悅園」說，《初讀》，簡帛網 2017 年 4 月 28 日。
〔註 137〕「易泉」說，《初讀》，簡帛網 2017 年 4 月 30 日。
〔註 138〕《初讀》，簡帛網 2017 年 4 月 30 日。
〔註 139〕「黔之菜」說，《清華簡柒〈越公其事〉篇之「闅冒」試解》，簡帛網 2017 年 5 月 11 日。

聲，讀若觸。『觸冒』古書常見，《後漢書·劉茂傳》：『茂與弟觸冒兵刃，緣山負食，臣及妻子得度死命，節義尤高。』」〔註140〕吳祺曰：「此字當分析為從門豕聲之字，讀為抵，抵觸之義。『抵冒』亦即『觸冒』。」〔註141〕「闟」圖版作「」，從門，從豕得聲，「豕」異體作「彖」。《說文》：「彖，豕也，從彑從豕，讀若弛。」「地」字或作「陸」、「墬」〔註142〕，從豕得聲，字又作「壁」、「墜」，「彖」誤作「彖」。簡文闟讀為馳，奔也。《史記·秦本紀》：「馳冒晉軍。」所從「門」疑「鬥」誤書，「闟」字表示馳鬥義。

（16）抑犺（荒）棄孤，伓（圮）虗（墟）宗廟（第三章）

整理者曰：伓，讀為圮，毀。虗，讀為墟，毀為廢墟。圮、墟，同義詞連用。（P125）

按：某氏曰：「疑『伓』讀為背。『虗』用為本字。『背虗』就是拋棄使虛空的意思。」〔註143〕某氏曰：「『虗』如字讀可從。『虗宗廟』之說見於《荀子·解蔽》：『此其所以喪九牧之地，而虗宗廟之國也。』伓，疑屬上讀作附，指依附、親附。此處斷句當作：『抑荒棄孤伓（附），虗宗廟。』」〔註144〕林少平曰：「『伓虗』當讀作『背去』，與簡4『播棄宗廟』之『播棄』近義。」〔註145〕陳劍讀作「倍虗」。白于藍等曰：「伓當讀作崩，壞也。」〔註146〕整理者句讀不誤，「虗」、「墟」古今字，整理者所釋亦不誤，不是「虛空」義。伓，讀為仆，字亦作踣，倒覆也。

（17）孤或（又）恧（恐）亡（無）良僕駛（馭）獟（燃）火於越邦（第三章）

整理者曰：獟，疑讀為燃。燃火，猶縱火。（P125）

〔註140〕「一上示三王」說，《初讀》，簡帛網 2017 年 6 月 8 日。

〔註141〕吳祺《清華簡〈管仲〉〈越公其事〉校釋三則》，《出土文獻》第 12 輯，中西書局 2018 年版，第 180 頁。

〔註142〕郭店楚簡《忠信之道》簡 4、簡 5「天地」，《語叢四》簡 22「山亡地」，「地」皆作「陸」，圖版作「」。「墬」字見《集韻》。

〔註143〕「耒之」說，《初讀》，簡帛網 2017 年 4 月 27 日；其說又見石小力《清華簡第七冊字詞釋讀札記》，《出土文獻》第 11 輯，中西書局 2017 年版，第 244 頁。

〔註144〕「易泉」說，《初讀》，簡帛網 2017 年 5 月 1 日。

〔註145〕《初讀》，簡帛網 2017 年 5 月 6 日。

〔註146〕白于藍、岳拯士《清華簡〈越公其事〉校釋（六則）》，《中國文字》2020 年夏季號（總第 3 期），第 183 頁。

按：馬楠曰：「猱，疑即『娣』字，讀為次第之第。猱火猶云改火。」程燕曰：「此字應釋為『狄』，右上所從弟乃贅加聲符。狄、弟二者聲同韻近。『猱』讀作敵。『敵火』應指敵方之火。」〔註147〕石小力曰：「『猱』字應如程燕分析。從讀法來看，整理者對文意的把握是正確的，但讀『燃』，與『狄』古音差別較大，恐難相通。今疑讀為書母歌部之『施』。古書中『狄』字常見與『易』字通用，而『易』字與『施』字可以通用。施火，即縱火。《荀子·大略》：『均薪施火，火就燥。』《墨子·備穴》：『縛柱施火。』」〔註148〕某氏曰：「『良僕馭』之馭讀作御，《晏子春秋》有『今子長八尺，迺為人僕御』。『良僕御』似當連皆用作名詞。如然，施火，便要理解為中性的動詞，這種情況下似指主動的去用火、管控火。還有一種情況，讀作禦，用作動詞，那麼這裏的『猱火』，理解為意料外之火，包含縱火、失火，後一種情況下，從狄從弟，以弟為聲，似可讀作失。」〔註149〕蔡一峰曰：「此字首見，釋『娣』或『狄』皆有可能。『猱火』當讀『易火』，『火』當為宗廟祭祀之火，『易』當訓延。『易火』猶言『延火』，宗廟香火長明必須有專人負責侍奉續火，『易火』即指這類差事，宗廟火燭的燃與滅直接與邦國存亡聯繫在一起。」〔註150〕馮勝君曰：「『猱』原篆作『』，此字當隸定作『狾』，應分析為從戕（肰）省從火，可直接釋為『然』，從整理者讀為『燃火』之燃。」〔註151〕「亡（無）良」成詞，某氏以「良僕馭」為詞，非也。程燕、蔡一峰的字形分析，石小力的文意把握，都可取。但石小力所引二例「施火」猶言加火，不是縱火義。猱（狄），疑讀為肆，縱也。「劣（剔）」或作「肆」，是其比也。《周禮·小子》：「羞羊肆。」鄭玄注：「肆，讀為鬎。」

（18）余其與吳播棄悬（怨）晉（惡）於海瀘（濟）江沽（湖）（第三章）

整理者曰：瀘，與「海」、「江」、「湖」為類義詞，疑讀為濟，古四瀆之

〔註147〕程燕《清華七札記三則》，簡帛網 2017 年 4 月 26 日；又同題提交「中國文字學會第九屆學術年會」，貴陽 2017 年 8 月 19～21 日，收入《論文集》第 72 頁。又同題發表於《中國文字學報》第 9 輯，商務印書館 2018 年版，第 87～88 頁。

〔註148〕《初讀》，簡帛網 2017 年 4 月 26 日。其說又見石小力《清華簡第七冊字詞釋讀札記》，《出土文獻》第 11 輯，中西書局 2017 年版，第 244～245 頁。

〔註149〕「易泉」說，《初讀》，簡帛網 2017 年 4 月 27 日。

〔註150〕蔡一峰《清華簡〈越公其事〉「繼燎」「易火」解》，簡帛網 2017 年 5 月 1 日。

〔註151〕馮勝君《試說清華七〈越公其事〉篇中的「繼孼」》，復旦古文字網 2017 年 5 月 2 日。

一。又疑讀為裔。（P125）

按：孫合肥曰：「瀊，疑讀為河。」〔註 152〕某氏曰：「『瀊』若從『皆』得聲不誤，似可讀為淵？」〔註 153〕王寧曰：「此字右旁下面的『皿』當是『血』之省，故『〔皆+皿（血）〕』這部分當是雙聲符字。此字讀『濟』恐不確，當讀洫，指溝洫。『海洫江湖』均水蓄積、通流之處。」〔註 154〕陳偉曰：「吳、越二國興起及相爭，主要是在長江下游以南，與河、濟無涉。整理者把『海』下一字讀為『裔』更為合理。『沽』恐當讀為浦。《廣雅》：『浦、濱，厓（涯）也。』『江浦』、『海裔』對舉，正好指向長江下游南岸、瀕臨東海的吳越之地。」〔註 155〕袁金平曰：「瀊當讀為淮。」〔註 156〕陳說是也，但簡文也可能是泛說，而非指實，則整理者讀瀊為濟也可備一說。《說文》：「霎，霽謂之霎。」此是聲訓。楚簡「濟」作「淒」。《易》之「未濟」，馬王堆帛書同，上博簡（三）58 作「淒」字。清華簡（六）《管仲》簡 20「肙（怨）亦未諓」，整理者讀諓為濟〔註 157〕。清華簡（七）《趙簡子》簡 9「河淒之間」，整理者括讀為「河濟」〔註 158〕。類例尚多〔註 159〕。此簡「瀊」是「湝」增旁字，乃「淒」改易聲符的異體字，亦讀作濟。《詩·風雨》：「風雨淒淒。」《說文》：「湝，一曰湝湝，寒也。《詩》曰：『風雨湝湝。』」《詩·綠衣》：「淒其以風。」毛傳：「淒，寒風也。」是「湝」即「淒」也。《文選·北征賦》：「鴈邕邕以群翔兮，鵾雞鳴以嚌嚌。」李善注：「嚌嚌，眾聲也，音喈。」又《笙賦》：「含㗅嘽諧，雍雍喈喈，若群雛之從母也。」「邕邕嚌嚌」即「雍雍喈喈」。馬王堆帛書《五十二病方》：「節（即）復欲傅之，淒傅之如前。」又「即以〔其〕汁淒夕（腋）

〔註 152〕孫合肥《清華七〈越公其事〉札記二則》，簡帛網 2017 年 4 月 26 日。

〔註 153〕「汗天山」說，《初讀》，簡帛網 2017 年 4 月 26 日。其說又見侯乃峰《讀清華簡（七）零札》，《中國文字學會第九屆學術年會會議論文集》，貴州師範大學 2017 年 8 月 19～21 日，第 219 頁。又同題發表於《中國文字學報》第 9 輯，商務印書館 2018 年版，第 96 頁。

〔註 154〕《初讀》，簡帛網 2017 年 4 月 29 日。

〔註 155〕陳偉《清華簡七〈越公其事〉校釋》，《出土文獻與傳世典籍的詮釋國際學術研討會會議論文集》，復旦大學 2017 年 10 月 14～15 日，第 31～32 頁。

〔註 156〕袁金平《清華簡〈越公其事〉「海瀊江湖」臆解》，《戰國文字研究》第 1 輯，安徽大學出版社 2019 年版，第 47 頁。

〔註 157〕《清華大學藏戰國竹簡》（六），中西書局 2016 年版，第 116 頁。

〔註 158〕《清華大學藏戰國竹簡》（七），中西書局 2017 年版，第 107 頁。

〔註 159〕參見劉信芳《楚簡帛通假彙釋》，高等教育出版社 2011 年版，第 265～266 頁。又參見白于藍《戰國秦漢簡帛古書通假字彙纂》，福建人民出版社 2012 年版，第 337 頁。

下。」原整理者曰：「淒，疑讀為揩，摩也。」《帛書集成》整理者從其說〔註160〕。《五十二病方》殘片有「☐皆傅之，以☐」四字，「皆」乃「揩」省借，可證「淒傅」即「揩傅」，整理者說不誤。「硠」訓摩擦，亦「揩」改易聲符的異體字。又疑「瀟」讀為涯，「海涯」猶「海濱」，與「江浦」為類。

（19）齊執同力，以禦仇讎（第三章）

整理者曰：齊執同力，第6簡有「齊勎同心」。齊執猶共舉，齊勎猶步調一致，皆同心協力之謂。又，執、勎皆脂部字，或疑音近假借。（P126）

按：單育辰曰：「讀為『齊執（勢）同力』，『勢』古人多訓為力。」〔註161〕執，讀為集，合也，聚也。

（20）越王句踐將忢（惎）遉（復）吳（第四章）

整理者曰：惎，憎惡，怨恨。（P127）

按：某氏曰：「惎，此疑訓為謀。」〔註162〕其說是也。《國語·越語下》：「王召范蠡而問焉，曰：『上天降禍於越，委制於吳。吳人之那不穀，亦又甚焉。吾欲與子謀之，其可乎？』」《吳越春秋·勾踐陰謀外傳》：「越王又問相國范蠡曰：『孤有報復之謀。』」P.2011 王仁昫《刊謬補缺切韻》：「惎，一曰謀。」《左傳·定公四年》：「管蔡啟商，惎間王室。」王引之曰：「惎之言基。基，謀也。間，犯也。謂謀犯王室也。《爾雅》曰：『基，謀也。』《廣韻》：『惎，一曰謀也。』《玉篇》：『諅，謀也。』《廣韻》：『誉，謀也。』諅、惎、基，並字異而義同。」〔註163〕郝懿行曰：「基，通作『諅』，《玉篇》、《廣韻》並云：『諅，謀也。』又別作『諶』，《爾雅釋文》：『基，本或作諶。』蓋『基』為本字，『諅』為叚音，『諶』為或體耳。」〔註164〕《玉篇殘卷》：「諅，《爾雅》：『諅，謀也。』野王案：謂謀謨也。今亦為『基』字，在《土部》也。」《集韻》：「諅、諶：謀也，或從基，通作基。」字亦作期，《金樓子·自序》引曾生曰：「誦《詩》讀《書》，與古人居；讀《書》誦《詩》，與

〔註160〕《馬王堆漢墓帛書〔肆〕》，文物出版社1985年版，第35頁。《長沙馬王堆漢墓簡帛集成》第5冊，中華書局2014年版，第228頁。

〔註161〕單育辰《〈清華大學藏戰國竹簡（柒）〉釋文訂補》，《清華簡國際會議論文集》，浸會大學、澳門大學、清華大學2017年10月26～28日，第174頁。

〔註162〕「薛後生」說，《初讀》，簡帛網2017年4月25日。

〔註163〕王引之《經義述聞》卷19，江蘇古籍出版社1985年版，第472頁。

〔註164〕郝懿行《爾雅義疏》，上海古籍出版社1983年版，第40頁。

古人期。」《意林》卷 1 引《尸子》引孔子語「期」作「謀」。《亢倉子・農道》：「天發時，地產財，不與人期。」《呂氏春秋・任地》「期」作「謀」。字亦省作「其」，《禮記・孔子閒居》「夙夜其命宥密，無聲之樂也。」鄭玄注：「《詩》讀其為基，聲之誤也。基，謀也。」《詩・昊天有成命》、《國語・周語下》、《家語・論禮》作「基」，上博簡（二）《民之父母》簡 8 作「晉」。「晉」即「謀」古字。毛傳：「基，始也。」「基」訓謀者，謂謀事之始，鄭注、毛傳二合之，斯為善矣。《詩・緜》：「爰始爰謀，爰契我龜。」馬瑞辰曰：「始亦謀也。始謀謂之始，猶終謀謂之究。『爰始爰謀』猶言『是究是圖』也。《爾雅》『基』、『肇』皆訓為始，又皆訓謀，則『始』與『謀』義正相成耳。」〔註 165〕

（21）王乍（作）安邦，乃因司襲常（第四章）

整理者曰：乍，讀為作，始。因司襲常，因襲常規。（P128）

按：魏棟曰：「『司』古通『嗣』，訓繼承、延續。『因』、『司（嗣）』、『襲』三字為同義連用。」某氏曰：「『司』或當讀為事，『因事襲常』即循故襲常、因循故常之義。」〔註 166〕某氏曰：「『司』是官司之義，『因司』、『襲常』是兩個動賓短語，存在互文關係，意為因襲舊日之官僚機構、規章制度等，亦即不煩費改作之意。《書・立政》有『百司庶府』，『司』即指官僚機構。」〔註 167〕王寧曰：「『司』是『治』的假借字，《爾雅》：『治、肆、古，故也。』『因司（治）襲常』即因故襲常。」〔註 168〕某氏曰：「因、襲，承襲之義。司，職責。常，舊法。」〔註 169〕某氏曰：「『因司襲尚』當讀為『因司襲掌』，『因』、『襲』同義，『司』、『掌』同義，『因司襲掌』的意思就是沿襲官吏所職掌之事，也就是使官吏的職位不發生變動。」〔註 170〕王磊曰：「『司』可讀為始。郭店楚簡《五行》第 81 簡：『又（有）與司，又（有）與冬（終）也。』馬王堆帛書本『司』作『始』。《性自命出》第 3 簡：『司者近青，終者近義。』『司』、『終』相對，也當讀為始。『因始』當即因襲初始的意思。」

〔註 165〕馬瑞辰《毛詩傳箋通釋》，中華書局 1989 年版，第 816～817 頁。
〔註 166〕「汗天山」說，《初讀》，簡帛網 2017 年 4 月 23 日。
〔註 167〕「蕓四郎」說，《初讀》，簡帛網 2017 年 4 月 29 日。
〔註 168〕《初讀》，簡帛網 2017 年 4 月 30 日。
〔註 169〕「明珍」說，《初讀》，簡帛網 2017 年 5 月 1 日。
〔註 170〕「苦行僧」說，《初讀》，簡帛網 2017 年 5 月 5 日。

〔註171〕王磊說是也，王寧說亦是，書傳未見「治」訓「故」者，《爾雅》郭璞注：「治，未詳。」鄭樵注：「『治』疑為『始』。」二字古通，非誤也，古亦省作「台」。始，初也，指初法。

（22）縱（縱）經（輕）遊民，不爯（稱）貣（貸）伇（役）幽（泑）塗泃（溝）壟（塘）之釭（功）（第四章）

整理者曰：縱，讀為縱，緩也。經，疑讀為輕。稱，舉行，實施。貣，通作「貸」，借貸。役，為，施行。泑塗溝塘之功，指各種水利工程。幽，疑讀為泑。塗，《說文》：「泥也。」溝，水瀆。泑、塗、溝、塘皆為溝塘沼澤之類。此句大意是不耗費民力興建水利工程。（P128）

按：某氏曰：「縱，讀為總，掌握、統率之意。經，即治理、管理之意。」〔註172〕某氏曰：「『貣役』不如讀為『力役』。本簡所謂的『三工』疑即『貣（力）役、幽塗、溝塘之功』。」〔註173〕季旭昇曰：「不稱貸，不必向人借貸的意思。」〔註174〕白于藍等讀「幽塗泃壟」為「皋澤溝庸」〔註175〕。《說文》未收「塗」字，《新附》始收之，整理者失檢，訓泥亦非簡文之誼。「縱經」整理者說不誤。「不稱貸」季旭昇說是也。幽，讀為幽，隱僻也。「塗」同「途」，道路。幽途，偏僻之路。讀壟為塘，是也，但不指溝池，應指堤岸〔註176〕。字亦作隄，《淮南子・主術篇》：「若發城決塘。」高誘注：「塘，隄也。皆所以畜（蓄）水。」《玉篇殘卷》「隄」字條、《慧琳音義》卷67（凡二引）引作「隄」。又《兵略篇》：「若崩山決塘。」本篇簡56「泃壟之工（功）」，亦同。簡30：「王親涉泃（溝）淳幽塗。」「淳」謂隄墩（詳下文），指越王親自跑到

〔註171〕王磊《清華七〈越公其事〉札記六則》，簡帛網2017年5月17日。

〔註172〕「明珍」說，《初讀》，簡帛網2017年5月1日。

〔註173〕「ee」說，《初讀》，簡帛網2017年5月15日。其說又見單育辰《清華大學藏戰國竹簡（柒）〉釋文訂補》，《清華簡國際會議論文集》，浸會大學、澳門大學、清華大學2017年10月26～28日，第175頁。

〔註174〕季旭昇《〈清華柒・越公其事〉第四章「不稱貸」、「無好」句考釋》，《上古音與古文字研究的整合國際研討會論文》，澳門大學、香港浸會大學2017年7月15～17日。

〔註175〕白于藍、耿欣《戰國楚簡中的「𦮾」與「𩀙」及相關諸字》，《中國歷史研究院集刊》2020年第1輯。

〔註176〕本文此條以《清華簡（七）校補（二）》為題首發於復旦大學古文字網2017年6月5日。後見子居指出塘為擋水的堤壩，與拙說無異。子居《清華簡七〈越公其事〉第四章解析》，中國先秦史網站2018年5月14日。

溝隄及偏僻的路上。此簡謂越王寬緩民力，不舉債修建幽途、溝隄。

（23）王訦（並）亡（無）好攸（修）於民三工之堵（第四章）

整理者曰：訦疑為「並」之壞字。並，遍。民三工之堵，意不明，疑「堵」讀為「功」或「圖」。（P128）

按：孫合肥曰：「堵，讀為築，義為『築建工事』、『建造工事』。」〔註177〕「訦」字圖版作「」，不識。「堵」讀為圖是也，上博楚簡「圖」字作「意」、「㥁」或「圖」，清華簡（六）《鄭武夫人規孺子》作「愚」，猶言規劃，與「修」對應。此簡指三工之圖，故字加義符「工」作「堵」，「工」非聲符。修，猶言製訂。

（24）王親自斷（耕），又（有）私舊（畦）（第五章）

整理者曰：舊，與九店簡之「㽫」當為一字，李家浩釋讀為「畦」，詳見《九店楚簡》（58頁）。《說文》：「田五十畝曰畦。」私畦，親耕之私田。（P130）

按：王寧曰：「『舊』可分析為從蒦（獲）省田聲，即『田』，田獵的目的是要獵獲禽獸，故字從蒦（獲）作，這裡應當讀為『田地』之田。」〔註178〕整理者說是也，「舊」、「㽫」皆從巂省聲，故讀為畦。畦音奚。

（25）王親涉沟（溝）淳淵塗（第五章）

整理者曰：淳，疑指低窪沼澤。（P131）

按：某氏曰：「『淳』當讀為甽（畎），指田間水溝。在簡文中指代田地。」〔註179〕王寧曰：「『淳』字原簡文從水郭聲，即『漷』字，當讀為壑。」〔註180〕子居讀淳為畛，云：「《漢書‧揚雄傳》：『秦神下讋，跊魂負沴。』服虔注：『沴，河岸之坻也。』畛與沴顯然是一義分化，故同作『淳』。坻、塘義近，所以《越公其事》或稱『溝塘』，或稱『溝淳』。」〔註181〕大西克也讀淳為塘〔註182〕。淳，讀為自，俗作墩、堆，土堆，簡文指溝之隄墩。

〔註177〕孫合肥《清華七〈越公其事〉札記二則》，簡帛網 2017 年 4 月 26 日。

〔註178〕《初讀》，簡帛網 2017 年 5 月 6 日。

〔註179〕「汗天山」說，《初讀》，簡帛網 2017 年 4 月 27 日。

〔註180〕《初讀》，簡帛網 2017 年 4 月 30 日。

〔註181〕子居《清華簡七〈越公其事〉第五章解析》，中國先秦史網站 2018 年 6 月 5 日。

〔註182〕大西克也《〈清華柒‧越公其事〉「坳塗溝塘」考》，《第三十屆中國文字學國

字亦作埻、錞，《山海經・西山經》：「騩山是錞於西海。」郭璞注：「錞，猶
堤埻也〔註183〕，音章閏反。」《玉篇》「埻」字條引作「埻」，郭璞注作「埻，
猶隈也」。方以智曰：「『敦』、『堆』聲近。蓋山川之形，有似圜堆深箌者，
如玉甑峰、鈷鉧潭之類。」〔註184〕郭璞注「堤埻」即「堤墩」。經言騩山是
西海的堤墩。字亦作敦，《爾雅》：「丘一成為敦丘。」郭璞注：「今江東呼地
高堆者為敦。」

（26）越庶民百眚（姓）乃再（稱）嚞蒸（悚）思（懼）曰：「王其又（有）縈（勞）疾？」（第五章）

整理者曰：嚞，《說文》：「疾言也。」《正字通》：「與『杳、喈、諸、謂』
並同。」皆為多言。稱嚞，猶儑嚞。左思《吳都賦》：「儑嚞㗫㗱，交貿相競。」
注：「儑嚞，眾言語喧雜也。」蒸，讀為悚。（P131）

按：所引注「儑嚞，眾言語喧雜也」，非《文選》舊注，出自《康熙字
典》，而《字典》又鈔自《正字通》「言眾語喧雜也」而誤倒「言」字於下，
輾轉相鈔，致失其真。且謂「稱嚞，猶儑嚞」，亦不知所據。某氏曰：「清華
簡（二）《繫年》簡46有『嚞』字，用作『襲』。此處『嚞』也應當讀為襲，
『稱襲』是一個詞，見《後漢書》『棺槨周重之制，衣衾稱襲之數』，本指禮
服，此處作動詞，意為穿上禮服。」〔註185〕某氏曰：「『嚞』字，據下文『悚
懼』一詞，懷疑有沒有可能讀為『懾服』之懾（字又作慴）？」〔註186〕某
氏又曰：「『嚞』讀為『懾服』之『懾』。『稱』字之後的『嚞（懾／慴）』、
『悚』、『懼』為三字一義而並列複用者。」〔註187〕王寧曰：「此句當於『嚞』
下斷句。『蒸』即『慫』字，《說文》訓驚，『慫懼』即驚懼。」〔註188〕《後
漢書》「衣衾稱襲之數」，「襲」是死者之衣，「稱」指單衣、複衣相對應，古

際學術研討會論文集》，臺灣成功大學2019年5月24～25日，第289頁。
〔註183〕《山海經》據四庫本，明刊本「堤埻」誤作「堤𨫼」，道藏本誤作「是蟑」。
〔註184〕方以智《通雅》卷16，收入《方以智全書》第1冊，上海古籍出版社1988年
　　　　版，第587頁。
〔註185〕「幕四郎」說，《初讀》，簡帛網2017年4月23日。
〔註186〕「汗天山」說，《初讀》，簡帛網2017年4月24日。
〔註187〕「汗天山」說，《初讀》，簡帛網2017年5月20日。其說又見侯乃峰《讀清
　　　　華簡（七）零札》，《中國文字學會第九屆學術年會會議論文集》，貴州師範大
　　　　學2017年8月19～21日，第219頁。又同題發表於《中國文字學報》第9
　　　　輯，商務印書館2018年版，第96頁。
〔註188〕《初讀》，簡帛網2017年4月30日。

有定制。李賢注：「天子襲十二稱，諸公九稱，諸侯七稱，大夫五稱，士三
稱。……衣單複具曰稱。」身份不同，其稱數也不同，某氏不知，胡亂引之，
殊為失之。「鸄」讀為悚，抑讀為慫，一也。《說文》：「慫，驚也，讀若悚。」
《玉篇》：「慫，悚也。」「慫」字亦作竦、懅〔註189〕。字亦作憁、聳，《左
傳・成十四年》：「無不聳懼。」《玄應音義》卷 15：「聳耳：古文竦、慫、
慫三形，同。」《六書故》：「聳，又作悚、慫、憁。」字亦省作從，《太玄・
失》：「卒而從而，郵而竦而。」范望注：「從、郵、竦，皆是憂懼，憂懼卒
至之貌也。」王寧於「鱻」下斷句，是也。禹，讀為偁，稱揚也，字亦作稱，
音轉亦作譝、繩，《廣雅》：「偁、譝，譽也。」王念孫曰：「『偁』通作『稱』，
譝亦稱也，方俗語轉耳。」〔註190〕鱻，讀為婼。《說文》：「婼，俛伏也，一
曰伏意也。」《廣韻》、《五音集韻》引「伏意」作「意伏」，《集韻》、《類篇》
引作「服意」。蔣斧印本《唐韻殘卷》：「婼，安。」《廣韻》：「婼，安貌。」
「婼」蓋身子低伏義，引申則為意服、心服。禹鱻，猶言稱服。

（27）王聞之，乃以筥（熟）飤（食）脂醢脯肬（羹）多從（第五章）

整理者曰：肬，即「肓」字，疑讀為羹。（P131）

按：某氏曰：「肬當讀為膴。《周禮・天官・冢宰》：『薦脯、膴、胖（引者
按：當是『胖』字），凡臘物。』」〔註191〕其說是也，陳劍亦讀作「膴」。膴亦
脯也，乾肉。

（28）其見蓐（農）夫老弱堇（勤）歷（麻）者，王必酓（飲）飤（食）
之（第五章）

整理者曰：堇，疑讀為勤。歷，疑讀為麻，《說文》：「治也。」（P131）

按：劉剛曰：「『歷』可以分析為從土、曆省聲。堇歷，讀為『饉歉』。」
〔註192〕陳劍曰：「『堇歷』可讀為『勤懋』。」〔註193〕王寧曰：「堇歷，讀為

〔註189〕黃侃《說文同文》，收入《說文箋識》，中華書局 2006 年版，第 72、73 頁。

〔註190〕王念孫《廣雅疏證》，收入徐復主編《廣雅詁林》，江蘇古籍出版社 1992 年
版，第 337 頁。

〔註191〕「幕四郎」說，《初讀》，簡帛網 2017 年 4 月 23 日。

〔註192〕劉剛《試說〈清華柒・越公其事〉中的「歷」字》，復旦古文字網 2017 年 4
月 26 日。

〔註193〕陳劍《簡談對金文「蔑懋」問題的一些新認識》，復旦古文字網 2017 年 5 月
5 日。

『瘴瘠』。『瘴』《爾雅》訓病。《呂氏春秋・順民》：『（勾踐）時出行路，從車載食，以視孤寡老弱之潰病、困窮、顏色愁悴不贍者，必身自食之。』與簡文所記內容類同，大概是同一個來源。高誘注：『潰亦病也。《公羊傳》曰：「大潰者，大病也。」』畢沅《新校正》：『案《公羊傳》莊二十年《經》「齊人大災」，《傳》曰：「大災者何？大瘠也。大潰（引者按：當是『瘠』字）者何？病也。」瘠亦作潰。』簡文『歷』正相當於『潰』，『瘴』正相當於『病』，『潰』即『瘠』。」〔註194〕羅濤曰：「厤，應讀為厲或勵。勤勵，即勤勉。」〔註195〕王寧引《呂氏》說之是矣。何休注：「瘠，病也，齊人語也。」瘠指瘦瘠、瘦病，字亦作殯、積。然「歷」未必即「潰」字，聲母不近，疑讀為癧。《說文》：「癧，一曰瘦黑，讀若隸。」「癧」即「鰲」異體字，字亦作黎、犁、梨。P.2011 王仁昫《刊謬補缺切韻》：「癧，瘦黑。」《集韻》：「癧，鰲瘦也。」又「癧，病瘠黑也。」

（29）其見農夫毦（稽）顚（頂）足見，顏色訓（順）必（比）而將𡏳（耕）者，王亦飲食之（第五章）

整理者曰：毦顚，疑讀為「稽頂」，義同「稽首」。稽首足見，似言禮敬周至。（P131）

按：某氏曰：「毦，疑讀作黎。黎頂，即『黎首』，與《列子・黃帝》之『面目黎黑』相當。《呂氏春秋・行論》、《求人》有『顏色黎黑』，是相似表述。」〔註196〕王寧曰：「『毦』當即『耆』字或體，與『老』義類同，《說文》：『老，……從人毛、匕，言鬚髮變白也。』此從毛、旨與之同，『耆頂』當是指頭髮白。『見』疑當讀『脈繭』之繭。」〔註197〕王寧又曰：「『毦』是『耆（鬐）』當無疑，段玉裁於《說文》『耆』下注云：『又按《士喪禮》、《士虞禮》「魚進鬐」注：「鬐，脊也。古文鬐為耆。」許書《髟部》無「鬐」字，依古文《禮》，故不錄今文《禮》之字也。』『鬐頂』蓋即『脊頂』，謂以脊背為頂，即駝背。」〔註198〕王寧又曰：「《莊子・大宗師》：『曲僂發背，上有

〔註194〕《初讀》，簡帛網 2017 年 5 月 6 日。

〔註195〕羅濤《〈清華大學藏戰國竹簡（七）〉釋讀拾遺》，《漢字漢語研究》2019 年第4 期，第 84 頁。

〔註196〕「易泉」說，《初讀》，簡帛網 2017 年 4 月 28 日。

〔註197〕《初讀》，簡帛網 2017 年 4 月 30 日。

〔註198〕《初讀》，簡帛網 2017 年 5 月 6 日。

五管，頤隱於齊，肩高於頂，句贅指天。』又《人間世》：『支離疏者，頤隱於臍，肩高於頂，會撮指天，五管在上，兩髀為脅。』《釋文》引李云『句贅』即項椎，古注說『會撮』也是項椎或脊椎，《釋文》引司馬曰『會撮，髻也』，不知道哪個對。『句贅』和『會撮』可能是一回事。『髟』應該是『髻』，和『髻』又音近，也許有聯繫。大概《舉治王天下》裏的『啫』相當於『句贅』，《越公》裏的『髟頂』就是『會撮指天、五管在上』，都是指駝背的樣子。《淮南子·精神》：『子求行年五十有四，而病傴僂，脊管高於頂，脇下迫頤，兩脾在上，燭營指天。』說的都是此類的事情，而又說『脊管高於頂』。」〔註199〕某氏曰：「『見』大概當讀為跰？謂農夫足上長跰子。」〔註200〕胡敕瑞認為「足見」屬下句，即「疋見」，讀作「且見」，謂「復見」、「又見」〔註201〕。①「黎」指黎黑，「黎頂」不辭。《士喪禮》、《士虞禮》「髻」、「耆」訓脊者，指魚脊，即「鰭」字。未聞「脊頂」之說，且「脊管高於頂」、「會撮指天」者亦不堪耕田。髟，疑讀為癩，字亦作癘、瘌、痲，或省作厲，疥癩也，指頭上禿瘡。髟顛，猶言禿頂。②「見」讀為繭、跰，音理自無問題。疑「見」讀為蹇，跛也。俗字亦作跰，《廣韻》：「跰，行不正也。」

（30）……于越邦，陵陸陵稼，水則為稻（第五章）

整理者曰：陵陸，山地與平地。《管子·地圖》：「名山、通谷、經川、陵陸、丘阜之所在……」「稼」與「稻」對文，指旱地種植的植物。「陵陸陵稼，水則為稻」句中，第二個「陵」疑為「則」或「為」之誤書，當為「陵陸則稼，水則為稻」，或「陵陸為稼，水則為稻」。（P133）按：某氏曰：「整理報告懷疑原文有誤，似不必要。只要將句讀調整為『……于越邦陵陸，陵稼，水則為稻』，就可以避免簡文有誤的疑問。『陵稼』可以看作『陵則稼』的簡省。」〔註202〕陳劍從其讀。陳偉武曰：「『陸』不讀為陸，當讀為稑，作名詞用。」〔註203〕整理者句讀不誤，但改字則誤。「陵陸陵稼」是「陵陸則為陵稼」省文，探下省「則為」二字。陵亦陸也，複言曰「陵陸」，單言曰「陵」，

〔註199〕《初讀》，簡帛網 2017 年 5 月 19 日。
〔註200〕「汗天山」說，《初讀》，簡帛網 2017 年 5 月 6 日。
〔註201〕胡敕瑞《〈清華大學藏戰國竹簡（柒）·越公其事〉札記》，《出土文獻》第 12 輯，中西書局 2018 年版，第 166 頁。
〔註202〕「蕚四郎」說，《初讀》，簡帛網 2017 年 4 月 30 日。
〔註203〕陳偉武《清華簡第七冊釋讀小記》，《清華簡國際會議論文集》，浸會大學、澳門大學、清華大學 2017 年 10 月 26～28 日，第 155 頁。

與「水」對文。《莊子・達生》：「吾生於陵而安於陵，故也；長於水而安於水，性也。」《淮南子・說林篇》：「褰衣涉水，至陵而不知下，未可以應變。」古楚語謂陸地為陵〔註204〕。「陵」如是本義指大阜，則所引《管子》例與下「丘阜」犯複。

（31）凡群凥（度）之不凥（度），群采勿（物）之不纊（對），諑（佯）繪（婾）諒人則劀（刑）也（第六章）

整理者曰：纊，疑從絀聲，讀為對。不對，不匹配，意思是有悖於常典。第 55 簡相同的意思表達為「群物品采之懲於故常」。諑，疑讀為佯，欺詐。繪，讀為婾，鄙薄。諒人，誠實之人。（P134）

按：石小力曰：「『纊』字原作『緧』，整理者以為從絀，讀為對。今按，疑當釋『縝』，精緻，細密。」〔註205〕某氏曰：「諑，似當讀為傷。繪，似當讀為誅。諒人，似當讀為『良人』。」〔註206〕王寧曰：「《康熙字典・補遺》收『賁』字，引《奚韻》：『普怪切，音派，出也。』由聲求之，實『賣』之簡省寫法，小篆『賣』從出、网、貝，此字形蓋省去『网』。簡文從糸當即『續』字。『群采物之不續』，就是諸商品貨源斷絕供應不上的意思。諑，疑是『詳』之或體，『佯』、『詳』古字通。『佯繪』疑即後世所謂『邪揄』、『揶揄』，戲弄、侮辱之意，在簡文裏應該是戲弄、為難的意思。『諒人』整理者解為誠信之人，可通。不過在市場的『諒人』疑是官名，即《周禮・夏官・司馬》的『量人』，是負責丈量和營造的官，鄭玄注：『量猶度也，謂丈尺度地也。』」〔註207〕「賁」字最早出於《字彙補》，音派，當是會意字，不是「賣」字。「邪揄」、「揶揄」《說文》作「歈瘉」，舉手相弄的輕笑貌，音轉亦作「冶由」、「冶夷」，與「諑繪」當無關係。「纊」從出得聲，讀為入。《廣雅》：「入，得也。」《淮南子・主術篇》高誘注：「入，中。」不入，猶言不符合標準。「諑」是「漾」異體字，讀為慅、惕。《說文》：「慅，放也。」又「惕，放也。」二字音義全同。《方言》卷 10：「婬、愓，遊也，江沅之間謂

〔註204〕 參見蕭旭《〈越絕書〉古吳越語例釋》，收入《群書校補（續）》，花木蘭文化出版社 2014 年版，第 2015～2017 頁。
〔註205〕 《清華七整理報告補正》；其說又見石小力《清華簡第七冊字詞釋讀札記》，《出土文獻》第 11 輯，中西書局 2017 年版，第 245 頁。
〔註206〕 「幕四郎」說，《初讀》，簡帛網 2017 年 4 月 30 日。
〔註207〕 《初讀》，簡帛網 2017 年 5 月 1 日。

戲為婹，或謂之惕。」《廣雅》：「惕，戲也。」字亦作婸，《方言》卷6：「佚、婸，淫也。」《玉篇》：「婸，戲婸也。」《廣韻》：「婸，淫戲皃。」字亦作蕩，《廣雅》：「蕩、逸、放、恣，置也。」《慧苑音義》卷1：「心馳蕩：蕩字正作惕，經本作蕩者，時共通用，古體又作婸、慪。」「蕩」即放逸、恣縱義。緰，讀為愉，託侯切。《說文》：「愉，薄也。」「媮」亦借字，字亦作偷。諒，讀為涼、𣪩（就）。《說文》：「涼，薄也。」又「𣪩，事有不善言𣪩也。《爾雅》：『𣪩，薄也。』」《廣韻》引《字統》：「事有不善曰就薄。」簡文是說采物不符合標準，恣縱、涼薄於人者都要受刑罰。

（32）凡市賈爭訟，訰（反）訴（背）訢（欺）巳（詒），察之而孚，則劫（詰）𤉢（誅）之，因其貨以為之罰（第六章）

整理者曰：第43簡作「反不訢巳」，疑讀為「反背欺詒」。劫，讀作詰。𤉢，從倒矢，蜀聲，疑為裝矢之囊，或即「韣」，簡文中讀為「誅」。（P134）

按：王寧曰：「『劫𤉢』讀『詰誅』應該是對的，而『短』是端紐元部字，與『誅』音懸隔。『𤉢』字可能是『屬矢』之『屬』的專字，典籍或作『注』，故得讀為『誅』。」〔註208〕①「訢」是「諆」古字。《說文》：「諆，欺也。」同聲為訓，本乃一字。字亦作忎（惎），郭店簡《忠信之道》簡1：「不惎弗智（知），信之至也。」裘錫圭曰：「惎當讀為欺。」〔註209〕圖版作「𢜔」，即「忎」字。字亦作娸，《漢書‧枚乘傳》：「故其賦有詆娸東方朔。」如淳曰：「娸，音欺。」「詆娸」即「詆欺」。字亦作期，阜陽漢簡《蒼頡篇》：「□□蒙期，禾（未）旬□□。」整理者曰：「期，讀為欺。蒙，欺也。」〔註210〕北大漢簡（一）《蒼頡篇》簡44～45：「娩欺蒙期，禾旬隸氏。」娩讀為謾〔註211〕，四字皆欺義。「巳」當是「已」形誤，故讀為詒。②上博簡（五）《鮑叔牙與隰朋之諫》簡5：「公弗詰𧾷，臣唯（雖）欲訐（諫），或不得見。」楊澤生曰：「𧾷，此字從蜀從止，或是『躅』之異體。古音『蜀』和『逐』分別在禪母屋部和定母覺部，音近可通。如《易‧姤》：『羸豕孚蹢躅。』《釋文》：『躅，古文作蹖。』《集解》『躅』作『跾』。我們懷疑此字可讀作『逐』。

〔註208〕《初讀》，簡帛網2017年4月28日。

〔註209〕《郭店楚墓竹簡》，文物出版社1998年版，第163頁。

〔註210〕《阜陽漢簡〈蒼頡篇〉》，《文物》1983年第2期，第31頁。

〔註211〕某氏讀娩為嫚，尚未探本。「抱小」《北大漢簡〈蒼頡篇〉校箋（一）》，復旦古文字網2015年11月17日。

『詰逐』見於古文獻，如《新書·先醒》：『昔者虢君驕恣自伐，諂諛親貴，諫臣詰逐，政治踳亂，國人不服。』」〔註212〕白于藍從楊說〔註213〕。史德新則讀作「詰誅」〔註214〕。劉信芳以「𡉽」屬下句，讀為屬〔註215〕，非是。「劫斶」即「詰躅」，讀為「詰逐」或「詰誅」二說均可通。又疑「斶」、「𡉽」讀為辱，「劫斶」、「詰躅」猶言詰責而折辱之。

（33）凡成（城）邑之司事及官帀（師）之人，乃亡（無）敢增歷（益）其政以為獻於王（第六章）

整理者曰：歷，讀為益。增益，增添，此處義為虛誇。政，或可讀為征。增益其征，指加重賦稅負擔。（P135）

按：劉剛曰：「『增歷』讀為『增歉』，其義與『增減』、『增損』相近……其語義偏向於『增』。」〔註216〕陳劍曰：「『增歷』讀為『增貿』。『增貿其征以為獻』，謂徵收賦稅、徵取實物時，或是增加、或是改換（其種類數量等），以求進獻獲功及取媚於王。」〔註217〕王寧曰：「『歷』字從厤從土，就是古書常見的『積土』之積的後起專字。」〔註218〕整理者說是，益亦增也，加也。古音「歷」、「鬲」同，「鬲」與「益」音轉。《儀禮·士喪禮》：「苴絰大鬲。」鄭玄注：「鬲，搤也。」《儀禮·喪服傳》「鬲」作「搹」（武威漢簡《服傳》甲、乙本簡1仍作「鬲」），此是聲訓。《說文》：「搹，把也。扼，搹或從㔶。」《慧琳音義》卷80：「扼捥：《說文》：『扼，猶把也。』正作搹，亦作搤，音義並同。《錄》作扼，俗字也。」《廣雅》：「搤、搹，持也。」王念

〔註212〕楊澤生《〈上博五〉札記二則》，簡帛網2006年2月28日。

〔註213〕白于藍《戰國秦漢簡帛古書通假字彙纂》，福建人民出版社2012年版，第440頁。

〔註214〕史德新《〈鮑叔牙與隰朋之諫〉的文獻學研究》，四川大學2007年碩士學位論文，第28頁。

〔註215〕劉信芳《楚簡帛通假彙釋》，高等教育出版社2011年版，第166頁。范常喜另出新說，錄作「詰𡉽」，讀為「覺悟」，錄以備參。范常喜《上博五〈鮑叔牙與隰朋之諫〉「詰𡉽」新釋》，《古文字研究》第30輯，中華書局2014年版，第337～344頁；又收入《簡帛探微——簡帛字詞考釋與文獻新證》，中西書局2016年版，第20～32頁。

〔註216〕劉剛《試說〈清華柒·越公其事〉中的「歷」字》，復旦古文字網2017年4月26日。

〔註217〕陳劍《簡談對金文「蔑懋」問題的一些新認識》，復旦古文字網2017年5月5日。

〔註218〕《初讀》，簡帛網2017年5月6日。

孫曰：「『搕』與下『搹』字同。」〔註219〕「挖（扼）」、「搕」、「搹」互為異體字。P.2011《切韻》、《玉篇》、《集韻》「鶡」同「鵲」，亦是其比。

（34）王既必（比）聖（聽）之（第七章）

整理者曰：必，讀為比，考校。（P138）

按：鄭邦宏曰：「『必』當讀為『比』，用為範圍副詞，語義相當於『皆、都』。」「必」讀如字，副詞，猶言必定。簡40「王必親見而聽之」，簡45「王必親聽之」，皆同。

（35）三品年（佞）壽攴（扑）譽（毆），由臤（賢）由毀（第七章）

整理者曰：年，讀為佞。壽，欺詆。攴，《說文》：「小擊也。」文獻多作「扑」。譽，楚文字多讀為「數」，簡文疑讀為毆。三品佞壽扑毆，大意是對於下三品佞壽之執事人予以抶擊懲罰。由，依據。賢，善。毀，損。（P138～139）

按：某氏曰：「疑讀為：『三品年籌枚數』。」〔註220〕王寧曰：「『年壽』當即《周禮·大祝》中的『年祝』。鄭司農注：『年祝，求永貞也。』鄭玄注：『求多福，歷年得正命也。』此處的『年壽』疑是定期舉行的祝禱儀式，根據神示確定官員任職期限的長短。ee 讀攴為枚，讀譽（譔）為數，是也。『數』即卜筮。『枚數』即枚卜、枚筮。『年祝枚數，由賢由毀』，這兩句是倒裝，意思是根據別人對官員的讚揚和批評，通過年祝和占卜來確定其評定的等次。」〔註221〕陳治軍曰：「『年壽』即『年醻』、『年酬』，醻祭是也。『攴譽』即是『卜數』。古人稱卜、筮均曰數」〔註222〕「年壽攴譽」是說獎懲，故下句「由賢由毀」與之相應。年，讀為任，任用。壽，讀為酬，酬報、賞賜。「攴」讀如字。整理者讀譽為毆，是也；或讀為誅，責也。攴毆，撻擊也。攴誅，撻擊責讓也。

（36）王乃歸（親）使人情（請）問群大臣及邊縣成（城）市之多兵、

〔註219〕王念孫《廣雅疏證》，收入徐復主編《廣雅詁林》，江蘇古籍出版社 1992 年版，第 268 頁。

〔註220〕「ee」說，《初讀》，簡帛網 2017 年 4 月 25 日。

〔註221〕王寧《清華簡七〈越公其事〉讀札一則》，簡帛網 2017 年 5 月 22 日。

〔註222〕陳治軍《清華簡〈越公其事〉札記七則》，《楚文化研究論集》第 13 集，上海古籍出版社 2018 年版，第 671 頁。

亡（無）兵者（第八章）

整理者曰：⿰見帚，疑讀為親。又疑讀為急，義通「趣」、「促」等。（P140）

按：單育辰於「使人」下讀斷，云：「『⿰見帚』字應是從歸省，可讀為饋，饋食的意思。『情』應讀為省，省察的意思」〔註 223〕蘇建洲曰：「使人，使者。⿰見帚，讀為謂，是使、令的意思。」王寧曰：「⿰見帚，此字當即後世字書中的『覺』字，又作『⿰見畏』、『⿰見鬼』等形。簡文中讀為『謂』可通，亦可讀為『委』。」〔註 224〕某氏曰：「『⿰見帚』也有可能讀潛。」〔註 225〕陳偉武曰：「⿰見帚從古文視，侵省聲，讀為侵，漸進也，與表急速的『趣』反義。」〔註 226〕整理者句讀是，蘇建洲對文義的理解亦得之。⿰見帚，讀為歸。《方言》卷 13：「歸，使也。」《玉篇》同。《集韻》：「歸，往也，使也。」⿰見帚使人，猶言派遣使者。字亦作歸，《廣雅》：「歸，往也。」用為使動，猶言使……往、使……去，故又訓使也。

（37）王則自罰，小遳（失）飲食，大遳（失）⿰㡭墨₌（績墨），以礪（勵）萬民（第九章）

整理者曰：⿰㡭墨，合文，疑讀為「績墨」或「繪墨」，在某個部位畫墨。（P143）

按：王挺斌曰：「『⿰㡭墨₌』，頗疑即古書中的『徽墨』或『徽纆』，指的是拘繫罪人。」石小力從王挺斌「徽墨」說〔註 227〕。某氏曰：「『⿰㡭墨』字左所從，與包山文書 16 號簡『斷』字左部同。字可看作從墨從斷省，讀作『墨斷』。此處『墨斷』，當與墨刑有別，但塗墨以自省則頗有可能。」〔註 228〕王寧曰：「楚簡『斷』字多作『剸』。此處合文當讀『墨專（斷）』或『專（斷）墨』，即典籍常見的說吳、越之人『斷髮文身』或『文身斷髮』，『專（斷）』即斷髮，『墨』即文身，未必如墨刑一樣是刺在臉上。」〔註 229〕某氏駁王寧

〔註 223〕單育辰《〈清華大學藏戰國竹簡（柒）〉釋文訂補》，《清華簡國際會議論文集》，浸會大學、澳門大學、清華大學 2017 年 10 月 26～28 日，第 175 頁。

〔註 224〕《初讀》，簡帛網 2017 年 5 月 1 日。

〔註 225〕「難言」說，《初讀》，簡帛網 2017 年 5 月 1 日。

〔註 226〕陳偉武《清華簡第七冊釋讀小記》，《清華簡國際會議論文集》，浸會大學、澳門大學、清華大學 2017 年 10 月 26～28 日，第 157 頁。

〔註 227〕石小力《清華簡第七冊字詞釋讀札記》，《出土文獻》第 11 輯，中西書局 2017 年版，第 246 頁。

〔註 228〕「易泉」說，《初讀》，簡帛網 2017 年 4 月 26 日。

〔註 229〕《初讀》，簡帛網 2017 年 5 月 1 日。

說，指出「斷髮紋身是越人習俗……不是什麼懲罰措施。簡文左邊那個字也不絕對釋為『專』所從，『叀（惠）』的可能性依然存在。」〔註230〕王寧後來放棄舊說，又曰：「合文『叀』、『墨』從叀墨聲，當是『埴』字的異體……在簡文中假借為『置笪』，即對自己施行笪笞。」〔註231〕袁金平曰：「合文『叀墨』或『墨叀』應當讀為『準墨』或『墨準』，亦是『法度』之稱。」〔註232〕「𤔲」字左側疑是「專」省文，讀為「墨繍（縛）」。繍（縛），白絹、白繒。《玉篇殘卷》：「絹，《說文》：『生霜如陵稍也。』今以為『繍』字。《字書》：『生繒也。』」越王有大過，則墨其絹以代墨刑而自罰，所謂象刑耳。《周禮・秋官・司圜》：「司圜掌收教罷民，凡害人者，弗使冠飾而加明刑焉。」鄭玄注：「弗使冠飾者，著墨幪，若古之象刑與？」《御覽》卷645引《尚書大傳》：「唐虞之象刑，上刑赭衣不純，中刑雜屨，下刑墨幪，以居州里而民恥之。」又引鄭玄注：「幪，巾也，使以下得冠飾。」《書鈔》卷44引《書大傳》：「犯墨者蒙帛巾。」《初學記》卷20引《白虎通》：「五帝畫象者，其服象五刑也。犯墨者蒙巾，犯劓者赭其衣，犯髕者以墨幪（蒙）其髕處而畫之〔註233〕，犯宮者履扉，犯大辟者布衣無領。」《慎子・君人》：「有虞之誅，以幪巾當墨。」唐虞墨其巾以代墨刑，越王亦其類也。

（38）越邦庶民則皆震動，犰（荒）鬼（畏）句踐，無敢不敬（第九章）

整理者曰：犰，讀為荒，大。荒畏，非常敬畏。（P143）

按：張富海曰：「『犰』可以讀為訓尊的『明』。『明畏』猶『敬畏』……」〔註234〕周悅等曰：「犰，當讀作惶，訓為恐、懼。」〔註235〕犰，讀為茫，

〔註230〕「東潮」說，《初讀》，簡帛網2017年5月1日。

〔註231〕王寧《說清華簡〈越公其事〉的「墨」、「叀」合文》，新浪博客2017年5月17日。

〔註232〕袁金平《清華簡〈越公其事〉合文「𤔲」新釋》，《清華簡國際會議論文集》，浸會大學、澳門大學、清華大學2017年10月26～28日，第63頁。又袁金平、孫莉莉《清華簡〈越公其事〉合文「𤔲」新釋》，《出土文獻》第13輯，中西書局2018年版，第124～130頁。

〔註233〕《漢書・武帝紀》顏師古注引「幪」作「蒙」。

〔註234〕張富海《讀清華簡〈越公其事〉札記一則》，《紀念清華簡入藏暨清華大學出土文獻研究與保護中心成立十周年國際學術研討會論文集》，清華大學2018年11月17～18日，第455頁。

〔註235〕周悅、白于藍《清華簡補釋三則》，《中國文字研究》第31輯，2020年出版，第89頁。

怖遽、害怕。《方言》卷2：「茫、矜、奄，遽也。吳、揚曰茫，陳穎之間曰奄，秦、晉或曰矜或曰遽。」字亦作㤀，《廣雅》：「㤀，遽也。」俗字作㦬、忙，P.2011 王仁昫《刊謬補缺切韻》：「㦬，怖。㤀，遽。」《玄應音義》卷19：「蒼茫：又作㤀，同。㤀，遽也。經文從心作㦬，非體也。」

（39）王大喜，焉始絕吳之行李，毋或（有）往坣（來）以交之，此乃
　　詎（屬）邦政於大夫住（種），乃命軛（范）羅（蠡）、太甬大鬲
　　（歷）越民（第十章）

　　整理者曰：或，讀為有。不要有往來交往。此，乃。詎，讀為屬，委託。鬲，讀為歷，數也。歷民，即「料民」。《國語·周語上》：「乃料民於太原。」
（P146）

　　按：馬楠曰：「交讀為徼，訓為招致。」石小力曰：「『此』字當連上讀為『訾』，厭惡、恨也。之，代詞，指代夫差或者吳國。本句的大意是勾踐斷絕吳國使人，不再和吳國交往，目的是招引夫差的怨恨，從而挑起兩國之間的戰爭。」王挺斌曰：「鬲可讀為歷，但是當訓為相視、察看之義。《爾雅》：『歷，相也。』王引之《經義述聞》：『歷為相視之相，《郊特牲》曰：「簡其車賦，而歷其卒伍。」歷謂閱視之也。』簡文『歷民』之歷當即相視之義，與『歷其卒伍』之歷相類。『料民』即計點人口，與『歷民』在詞義上略有區別。」趙嘉仁曰：「早期典籍似不見『歷民』的說法。疑『鬲』應讀為屬，《管子·權修》：『此屬民之道也。』『屬民』謂訓練人民或鼓勵、勸勉人民。」某氏曰：「『此』當屬上讀，指代『吳之行李（使）』。」〔註236〕某氏曰：「『此』字當上屬，疑當讀為『些』，語已辭。」〔註237〕某氏曰：「贊同將『此』屬上讀的意見。『交』讀為徼可信，不過似當解釋為求；『此』可讀為疵，意為瑕疵、毛病，這裏指與吳國關係中出現的麻煩。」〔註238〕整理者說不誤〔註239〕。「此」屬下讀，猶故也〔註240〕，口語曰「所以」、「因此」。「交」讀如字，交接、交往、聯繫義。詎，讀為投，託也，致也，歸也。《廣韻》：「投，託也。」

〔註236〕「易泉」說，《初讀》，簡帛網2017年4月30日。
〔註237〕「悅園」說，《初讀》，簡帛網2017年4月30日。
〔註238〕「慕四郎」說，《初讀》，簡帛網2017年5月2日。
〔註239〕孟蓬生有申說，並考察了其同源詞，指出與「料」聲相轉，可以參看。孟蓬生《〈清華七·越公其事〉字義拾瀋》，《第二屆古文字與出土文獻語言研究學術研討會論文集》，西南大學2017年10月28～29日，第215～217頁。
〔註240〕參見裴學海《古書虛字集釋》，中華書局1954年版，第678頁。

鬲，讀為麻。《說文》：「麻，治也。」又「曆」字云：「從甘、麻。麻，調也。」
《玉篇》：「麻，理也。」《越絕書・外傳紀策考》：「種躬正內，蠡出治外，內
不煩濁，外無不得。」亦謂種擅國政，蠡治萬民也。

（40）必（庀）卒劜（協）兵，乃由王卒君子六千（第十章）

整理者曰：必，讀為庀，治理。協，調整。由，任用。（P146）

按：馬楠曰：「劜疑讀為勒。」趙嘉仁曰：「『必』應讀為比，為『編次排
比』的意思，『劜』可讀為勒，為『統率』、『部署』之意。」陳偉曰：「『必』
疑讀為比。《周禮・秋官・大行人》：『春朝諸侯而圖天下之事，秋覲以比邦
國之功，夏宗以陳天下之謨，冬遇以協諸侯之慮，時會以發四方之禁，殷同
以施天下之政。』鄭玄注：『圖、比、陳、協，皆考績之言。』比卒協兵，即
考校兵卒。由，疑可讀為抽，擢也，拔也。簡文是說通過考校，從普通兵卒
中選拔出王卒。」〔註241〕蘇建洲曰：「『由』應該就是上博簡《子羔》簡 8
『故夫舜之德其誠賢矣，采諸畎畝之中而使君天下而稱』的『采』。此字以
往有多種讀法，包含『抽』等等，裘錫圭先生《〈上海博物館藏戰國楚竹書
（二）・子羔〉釋文注釋》有分析、評論，此從裘先生讀為『擢』。」〔註242〕
某氏曰：「『由』用作本字，文意並無不通，『由』即進用。」〔註243〕陳偉曰：
「『必』疑讀為比。比卒協兵，即考校兵卒。由，疑可讀為抽，擢也，拔也。」
〔註244〕讀「必」為比，讀「劜」為協（古字亦作『劦』，又作「恊」），是也，
皆齊同、和協義。「劜」是「劦」省文，字亦作扐、放，郭店簡《緇衣》：「則
民咸放而刑不試。」上博簡（一）作「扐」，今本《緇衣》作「服」。「放（扐）」
疑從劦省聲，讀為協。《爾雅》：「協，服也。」邢疏：「協者，和合而服也。」
訓服乃和協之引申義。白于藍、孔仲溫徑讀「放（扐）」為「服」〔註245〕，

〔註241〕陳偉《清華七〈越公其事〉校讀》，簡帛網 2017 年 4 月 27 日。

〔註242〕《初讀》，簡帛網 2017 年 4 月 28 日。

〔註243〕「zzusdy」說，《初讀》，簡帛網 2017 年 4 月 28 日。

〔註244〕陳偉《清華簡七〈越公其事〉校釋》，《出土文獻與傳世典籍的詮釋國際學術
研討會會議論文集》，復旦大學 2017 年 10 月 14～15 日，第 33 頁。

〔註245〕白于藍《郭店楚簡拾遺》，《華南師範大學學報》2000 年第 3 期，第 89 頁。
白于藍《戰國秦漢簡帛古書通假字彙纂》，福建人民出版社 2012 年版，第 394
頁。孔仲溫《郭店楚簡〈緇衣〉字詞補釋》，《古文字研究》第 22 輯，中華書
局 2000 年版，第 243～244 頁。另外異說甚多，參看季旭昇主編《〈上海博物
館藏戰國楚竹書（一）〉讀本》所引各家說，北京大學出版社 2009 年版，第
94 頁。

其聲母遠隔。「由」讀為抽或擢，皆是，亦可讀為挑，並音近義同，猶言選擇、選取。又疑讀為道，《廣雅》：「道，治也。」謂治而有條理。又疑讀作導，訓導、教導；導亦可訓選擇，字亦作𥡡。《說文》：「𥡡，禾也。司馬相如曰：『𥡡一莖六穗。』」《史記·司馬相如傳》作「𥡡」，《漢書》、《文選》、《顏氏家訓·書證》、《類聚》卷 10、《初學記》卷 13 作「導」。《宋書·百官志》：「𥡡官令一人，丞一人，掌春御米，漢東京置。𥡡，擇也，擇米令精也。司馬相如《封禪書》云『𥡡一莖六穗於庖』。」王引之曰：「《漢書》則作『導』，鄭氏云：『導，擇也。』此導訓擇，光武詔云『非徒有豫養導擇之勞』是也。」〔註 246〕

（41）及昏，乃令左軍監（銜）梡（枚）鮇（溯）江五里以須（第十章）

整理者曰：監，讀為銜，皆為談部。《國語·吳語》：「乃令左軍銜枚泝江五里以須。」（P147）

按：監，讀為嗛。《說文》：「嗛，口有所銜也。」「銜」亦借字。上博簡（二）《子羔》簡 11：「有燕嗛卵。」整理者括注為「銜」〔註 247〕，亦未得正字。

（42）吳師乃大北，疌（旋）戰疌（旋）北，乃至於吳（第十章）

整理者曰：疌，讀為旋，連詞。（P147）

按：某氏曰：「疌當讀為且。《易·姤卦》『其行次且』，上博簡《周易》作『疌』。吳師且戰且北。」〔註 248〕既言吳師大北，則不是旋戰旋北，亦不是且戰且北。疌，疑讀為數，二字生母雙聲，魚、侯旁轉疊韻。言吳師數戰皆敗北也。《國語·吳語》作「三戰三北，乃至於吳」，韋昭注：「三戰，笠澤也，沒也，郊也。」《吳語》所載三戰蓋大戰，小戰若干，故簡文曰「數戰數北」。石小力曰：「『疌』有可能跟『厽』字有關係，可以分析為從止，厽省聲。『厽』可以用為『三』。」又引趙平安說「疌」有「三」義〔註 249〕，二說皆無確據。

〔註 246〕 王念孫《廣雅疏證》，收入徐復主編《廣雅詁林》，江蘇古籍出版社 1992 年版，第 863 頁。
〔註 247〕 《上海博物館藏戰國楚竹書（二）》，上海古籍出版社 2002 年版，第 195 頁。
〔註 248〕 「紫竹道人」說，《初讀》，簡帛網 2017 年 4 月 24 日。
〔註 249〕 石小力《清華簡〈越公其事〉與〈國語〉合證》，《清華簡國際會議論文集》，浸會大學、澳門大學、清華大學 2017 年 10 月 26～28 日，第 54 頁。

（43）殹民生不劢（仍），王其毋死（第十一章）

整理者曰：民生不仍，猶言人生不再。《國語．吳語》作「民生不長」。（P151）

按：本篇簡 17：「以民生之不長而自不終其命。」《國語．吳語》：「以民生之不長。」殹，讀為緊，猶以也。劢，讀為訒。《說文》：「訒，厚也。」字亦作仍，《爾雅》：「仍，厚也。」不厚，猶言不多，與「不長」義近。

（44）不穀（穀）其將王於甬句重（東），夫婦三百，唯王所安，以屈盡王年（第十一章）

整理者曰：《國語．吳語》作「寡人其達王於甬句東」，《越語上》作「吾請達王甬句東」。將，送行。（P151）

按：《左傳．哀公二十二年》作「請使吳王居甬東」，《史記．吳太伯世家》作「越王勾踐欲遷吳王夫差於甬東」，《史記．越王勾踐世家》作「吾置王甬東」，《吳越春秋．夫差內傳》作「吾請獻勾甬東之地」，又《勾踐伐吳外傳》作「吾置君於甬東」。「其」是命令副詞，猶言請〔註 250〕。「將」是時間副詞。簡文「不穀其將」下脫「達」或「置」、「居」。韋昭注：「達，致也。」

（45）吳王乃辭曰：「天加禍（禍）于吳邦，不才（在）前後，丁（當）伇（役）孤身，焉述（遂）失宗廟。」（第十一章）

整理者曰：《國語．吳語》作「當孤之身」。役，供使。（P151）

按：本篇簡 3：「不才（在）前後，丁孤之世。」整理者曰：「丁、當，義為值、遭逢。《吳越春秋》作『正孤之身』，『正』從丁聲，讀音極近，同辭假借。」（P115）某氏曰：「釋讀作『當伇（投）孤身』，即《大誥》『投艱於朕身』之『投』。」〔註 251〕王寧曰：「伇讀為投訓棄可從。」〔註 252〕「丁」、「當」當讀為「正」，音轉亦作鼎，副詞，猶言正好、恰好。述，讀為墜。伇，圖版作「」。清華簡「殳」不作「」形，如清華（5）《厚父》簡 10「役」作「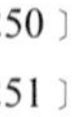」，清華（6）《子產》簡 14「没」作「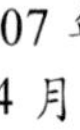」，本篇《越公其事》簡 28

〔註 250〕參見蕭旭《古書虛詞旁釋》，廣陵書社 2007 年版，第 177 頁。

〔註 251〕「zzusdy」說，《初讀》，簡帛網 2017 年 4 月 29 日。王凱博《清華簡〈越公其事〉補釋三則》說同，《出土文獻》第 13 輯，中西書局 2018 年版，第 133～134 頁。

〔註 252〕《初讀》，簡帛網 2017 年 5 月 1 日。

「设」作「」。「」肯定不是「役」字。本篇簡 51「及」作「」形，疑「」當隸定作「伋」，《說文》「伋」作「」形，《漢印文字徵》所載《東門伋印》「伋」作「」形。簡文伋讀為及。《淮南子·道應篇》：「莊王曰：『先君之時，晉不伐楚。及孤之身，而晉伐楚，是孤之過也。』」〔註253〕

〔註253〕《新序·雜事四》同。

清華簡（八）校補

李學勤主編《清華大學藏戰國竹簡（八）》，收錄了《攝命》、《邦家之政》、《邦家處位》、《治邦之道》、《心是謂中》、《天下之道》、《八氣五味五祀五行之屬》、《虞夏殷周之治》等 8 篇文獻，中西書局 2018 年出版。

一、《攝命》校補

（1）劼姪卹（恕）叟（攝）

整理者曰：劼，李學勤比對《戎生編鐘》「劼遣」、《晉姜鼎》「嘉遣」，以為「劼」義同於「嘉」。「姪」如字，兄弟之子。恕，當從《廣韻》訓「告」。（P112）

按：石小力曰：「清華簡（三）《說命下》簡 7：『余既訳（諟）敌（劼）泌（恕）女（汝）。』『訳敌泌』無疑與《攝命》之『劼姪卹』意同。訳敌，整理者讀為『諟劼』，曰：『訳，讀為諟，正也。「敌泌」即「劼恕」，《書·酒誥》：「汝劼恕殷獻臣。」對比同篇「厥誥恕庶邦庶士」，知為誥戒之意。』與《攝命》解釋不同。但兩處文例相似，皆為王對王子或臣下的告誡，當統一理解較為合適。『劼姪』、『訳敌』或為『恕』之修飾語，或與『恕』意近，我們懷疑三字當為同義連用。劼，《說命》的注釋已經指出，在《酒誥》篇中『劼恕』與『誥恕』相同，則『劼』有誥戒之意。訳，疑讀為規，勸誡也……『訳』與『敌』有可能為一字異體，『訳』也是規勸之『規』的異體。『姪』與『訳』古音聲紐皆為唇音，韻部稍有距離，二字可能是意近的關係，讀為何字待考，但也不排除與『訳』通假的可能性。」[註1] 某氏曰：「姪當

〔註1〕石小力《清華簡第八輯字詞補釋》，清華大學出土文獻網站 2018 年 11 月 17 日；

讀為示，為告知之義。」〔註2〕王寧曰：「『劼毖』本殷周古語，是同義連舉而成的疊韻連綿詞，《說命》、《酒誥》及下簡30『劼卹（毖）』連言皆其證，是訓告、告誡義。『劼』亦用『詰』……《酒誥》一曰『劼毖』，一曰『誥毖』，『誥』當即『詰』之形誤。疑『劼（詰）』本讀音同『吉』，與『戒（誡）』同見紐雙聲，西土周人語『戒（誡）』若『吉』，而用『劼』、『詰』書之……『劼毖姪攝』亦可曰『劼姪毖攝』，意思就是告誡或訓誡侄子伯攝。」〔註3〕石小力說「劼姪」、「訊鼓」為「毖」修飾語，是也。此簡「劼姪」之「劼」與《戎生編鐘》「劼遣」之「劼」用法不同。《爾雅》：「劼，固也。」《廣雅》：「劼，勤也。」王念孫曰：「《廣韻》：『劼，用力也。』《玉篇》引《倉頡篇》云：『夨，仡仡也。』『夨』與『劼』聲近而義同。」〔註4〕P.2011 王仁昫《刊謬補缺切韻》：「劼，用力。」「劼」謂勤苦用力〔註5〕，即「固」字之義。「劼」、「仡」亦一聲之轉，《晏子春秋·內篇雜下》：「仡仡然不知厭。」清華簡（五）《厚父》「劼練（績）」、清華簡（六）《子產》「劼穀」之「劼」亦勤苦用力之義。姪，讀作緻，字又作致，侄，堅固也。《廣雅》：「侄、固、攻、牢、鞏，〔堅〕也。」〔註6〕「劼姪」疊韻連語〔註7〕，同義複詞，猶今言堅定、堅決。「毖」當訓告誡。劼姪卹（毖）攝，堅決地不知厭倦地告誡伯攝。《書·酒誥》「劼毖殷獻（賢）臣」，「劼」字單用，孔傳云「劼，固也」，蔡傳云「劼，用力也」，都不誤。《酒誥》「厥誥毖庶邦庶士」，誥亦告也，「誥毖」是同義複詞，猶言誥告〔註8〕，「誥」非「詰（劼）」之誤。清華簡（三）《說命下》：

又《清華簡入藏暨清華大學出土文獻研究與保護中心成立十週年紀念會論文集》，清華大學 2018 年 11 月 17～18 日，第 298 頁。下引省稱作《論文集》某頁。

〔註2〕 「暮四郎」說，《清華八〈攝命〉初讀》，簡帛網 2018 年 11 月 23 日。下文引省稱作《初讀》。

〔註3〕 王寧《清華簡〈攝命〉讀札》，復旦古文字網 2018 年 11 月 27 日。下文引王說未列出處者皆見此文。

〔註4〕 王念孫《廣雅疏證》，收入徐復主編《廣雅詁林》，江蘇古籍出版社 1992 年版，第 320 頁。

〔註5〕 拙文曾以《清華簡〈攝命〉詞語考釋》為題提交上海大學 2019 年舉辦的「清華簡《攝命》研究高端論壇」，此說見《論文集》第 92 頁。新見連劭名亦訓「劼」為勤勞，蓋暗合者也。連劭名說見《清華大學藏楚簡〈厚父〉與〈說命〉新證》，《文物春秋》2002 年第 2 期，第 26 頁。

〔註6〕 「堅」字據王念孫說補。

〔註7〕 《潛夫論·志氏姓》說「郅姓音與古姞同，而書其字異」。

〔註8〕 參見王引之《經義述聞》卷 4，江蘇古籍出版社 1985 年版，第 95 頁。

「余既訊敔（劫）詖（惎）女（汝）。」訊，讀作耆。睡虎地秦簡《司空律》：
「耆弱相當。」裘錫圭曰：「『耆』字有強義。《周書・諡法》：『耆，彊也。』
《廣雅》：『駤、勁、堅、剛、耆，強也。』《左傳・昭公二十三年》：『不懦不
耆。』杜預注：『耆，強也。』《國語・晉語九》：『耆其股肱以從司馬。』此
『耆』字疑亦當訓強，韋昭注訓致，恐非。」〔註9〕強亦固也，堅也。至其
本字，朱駿聲曰：「耆，叚借楮，或曰借為駤。」〔註10〕後說近是，人性之
彊很之字作伎，馬彊很的分別字作駤，字亦作伎〔註11〕。

（2）余一人無晝夕難（勤）衈，宬（湛）圂在憂

整理者曰：難，讀為勤。宬，讀為湛。「宬圂在憂」略同於《毛公鼎》「圂
湛於艱」。（P113）

按：許文獻曰：「『難』如字讀即可，訓作戒慎。『衈』字應訓作憂慮。」
〔註12〕其前說「難」訓戒慎，是也。其本字是「戁」，《說文》：「戁，敬也。」
敬、慎義相因。「衈」亦慎義，字或作恤，音轉亦作謐、溢〔註13〕。宬，讀為
陷。《毛公鼎》「湛」讀為沈，與「陷」義近。圂，讀作溷，俗作混、渾，混雜、
雜亂也。

（3）今余既明命女（汝）曰

整理者曰：「明命」見於《詩・烝民》等。（P113）

按：《詩・烝民》「明命使賦」，鄭玄箋解作「顯明王之政教」，顯非簡文之
誼，引之不當。明命，即上文之「劫姪衈（惎）」。命，教導也，亦告誡之義。
明，讀為孟，勉也，亦彊也。明命，猶言努力教導。

（4）今是亡其奔告，非女（汝）亡其勰（協），即行女（汝）

整理者曰：句謂即使無其奔告，事非汝不協，故使汝。（P114）

按：是，讀作時。今是，即「今時」，猶言現在。

〔註9〕 裘錫圭《〈睡虎地秦墓竹簡〉注釋商榷》，收入《裘錫圭學術文集》卷2，復旦
　　　 大學出版社 2012 年版，第 97 頁。
〔註10〕 朱駿聲《說文通訓定聲》，武漢市古籍書店 1983 年版，第 583 頁。
〔註11〕 參見蕭旭〈「冀州」名義考〉。
〔註12〕 許文獻《關於清華簡（八）〈攝命〉中幾個「難」字之釋讀》，復旦古文字網 2018
　　　 年 11 月 28 日。
〔註13〕 參見王引之《經義述聞》卷3，江蘇古籍出版社 1985 年版，第 73 頁。

（5）毋遞（遞）才（在）服

整理者曰：遞，《說文》「更易也」，《內史亳觚》有「弗敢虒」。「毋遞」略同於詩書之「勿替」。或說讀為「虒（弛）」，訓為懈怠。（P114）

按：石小力曰：「遞，當以或說讀『弛』為是。《說文》：『弛或作虒。』內史亳同『弗敢虒』，涂白奎讀虒為弛〔註14〕，可相參照。弛，懈也，與『惰』意近，後文『勤祗乃事』與『毋弛在服』乃正反為文，金文屢見『毋惰乃政』、『毋惰乃服』〔註15〕，亦可參。」〔註16〕王寧曰：「疑讀『勿替』是，『遞』與『替』音較近。《說文》：『替，廢也。』」整理者引《內史亳觚》「弗敢虒」，是也。「遞」從「虒」省聲，鳳凰山《遣策》「卑遞」，即「卑虒」、「椑梐」，但引《說文》「遞，更易也」則誤。「虒」古音當讀徒多反、徒可反〔註17〕，宋華強讀作惰，懈怠〔註18〕，是也。《說文》：「虒，委虒，虎之有角者。」「委虒」即「委隨」、「委惰」轉語。此簡遞亦讀作惰。「虒（弛）」亦音轉字。下文簡 10「汝亦毋敢象」〔註19〕，「象」亦其音轉字〔註20〕。

（6）女（汝）隹（唯）蠆（衛）事蠆（衛）命

整理者曰：衛，訓為護衛、蔽捍。（P114）

按：某氏曰：「懷疑『衛』與《者汈鐘》『今余念豐乃有齋休告成』中的『豐』記錄的可能是同一個詞，彼處之『豐』訓為勉勵，此處相當於『衛（於）事衛（於）命』。」〔註21〕王寧曰：「蠆字當讀會。」蠆，讀作畏。包山簡 268「緄繷」，簡 273「繷」作「韋」。上博簡（一）《詩論》：「《牆（將）中（仲）》之言，不可不韋也。」「韋」讀為畏。《詩·將仲子》：「父母之言，亦可畏也。」又「人之多言，亦可畏也。」《論語·子罕》：「畏于匡。」《淮南子·主術篇》「畏」作「圍」。《呂氏春秋·勸學》：「無乃畏邪？」陳奇猷曰：「畏乃圍之

〔註14〕原注：涂白奎《內史亳觚與西周王號生稱》，復旦網 2012 年 6 月 12 日。

〔註15〕原注：參陳劍《金文「象」字考釋》，《甲骨金文考釋論集》，線裝書局 2007 年。

〔註16〕石小力《清華簡第八輯字詞補釋》，《論文集》，第 299 頁。

〔註17〕參見蕭旭《〈說文〉「祇」字音義辨正》，《中國語學研究·開篇》第 31 卷，2012 年 10 月日本株式會社好文出版，第 197～203 頁；又收入《群書校補（續）》，花木蘭文化出版社 2014 年版，第 1839～1849 頁。

〔註18〕宋華強《新出內史亳器「虒」字用法小議》，簡帛網 2010 年 5 月 3 日。

〔註19〕「ee」說改釋作「象」，《初讀》，簡帛網 2018 年 11 月 19 日。當改釋作「象」。

〔註20〕音轉關係可以參看孟蓬生《「象」字形音義再探》，香港浸會大學《饒宗頤國學院院刊》第 4 期，香港中華書局 2017 年版。

〔註21〕「心包」說，《初讀》，簡帛網 2018 年 11 月 18 日。

假字。」〔註22〕《莊子·秋水》：「宋人圍之數匝。」《韓子·難言》：「仲尼善說而匡圍之。」《家語·困誓》：「匡人簡子以甲士圍之。」《說苑·雜言》：「匡簡子……甲士以圍孔子之舍。」《韓詩外傳》卷6：「簡子……帶甲以圍孔子舍。」《論衡·知實》：「匡人之圍孔子。」亦皆作「圍」字。「畏事畏命」與上句「王曰：攝，敬哉」、下文「女（汝）其敬哉」相應。《廣雅》：「畏，敬也。」《玉篇》：「敬，慎也。」王告誡伯攝當敬慎於事、敬慎於命。

（7）女（汝）鬼（威）由覒（表）由誙（望），不啻女（汝）鬼（威），則由讙（勱）女（汝）訓言之譔

整理者曰：《洪範》「威用六極」，《史記》、《漢書》作「畏用六極」，應劭注：「畏懼人用六極。」即「用六極威」。由，訓為用，下同。覒，讀為表。望，讀為「令聞令望」之望。不啻，謂「不但」。讙，讀為勱，勉也。「訓言之譔」結構同於《秦誓》「群言之首」。譔，《說文》：「專教也」。句謂汝不但以儀表資望威民，亦用言教幹事。（P114）

按：某氏曰：「讀望可從，讀表則可商。覒，當讀為貌。『貌望』成詞，望，儀象也。」〔註23〕王寧曰：「貌、望指外貌、外表。不啻，啻也；不但，但也。『不啻』當是『但凡』、『只有』的意思。『由勱』即從勉，謂從之、勉之，也就是聽從、服從的意思。譔，教誨的意思。」某氏曰：「譔疑可讀為選，善也。譔、選、撰、僎、詮並音近而義同。」〔註24〕鬼，徑讀作畏，敬慎也。三「由」，介詞，猶在也、於也。覒，讀作媢，字亦省作冒，妒忌也。誙，讀作謹，字亦作誙，《史記》、《漢書》多省作望，怨恨也。《說文》：「謹，責望也。」《玉篇殘卷》：「［⿰言堇］，《說文》：『相責［⿰言堇］也。』今為『望』字，在《亡部》也。」「［⿰言堇］」即「謹」字。P.2011王仁昫《刊謬補缺切韻》：「謹，相責謹。」整理者說「不啻」、「讙」、「譔」是也。《廣雅》：「譔，教也。」讙亦可讀作慎，《說文》：「慎，勉也。」句謂汝之敬慎，在於妒忌、怨恨（不能有此二種行為），不只是汝須敬慎此二者，實在於勉勵汝接受訓言的教導。

（8）女（汝）能謫（歷），女（汝）能并命，并命難（勤）緣（肆）

整理者曰：謫，讀為歷，訓為簡選。并，訓為偕。難，讀為勤。肆，陳

〔註22〕陳奇猷《呂氏春秋新校釋》，上海古籍出版社2002年版，第206頁。
〔註23〕「哇那」說，《初讀》，簡帛網2018年11月17日。
〔註24〕「此心安處是吾鄉」說，《初讀》，簡帛網2018年11月26日。

也。（P114）

　　按：陳民鎮曰：「并，疑讀作屏。『屏命』與前文『衛命』義近。屏，猶擁也。」〔註25〕某氏曰：「緒不如讀為肆，訓勞。」〔註26〕諽，讀為譬，字亦作悍。《說文》：「譬，飾也。讀若戒。」「飾」當作「飭」，整飭、謹慎、戒備也。《玉篇殘卷》：「悍，《字書》亦『譬』字。譬，飭也，謹也，戒也。在《言部》。」又「譬，《蒼頡篇》：『一曰戒也。』《聲類》：『謹也。』《字書》或為『悍』字，在《心部》。今為『革』字，在《革部》。」蔣斧印本《唐韻殘卷》：「悍，謹也，飾（飭）也，出《埤蒼》。」亦省作革，《文選·三國名臣序贊》李善注引《蒼頡篇》：「革，戒也。」革、戒一聲之轉。《國語·楚語上》「以戒勸其心」，《賈子·傅職》「戒」作「革」。《說文》：「悈，飾也。」「飾」亦當作「飭」。悈、譬音義並同。「衛命」說見上，與「并命」不同。并，讀作拌。《方言》卷10：「拌，棄也。楚凡揮棄物謂之拌。」字亦作判，後作拚，俗亦作潘。并命，即今言「拚命」、「拼命」，極言其盡力。緒，讀作肆。《說文》引《虞書》「緒類于上帝」，《堯典》「緒」作「肆」。郭店簡《語叢二》「肆」又省書作「希」。整理者讀肆不誤，但訓解則非是。《爾雅》：「肆，力也。」郭璞注：「肆，極力。」《文選·東京賦》薛綜注：「肆，勤也。」

（9）女（汝）毋敢怙偈（遏）余曰乃娪（毓）

　　整理者曰：怙，恃也。偈，讀為遏，訓為止。娪，即「毓」字，下文有「毓子」，詩書「育子」、「鬻子」、「鞠子」皆謂「稚子」。（P115）

　　按：王寧曰：「此句疑當讀為『女（汝）母（毋）敢怙，偈余曰乃毓（冑）』。『怙』是依仗父親的威勢。『偈』當讀『愒』或『渴』，訓『急』，這裡用為催促意。『娪』是『毓』字不誤，然此處當讀『冑』。下簡28之『娪（毓）子』，亦即《書·舜典》中『教冑子』的『冑子』。」某氏曰：「第二字右半應當是『〔冬／日〕』的變體或訛寫，此二字疑讀為『怙終』，『女（汝）毋敢怙終』應當讀為一句。《書·堯典》：『眚災肆赦，怙終賊刑。』」〔註27〕整理者句讀不誤，解「毓」作「毓子」亦是。「冑子」亦是「育子」，清人有考證。王教育伯攝，必不以「怙終（眾）賊刑」責之，某氏說殊誤。毋敢，猶言不得、不許。怙，讀為苦，困苦，用作使動，猶言逼迫。偈，讀作喝，字亦作愒、

〔註25〕陳民鎮《清華簡（捌）讀札》，清華大學出土文獻網站 2018 年 11 月 17 日。
〔註26〕「ee」說，《初讀》，簡帛網 2018 年 11 月 26 日。
〔註27〕「暮四郎」說，《初讀》，簡帛網 2018 年 11 月 29 日。

獦，亦省作曷，猶言逼迫、威脅。蔣斧印本《唐韻殘卷》、P.2011 王仁昫《刊謬補缺切韻》並曰：「獦，恐。」《集韻》：「愒，相恐怯也。或作曷，通作獦。」又「獦，一曰恐逼也。」《史記》、《漢書》習見「恐獦」一詞，《公羊傳·僖公十四年》何休注有「恐曷」一詞。至其本字，桂馥謂是「赫」，俗作「嚇」〔註28〕。《玄應音義》卷 1：「恐嚇，或言恐獦，皆一義也。」又卷 11：「恐嚇，亦作恐赫，亦言恐獦，皆一義也。」蓋亦以「獦」為「赫（嚇）」借字。

（10）今亦敾（肩）宓（肱）難（勤）乃事

整理者曰：肩，克。肱，讀為兢，訓為戒慎恐懼。或說「肩肱」猶云「股肱」，訓為輔佐。（P115）

按：王寧曰：「『敾』字疑當分析為從月（肉）啟省聲，即《說文》中的「腎」字，訓腓腸也，即小腿肚子，這裡代表腿。『腎肱』猶後言之『股肱』。」「腎肱」不辭。敾，讀為堅。《釋名》：「肩，堅也。」北宋景祐本《史記·仲尼弟子列傳》「公肩定，字子中」，南宋黃善夫本「肩」作「堅」。宓，讀為弘，弘大也，字從心，專指弘大其志。敾宓，謂堅定弘大其志。

（11）引（矧）行劈（墮）敬茅（懋），惠不惠，亦乃服

整理者曰：劈，從陸從力，訓為廢壞。《康誥》：「惠不惠，懋不懋。已，汝惟小子，乃服惟弘。」《左傳·昭公八年》引之云《周書》曰：『惠不惠，茂不茂。』康叔所以服弘大也。」杜注：「言當施惠於不惠者，勸勉於不勉者。」簡文謂行墮者亦敬勉之，不惠者亦當施惠，亦汝之服。（P115）

按：某氏曰：「劈，改釋為『隨』。」〔註29〕孔傳：「故當使不順者順，不勉者勉。」訓惠為順，用《爾雅》義，與杜說不同。二「惠」字同義，當取孔說，清人說《尚書》者，多從孔氏。杜注：「服，行也。」劈，讀作惰，懈怠。

（12）佳（雖）民卣（攸）龥（協）弗辇（恭）其魯（旅），亦勿殁（侮） 其逷（童）

整理者曰：佳，讀為雖。魯，讀為旅，訓為眾。殁，讀為侮。逷，試讀為「童蒙」之童。（P115）

按：某氏曰：「應斷讀為：『唯民攸協，弗龏（恐）其魯（旅），亦勿殁（侮）

〔註28〕桂馥《札樸》卷 1，中華書局 1992 年版，第 28 頁。
〔註29〕「ee」說，《初讀》，簡帛網 2018 年 11 月 18 日。

其遯（眾？）。』」〔註30〕某氏曰：「遯或當讀為種，《容成氏》有『絕種侅姓』一語。」〔註31〕某氏於「協」下讀斷，是也，「弗彝其魯」與「亦勿殺其遯」並列對舉成文。佳，讀為惟。彝，讀為靠，用作意動詞。《說文》：「靠，愨也。」又「愨，謹也。」蔣斧印本《唐韻殘卷》：「愨，謹也，善也。」《廣韻》：「愨，謹也，善也，愿也，誠也。」「愨」是「愨」俗字，恭謹、誠實質樸義。「魯」讀如字，愚鈍也。殺，讀作秡，字亦作務。《說文》：「秡，彊也。」《爾雅》：「務，彊也。」遯，讀為聰，聰慧也。簡文謂不以其人的魯鈍為誠實質樸，亦不去彊求其人的聰慧。

（13）通（恫）眾（瘝）寡眾（鰥），惠于少（小）民

　　整理者曰：上「眾」讀為「瘝」、「矜」，訓為哀憐。下「眾」讀為「鰥」。《康誥》「恫瘝乃身」，《後漢書·和帝紀》作「朕寤寐恫矜」。清華簡《說命》有「恫瘝小民」。（P115）

　　按：某氏曰：「恫眾寡，似應讀為『恫鰥寡』。後一『眾』字讀為懷，連下『惠于小民』為句。簡19『乃眾余言』之眾，亦應讀為懷。」〔註32〕黃傑曰：「當讀為『通（痛）眾（懷）寡眾（鰥）』，參看拙文《〈尚書·康誥〉考釋四則》（《文史》2017年第3期）。」〔註33〕王寧曰：「疑當讀作『通（恫）眾（及）寡眾（鰥）』。恫訓痛，此為憐惜、憐憫意。」清華簡（三）《說命下》作「迵眾少（小）民」，整理者據《康誥》讀作「恫瘝」，云：「恫，《爾雅》：『痛也。』『瘝』通『鰥』，《爾雅》：『病也。』」〔註34〕「迵」即「通」，讀作痛，字亦作恫、痌、慟、癑〔註35〕。二「眾」字並讀為矜。上「眾」是動詞，哀憐義，字亦作「瘝」；下「眾」是名詞，指可哀憐之人，字亦作「鰥」。

（14）翼翼鬼（畏）少（小）心，彝（恭）民長=（長長）

　　整理者曰：「長長」見於《荀子》，用法同《康誥》云文王「不敢侮鰥寡，庸庸、祗祗、威威」。（P115）

　　按：黃傑曰：「『長=』似應讀為『長人』。《易·乾》：『君子體仁足以長人，

〔註30〕「ee」說，《初讀》，簡帛網2018年11月18日。
〔註31〕「心包」說，《初讀》，簡帛網2018年11月22日。
〔註32〕「悅園」說，《初讀》，簡帛網2018年11月21日。
〔註33〕《初讀》，簡帛網2018年11月29、30日。
〔註34〕《清華大學藏戰國竹簡（三）》，中西書局2012年版，第130頁。
〔註35〕參見朱駿聲《說文通訓定聲》，武漢市古籍書店1983年版，第35頁。

嘉會足以合禮。』」〔註36〕整理者讀作「長長」不誤，上「長」是動詞，猶言尊敬。下「長」是名詞，指老人。《廣雅》：「長，老也。」《國語・周語中》：「尊貴、明賢、庸勳、長老、愛親、禮新、親舊。」韋昭注：「長老，尚齒也。」「長長」即「長老」義。

（15）女（汝）亦毋不旊（夙）夕巠（經）悳（德），甬（用）事朕命

整理者曰：「經德」見《酒誥》、《孟子・盡心下》，趙注：「經，行也。」《齊陳曼簠》：「肇勤經德。」《者沪鐘》「女亦虔秉丕經德。」（P116）

按：《酒誥》「經德秉哲」，孔傳：「能常德持智。」孔氏訓經為常，後世治《尚書》者，多從其說。趙岐注：「經，行也。」孫星衍、黃式三從趙說〔註37〕。據《者沪鐘》「虔秉丕經德」，「經德」當從孔傳訓作「常德」。《老子》第28章「常德不離」，又「常德不忒」。簡文及《酒誥》「經」作動詞，謂常其德，使其德常在。

（16）弗巩（功）我一人才（在）立（位）

整理者曰：巩，讀為功，《說文》「以勞定國也」，訓為勞。（P116）

按：某氏曰：「『巩』讀為邛，訓為『勞、病』句義方通。意即不要讓我一人在位憂勞，要替我分擔責任。這種用法的『邛』還見《皇門》簡2～3『不共于恤』（參張富海《清華簡零拾四則》，《古文字研究》32輯，前此馮勝君古文字年會上已有相同看法）中的『共』，《緇衣》簡7～8『唯王惢』的「惢」（今本即作『邛』，參上引張文），除此以外還見於《厚父》簡7『惟時下民，唯帝之子』的『唯』（參筆者未刊稿）及部分金文辭例中。」〔註38〕「功」字《說文》訓「以勞定國也」，指功勞、功績，非憂勞義，整理者引之，殊為不當。巩，讀作鞏，字亦作拱、攻，鞏固也。《廣雅》：「拱，固也。」又「攻，堅也。」王念孫曰：「《爾雅》：『鞏，固也。』《革》初九云：『鞏用黃牛之革。』《大雅・瞻卬篇》云：『無不克鞏。』『鞏』與『拱』通。《爾雅》：『拱，執也。』『執』與『固』義相近。故《遯》六二云『執之用黃牛之革』，傳云：『執用黃牛，固志也。』是《革》、《遯》二卦之取象同，其義亦同矣。

〔註36〕《初讀》，簡帛網2018年11月30日。
〔註37〕孫星衍《尚書今古文注疏》卷16，中華書局1986年版，第378頁。黃式三《尚書啟幪》卷3，收入《續修四庫全書》第48冊，上海古籍出版社2002年版，第762頁。
〔註38〕「心包」說，《初讀》，簡帛網2018年11月21日。

《逸周書・謚法解》云：『執事堅固曰恭。』『恭』與『拱』亦聲近義同。」〔註39〕下文簡29：「余佳（唯）亦玾乍女（汝）。」整理者讀「玾乍」為「功作」，亦訓功為勞〔註40〕。余讀作「鞏助」。

（17）女（汝）有退進於朕命，乃佳（唯）諲（望）亡毇（逢）

整理者曰：退進，猶云進退，猶損益也。望，希望。逢，逢迎。（P116）

按：王寧曰：「『逢』當即『逢殃』或『逢災』之省語。」毇，讀為夆。《說文》：「夆，牾也。」違逆、抵牾之意。字亦作逢，《爾雅》：「逢，遻也。」郭璞注：「轉復為相觸遻。」「遻」即「牾」。雙聲音轉又作「犯」。簡文謂汝可以退進於朕命，但不要有所違逆。

（18）女（汝）毋敢有退于之，自一話一言，女（汝）亦毋敢遳（泆）于之

整理者曰：于，句中虛詞。《立政》：「自一話一言。」遳，讀為泆，訓為淫放。（P116）

按：于，介詞。《立政》之「自」，裴學海曰：「猶雖也。」〔註41〕毋敢，猶言不得。遳，即「迭」字，越過也，即「進」義，與「退」對文。字本作軼，《說文》：「軼，車相出也。」《玉篇原卷》引《蒼頡篇》：「軼，從後出前也。」《文選・西都賦》李善注引《王（三）蒼》同《蒼頡篇》。P.2011王仁昫《刊謬補缺切韻》：「軼，車相過。」〔註42〕字亦作跌，《說文》：「跌，一曰越也。」

（19）言佳（唯）明，毋淫，毋弗鑫（節）

整理者曰：鑫，從晶，室聲，讀為節。「淫」與「弗節」義同。（P116）

按：石小力曰：「『鑫』當分析為從室，晶聲，疑讀為參，檢驗。」〔註43〕某氏曰：「『鑫』很有可能就是『疊』（後來亦寫作『疊』）。《詩・時邁》：『薄言震之，莫不震疊。』毛傳：『疊，懼。』簡文『毋弗疊』似乎可以理解為王告

〔註39〕王念孫《廣雅疏證》，收入徐復主編《廣雅詁林》，江蘇古籍出版社1992年版，第180頁。

〔註40〕《清華大學藏戰國竹簡（八）》，中西書局2018年出版，第119頁。

〔註41〕裴學海《古書虛字集釋》，中華書局1954年版，第695頁。

〔註42〕蔣斧印本《唐韻殘卷》「車」誤作「牛」。

〔註43〕石小力《清華簡第八輯字詞補釋》，《論文集》，第299頁。

誠攝不要毫無畏懼，膽大包天。」〔註44〕「疊」訓懼，其本字為「慴」〔註45〕，字亦作「懾」〔註46〕，某氏未探本也。然余不從此說。淫，過甚也。弗，讀作艴，字或作怫、拂、沸、佛，又音轉作艴、悖、孛、勃，又以雙聲音轉作忿。《呂氏春秋・重言》：「艴然充盈。」《論衡・知實》作「怫然」，《列女傳》卷2作「忿然」，《說苑・權謀》作「勃然」。《韓詩外傳》卷3「翟黃悖然作色曰」，《史記・魏世家》作「忿然」。《史記・蘇秦列傳》「於是韓王勃然作色」，《長短經・七雄略》同，《戰國策・韓策一》作「忿然」，P.3616《春秋後語》作「怫然」。壹，從室得聲，讀作懥，字亦作駤、恎、痓、窒、室、跮、懫、懥、寘。《說文》：「懥，忿戾也。《周書》曰：『有夏氏之民叨懥。』」《書・多方》作「叨懫」，孔傳：「有夏之民貪叨忿懫而逆命。」《禮記・大學》：「身有所忿懥。」《大戴禮記・武王踐阼》引《杖之銘》：「惡乎，危於忿懥。」簡文「弗壹」即「忿懫」、「忿懥」、「忿寘」轉語，猶言忿恨、忿怒。

（20）乃亦佳（唯）肇愳（謀），亦則匃（遏）逆于朕，是佳（唯）君子秉心，是女（汝）則佳（唯）肇悽（咨）弜羕，乃既啚（悔）

整理者曰：匃，讀為遏。「遏逆於朕」略同於《君奭》「遏佚前人光在家」、清華簡《厚父》「王迺遏失其命」。悽，讀為咨。《說文》：「謀事曰咨。」句謂君子秉心，汝始謀則亦遏逆於我；汝始謀不永之事，終則必悔。（P117）

按：某氏以「弜羕」二字句，曰：「簡文兩處『弜羕』及一處『醬恙』讀為『弗祥』好，是不善的意思。」〔註47〕王寧曰：「整理者讀匃為遏，似不通，當依字讀，『匃』是乞求、希望之意。『逆』是指臣下向王奏事。」某氏說是也，簡文「肇愳」、「肇悽（咨）」對文，「弜羕」二字句，屬下「乃既啚」成文。「佳」同「唯」、「惟」，表示希望的語氣副詞，下文同。「肇」是「肇」俗字，《詩・江漢》《釋文》引《韓詩》：「肇，長也。」《玉篇》用其說。《君奭》「遏佚」，《漢書・王莽傳》引作「遏失」，孔傳解作「絕失」，顏

〔註44〕醉馬《清華簡〈攝命〉「疊」字試釋》，復旦網2018年11月21日。

〔註45〕《說文》：「慴，懼也，讀若疊。」《六書故》：「慴，與『疊』通。」又「疊，即今慴字。」《詩》「莫不震疊」，毛傳：「疊，懼。」孔疏：「『疊，懼』，《釋詁》文，彼『疊』作『慴』，音義同。」清人治《說文》與《詩經》者，亦都指出「疊」是「慴」借字。

〔註46〕《玉篇原卷》：「讋，傅毅以為讀若慴。《聲類》：『讋，謵也。』亦與『懾』字同，在《心部》。」《廣韻》：「懾，亦作慴。」

〔註47〕「ee」說，《初讀》，簡帛網2018年11月22日。

師古注從孔說，非簡文之誼。勾，讀作遘，抵觸也。《釋名》：「逆，遘也，不從其理則生殿遘不順也。」《文選·長笛賦》：「掌距劫遘，又足怪也。」李善注：「言聲之相逆遘也。郭璞《穆天子傳》注曰：『遘，觸也。』」「勾逆」即「逆遘」倒言。音轉又作「逆忤」、「逆迕」、「午逆」、「迕逆」、「仵逆」、「牾逆」等。《說文》：「牾，逆也。」又「午，牾也。五月陰氣午逆陽，冒地而出也。」《淮南子·齊俗篇》：「諱不犯禁而入，不迕逆而進。」《釋名》：「午，仵也，陰氣從下上與陽相仵逆也。」《易·明夷》王弼注：「故雖近不危，隨時辟難門庭而已，能不逆忤也。」《三國志·賀邵傳》：「偶有逆迕昏醉之言耳。」《世說新語·忿狷》：「司州言氣少有牾逆於蠆，便作色不夷。」既，猶終也。簡文是說汝謀度國事，可以抵迕於我，只是希望君子秉心；汝謀度國事，若不善，最終會有後悔。

（21）女（汝）迺敢整（整）惡（極）

整理者曰：整，齊。惡，讀為極、殛，訓為罰。整極謂至於殛罰。（P117）

按：某氏曰：「所謂的『整』從東（但下部未寫全）、從攴、從正，疑是『緊』字的誤寫，讀為懈。」〔註48〕王寧曰：「『整』訓『齊』是，『惡』即『極』字，《說文》：『疾也。』（段本據《韻會》改作『惡性也』，『惡』即『急』本字）『整極』即『齊疾』，《爾雅》：『疾、齊，壯也。』郭注：『壯，壯事，謂速也。齊亦疾。』邢《疏》：『急疾、齊整，皆於事敏速，強壯也。』『齊』、『疾』本皆是敏捷快速義，這裡是指處事乾脆俐落的意思，表示人的成熟，故曰『壯』。『乃敢整極』即『乃能齊疾』，才能處事乾脆利索，意為成熟。」「整」訓齊，是整齊、不參差之義，「極」是心急、性急義（「亟」的增旁分別字，「亟」本義是急疾），都不是敏疾義，王說非是。整，整治也。王說「惡即極字」，是也，當讀作諽、愅，《說文》：「諽，飾也。讀若戒。」「飾」當作「飭」，整治也。《玉篇殘卷》：「愅，《字書》亦『諽』字。諽，飭也。」「極」又音轉作苟，《說文》：「苟，自急敕也。」《釋名》：「敕，飭也。」敕、飭古音同（《說文》：「飭，讀若敕。」）。《小爾雅》：「敕，正也。」「正」即「整」。《廣雅》：「敕，理也。」「理」即「治」。「整惡」是同義複詞，猶言整飭。

（22）女（汝）則亦隹（唯）肇不（丕）子不學，不啻女（汝），亦鬼（畏）蒦（獲）懃朕心

〔註48〕「ee」說，《初讀》，簡帛網 2018 年 11 月 19 日。

整理者曰：丕子，見於《金縢》，孔傳以為「太子」。懃，勞苦。（P117）

按：王寧曰：「疑當斷讀為：『女（汝）則亦佳（唯）肇不子、不學、不啻（適），女（汝）亦鬼（畏）獲懃朕心。』『子』疑讀慈，『學』疑讀孝，『適』同『嫡』。『懃』即『懄』、『懂』，整理者訓勞苦，似於文意不暢。《廣韻》：『懂，憂哀也。』《集韻》：『懄，憂也。』這裏當生氣、不高興講。『亦畏獲懂朕心』意思是你要小心我心裡會生氣。」王說非是，整理者讀不誤，此文與簡 6「不啻女（汝）鬼（畏），則由護（勸）女（汝）訓言之譔」文例相同。「不啻」就是不但、不只之義。「懃」訓勞訓憂，其義相因。「汝」指伯攝，則「子」不可讀為慈。「學」當讀如字。

（23）王曰：「攝，女（汝）有佳（唯）潀（沖）子，余既執（設）乃服，女（汝）毋敢朋浝（酗）于酉（酒），勿教人悳（德）我。」

整理者曰：《康誥》「汝惟小子，乃服惟弘」，與此句意相類。朋，訓為朋比。簡文謂汝毋敢朋酗於酒，使人以為我德。（P117）

按：某氏曰：「德，感激。」〔註49〕王寧曰：「『人』指下文所言的『朋』。『教』疑當讀為『效』，『德』當讀為『置』，『我』表示自己，『置我』是處置、安置自己。『勿效人置我』的意思是不要學別人那樣安置自己。」王說非是。某氏說「德」是也，德謂感其德。朋，群聚也。教，使也，令也。「人」指群聚酗酒以外的別人。「我」是王自稱。《康誥》孔傳：「汝惟小子，乃當服行德政，惟弘大王道。」「服」指服行德政。「執」當作「埶」，指執政、掌握政權。簡文是王對伯攝說，你還是個童子，我已經執政並服行德政，你不要聚酒失德，不要使人感德於我（言下意謂你也應當樹立德惠以服眾）。

（24）曰：「毋朋多朋，鮮佳（唯）楚（胥）台（以）殂（夙）夕戟（敬），亡（罔）非楚（胥）以勞（墮）逊（愆）；鮮佳（唯）楚（胥）學於威義（儀）遠（德），亡（罔）非楚（胥）以淫〈淫〉惡（極）。」

整理者曰：鮮，訓為少。楚，讀為胥，謂相率。罔非，義為「皆」。愆，過也。（P117）

按：王寧曰：「『惡』即『極』字，《說文》訓疾也，屬害之意。」某氏以「毋朋」二字句，「多朋」屬下為文〔註50〕，是也。敬，戒慎也。勞，讀為

〔註49〕「心包」說，《初讀》，簡帛網 2018 年 11 月 22 日。
〔註50〕「暮四郎」說，《初讀》，簡帛網 2018 年 11 月 30 日。

惰。劈遞，懈怠之過。溼，讀作悷。《說文》：「悷，恨也。」桂馥曰：「『恨』
當為『很』。《孟子》『悻悻然』，趙注引《論語》『悻悻然小人』。『悻』當為
『婞』，本書（引者按：指《說文》）：『婞，很也。』《論語》作『硜硜』，『硜』
當為『悷』。」〔註51〕桂氏所說「當為」者，都是正字，不必改字也。《集韻》：
「悷，很也。」「很」是「很」俗字。桂氏所引《孟子》出《公孫丑下》，《論
語》出《子路》。皇侃《論語義疏》：「硜硜，堅正難移之貌也。」孫奭《孟子
音義》引丁公著曰：「悻悻，字當作婞，形頂切，很也〔註52〕，直也。又胡
耿切，字或作『悷悷然』，《論語》音鏗。」《說文》：「婞，很也。《楚詞》曰
『鯀婞直。』」《楚詞》出《離騷》。P.3693V《箋注本切韻》：「婞，很也，直
也。」《莊子·徐無鬼》《釋文》：「敖，司馬本作『悻』，云：『很也。』」《後
漢書·張衡傳》《應間》：「婞很不柔。」「婞很」是同義複詞。悷、悻、婞，
並一字異體，剛直固執、很戾不從之義。字亦作諱、嘩，指很戾之言。《廣
雅》：「諱，言也。」《集韻》：「諱、嘩，《博雅》：『言也。』」一曰瞋語。或從
口。」P.2011 王仁昫《刊謬補缺切韻》：「口，許孟反，瞋語。」據其音義，
字頭缺字必是「諱」。《集韻》：「悻，悻悻，狠怒也。」此解非是。「恧」即
「極」，性急，與「很戾」義相因。「悷悷」指性急很戾，無威儀之皃，正與
上句「學於威義（儀）」對文。

（25）王曰：「攝，余辟相隹（唯）卸（御）事，余厭既異厥心厥邁（德），不迿（之）則宰（俾）于余。」

整理者曰：辟、相同義連用。《周頌·雝》：「相維辟公，天子穆穆。」毛
傳：「相，助也。」《酒誥》：「自成湯咸至于帝乙，成王畏，相惟御事，厥棐有
恭。」厭，合也。迿，讀為之，訓為往、適。《爾雅》：「俾、使，從也。」句
謂輔相御事，其心其德與我異，則不從己志，而從於我。（P117）

按：某氏曰：「斷讀為：『攝，余辟，相唯御事，余厭既異厥心，厥德不迿，
則俾于余。』『余辟』是『攝』的同位語。『相唯御事』單獨一句，已見整理者
所引《尚書·酒誥》。『余厭既異厥心』暫時存疑，疑『厥心』後點斷，『迿』
有可能當釋為『延』，『厥德不延』，文獻有『德延』之說，《尚書·君奭》『天

〔註51〕桂馥《說文解字義證》，齊魯書社 1987 年版，第 900 頁。
〔註52〕四庫本「頂」誤作「項」，「很」誤作「狠」，此據《叢書集成續編》第 37 冊影
　　　　印微波榭本，新文豐出版公司 1988 年版，第 154 頁。

不可信，我道（繇）惟寧（文）王德延，天不庸釋于文王受命。』」〔註53〕王寧曰：「『余辟』和『余厭』為對文，可能是指王的兩種人。整理者引《酒誥》，傳統的斷讀作『自成湯咸至于帝乙，成王畏相。惟御事，厥棐有恭』……『相』字可能是『喪』的假借字，喪失義。『余辟』可能是指我主事之人，『余厭』可能是指我合心之人。王當是說：我主事的人喪失了辦事的能力，我合心的人已經與我異心。迪，心包釋為『延』，句讀作『厥德不延』，義較勝。『德』是指行為，『不延』之語古書習見，即不長久。庫，疑當讀為敗，《說文》：『毀也。』字亦作掉。『則敗于余』意思應該是就會損害到我。」某氏曰：「『宲』可能應當讀為辟，後文有『今乃辟余』（簡18）、『甬（用）辟余才（在）立（位）』（簡19-20）。」〔註54〕整理者句讀不誤，「余辟」、「余厭」不是對文。「辟相」同義連用，但不訓助，當訓治理。所引《周頌》及《酒誥》皆不當。《書·金縢》：「我之弗辟，我無以告我先王。」《釋文》：「辟，治也。」《玉篇》：「辟，理也。」《小爾雅》：「相，治也。」《左傳·昭公九年》：「對曰：『陳，水屬也；火，水妃也，而楚所相也。』」杜預注：「相，治也。」厭，讀作猒，厭憎、厭倦。迪，即「之」字，猶歸也、從也〔註55〕。宲，讀為卑，賤也，小也，猶言鄙薄、輕視。「宲于余」之「于」表示被動句式。簡文謂我治理國家唯有御事，我厭恨他們已經離心離德，他們不歸順於我，則為我所鄙視。

（26）女（汝）其有霏（敗）有甚（湛），乃眔余言，乃智（知）佳（唯）子不佳（唯）之頌（庸），是亦尚弗毅（逢）乃彝

整理者曰：霏，讀為敗，訓為敗。甚，讀為湛，沒也。眔，訓為及、逮。逢，遇也。彝，常。「弗逢乃彝」與下「克用之彝」對文。句謂汝有敗沒，壞我教命，則知汝不堪用，不能用常道。（P118）

按：王寧曰：「『眔』即『及』，這裡是考慮到的意思。『頌』當從 ee 說讀容，舉止、行為。『是亦尚弗逢乃彝』疑當於『逢』下斷句，簡12有『乃唯望無逢』句可證。『尚』通『當』。」王寧「逢」下斷句是也。訓敗的本字為「殄」，「敗」亦借字。余謂「霏」當讀為懌，《爾雅》：「懌，樂也。」《詩·板》：「辭之懌矣，民之莫矣。」毛傳：「懌，說也。」《釋文》：「說，音悅。」字亦作繹，

〔註53〕「心包」說，《初讀》，簡帛網 2018 年 11 月 22 日。
〔註54〕「暮四郎」說，《初讀》，簡帛網 2018 年 12 月 2 日。
〔註55〕參見裴學海《古書虛字集釋》，中華書局 1954 年版，第 747 頁。蕭旭《古書虛字旁釋》有補證，廣陵書社 2007 年版，第 331～332 頁。

《左傳・襄公三十一年》、《說苑・善說》、《漢紀》卷10引《詩》作「辭之繹矣」。《說文》:「甚，尤安樂也。」簡文正用本字。享樂義的專字作媅、妉，《說文》:「媅，樂也。」《爾雅》:「妉，樂也。」字亦作湛、愖，音轉作沈、耽、酖、淫，猶言沈迷、淫樂。《玄應音義》卷4:「媅，古文妉，同。今皆作耽也。」罙，讀為婚。《說文》:「婚，偃伏也，一曰伏意。」《集韻》引「伏」作「服」。蔣斧印本《唐韻殘卷》:「婚，安。」即悅服義。尚，表示希望的語氣副詞，與簡12「望」字同義。毅亦讀為夆，牾也。

（27）乃彝乃乍（作）穆穆，隹（唯）龏（恭）威義（儀），甬（用）辟余才（在）立（位），乃克甬（用）之彝

按：王寧讀作「乃彝乃作穆穆」，曰:「彝，《爾雅》訓『常』，引申為法度義。『作』是指行為、行動。《爾雅》:『穆穆、肅肅，敬也。』這裡是嚴肅謹敬之貌。」簡文「穆穆」屬下句，當讀作「乃彝乃作，穆穆唯龏威儀」。「乃彝乃作」猶言常法乃作。

（28）乃身剚（載）隹（唯）明隹（唯）𥁕（寅），女（汝）亦毋敢鬼（畏）甬（用）不審不允

整理者曰：剚，疑即「𩚥」字，《說文》:「讀若載。」句中助詞。寅，敬。審，詳悉。（P118）

按：剚讀為載，是也，但當訓行。明，敬也，尊也。𥁕，與下文「盥」同，讀為夤。《說文》:「夤，敬惕也。」《爾雅》「寅」訓敬亦借字。審，審慎、謹慎。允，誠信。

（29）余既明命女（汝），乃服隹（唯）盥（寅），女（汝）毋敢𣛮＝（滔滔）

整理者曰：《康誥》:「汝惟小子，乃服惟弘。」「𣛮」字從橐（《說文》所謂「從橐省」），由聲，疑即「韜」字異體，讀為滔，訓為慢。（P118）

按：石小力曰:「所謂『𣛮』字原形作『𣛮』，即『橐』字。『橐＝』見於西周金文，四十三年逨鼎（《銘圖》02503～02512）:『毋𣪘＝橐＝，唯有宥縱，廼敄（侮）鰥寡。』毛公鼎（《集成》02841）:『毋敢龏＝橐＝，廼敄（侮）鰥寡。』簡文『橐＝』即銘文『龏＝橐＝』之省。根據金文辭例，本句當在『乃服唯寅』後斷開，『汝毋敢橐＝』與獄訟有關，當屬下讀。銅器銘文中的『龏＝橐＝』，向

無善解。根據對重文符號理解的不同，可以歸納為兩種讀法，一是『龏龏橐橐』，二是『龏橐，龏橐』，解釋十分分歧〔註56〕。現在根據簡文可省略作『橐＝』，可知對重文符號的理解當以第一種讀法為是。『龏＝橐＝』是官員斷獄時的一種不良行為，導致的後果是『有宥縱，侮鰥寡』，是斷獄時應極力避免的。」〔註57〕王寧曰：「『盬』即『龏』字繁構，則《康誥》之『弘』當作『引』，乃音近通假字。《說文》：『龏，敬惕也。』小心謹慎之意。石小力云云，顯然是對的。『橐』在出土文獻中多用為『包』〔註58〕，這裡疑當讀為『褎』。《玉篇》：『褎，揚美也。』『龏龏褎褎』就是恭敬你認為該恭敬的，褎揚你認為該褎揚的，和簡24的『好好宏宏』意思略同，故此處『橐橐』亦當讀為『褎褎』。」石小力改釋作「橐橐」；王寧讀盬為龏，並謂《康誥》「弘」當作「引」，均是也。但石小力改讀「汝毋敢橐橐」屬下句，王寧讀「橐橐」為「褎褎」，則未確。橐從缶得聲，讀作浮，虛也。「橐橐」狀其虛浮之甚。銘文「龏龏」，讀作「庸庸」、「容容」，隨眾進退貌。《說苑·臣術》：「容容乎與世沉浮上下。」《漢書·翟方進傳》：「君何持容容之計？」顏師古注：「容容，隨眾上下也。」《後漢書·胡廣傳》：「胡廣庸庸。」

（30）女（汝）亦引毋好好、宏宏、戗（剆）悳（德）

整理者曰：好好、宏宏謂好己所好，宏己所宏。《巷伯》：「驕人好好，勞人草草。」鄭箋：「好好者，喜讒言之人也。」剆，訓為斷，或讀為劆，訓為割傷。（P118～119）

按：王寧曰：「『宏』下恐不當點斷。剆疑當讀為割或害，都是損害義。」王寧說「宏」下不當點斷，是也。整理者所引《詩》「好好」，與「草草」對舉，明顯是形容詞。整理者所釋殊誤。好好，驕矜自得之皃，毛傳「好好，喜也」，義亦相會。又作「旭旭」，古音同。戴震曰：「《爾雅》：『旭旭，憍也。』郭注云：『小人得志憍蹇之貌。』讀旭為好。今考『好』與『旭』古音並許九切。」〔註59〕段玉裁曰：「《爾雅》：『旭旭、蹻蹻，憍也。』旭旭，《詩》

〔註56〕原注：各家說法參看石帥帥《毛公鼎銘文集釋》，吉林大學碩士學位論文，2016年，第137～139頁。

〔註57〕石小力《清華簡第八輯字詞補釋》，《論文集》，第299頁。

〔註58〕原注：白于藍《簡帛古書通假字大系》，福建人民出版社2017年版，第131頁。

〔註59〕戴震《毛鄭詩考正》卷2，收入《戴震全書》第1冊，黃山書社1994年版，第624頁。

無其文，郭音呼老反，是為《毛詩》『好好』之異文無疑。《匏有苦葉》《釋文》引《說文》：『旭讀若好。』」〔註60〕陳奐、馬瑞辰說與戴氏、段氏略同〔註61〕。郝懿行曰：「旭者，蓋『憍』之叚音。《詩》：『不我能憍。』鄭箋：『憍，驕也。』義本《爾雅》……《漢書·揚雄傳》云：『嘻嘻旭旭。』集注：『旭旭，自得之貌。』《詩》：『驕人好好。』鄭箋：『好好，喜讒言之人也。』《匏有苦葉》《釋文》：『旭，《說文》讀若好，《字林》呼老反。』《爾雅釋文》：『旭，郭呼老反。』呼老即『好』字之音矣。」〔註62〕宏宏，大貌，簡文亦狀驕大之兒。敏，讀作薉，字亦作穢。穢德，猶言敗德。草敗曰薉、穢，水濁曰濊，飯敗臭曰餲，其義一也。簡文是說不要有驕傲自大的敗德。

（31）余一人害（曷）叚〈叚〉（假），不則戠（職）智（知）之䌛（聞）之言；余害（曷）叚〈叚〉（假），不則高譱（奉）乃身，亦余一人永衋（安）才（在）立（位）

整理者曰：「叚」字左半「石」形訛作「戶」，訓為憑藉。衋，即「顏」字，讀為安。（P119）

按：石小力曰：「『叚』字表示情態，可翻譯為『可能、會』，相當於古書的『遐』，此種用法見於西周金文，如盠方彝：『盠曰：天子不叚（遐）不其萬年保我萬邦。』沈培認為西周金文中的『叚』表示的是客觀或情理上具有某種可能性的情態，大多數情況下可以理解為『可能』、『會』〔註63〕。據此，本句當斷讀為：『余一人曷叚（遐）不則識智（知）之聞之言；余曷叚（遐）不則高奉乃身，亦余一人永安在位。』大意謂：我怎麼可能不知之聞之，我怎麼會不高奉乃身。『曷叚不』相當於西周金文的『不遐不』，表示雙重否定，有增強語氣的作用。」〔註64〕石說二「則」字落空，不足取。王寧

〔註60〕段玉裁《詩經小學》卷2，《皇清經解》卷631，上海書店1988年版，第4冊，第179頁。

〔註61〕陳奐《詩毛氏傳疏》卷19，收入《續修四庫全書》第70冊，上海古籍出版社2002年版，第260頁。馬瑞辰《毛詩傳箋通釋》卷20，中華書局1989年版，第663頁。

〔註62〕郝懿行《爾雅義疏》卷上之三，上海古籍出版社1983年版，第550～551頁。

〔註63〕原注：沈培《再談西周金文「叚」表示情態的用法》，上海博物館編《中國古代青銅器國際學術研討會論文集》，香港中文大學文物館2010年。

〔註64〕石小力《清華簡第八輯字詞補釋》，《論文集》，第300頁。

說「第二個『余』後疑抄脫了『一人』二字」，某氏讀戠為識〔註65〕，皆是
也。叚，讀作妒，俗作妬、姤，妒忌。音轉亦作媢、姻，《廣雅》：「媢，妬
也。」《爾雅釋文》引作「姻，妬也」。「不則」同「否則」，亦作「丕則」，猶
言則〔註66〕。簡文謂我哪有妒忌之心，則我能知其言聽其言，高奉乃身，使
我永安在位。

（32）余隹（唯）亦玥（功）乍（作）女（汝），余亦隹（唯）𧭼毇兒（說）女（汝）

整理者曰：功，勞。𧭼，疑從言，折省聲，即「誓」字。毇，不識。𧭼
毇，疑即「扤陧」、「虺尵」、「槷䡾」，訓為不安。句謂我亦以此不安之狀告
汝。（P119）

按：王寧曰：「第一句疑抄手將『亦』、『隹』二字抄倒了。『𧭼』字整理者
疑即『誓』字，疑是，但此處疑仍讀為『折』。『毇』疑即『燬』字，仍讀『毀』，
『折毀』本是損壞、破壞義，引申為誹毀義。『兒』字應讀『敓（奪）』。『有』
疑當屬上句讀，作『兒（敓）女（汝）有』。」「有」字仍當屬下句，同「又」。
王氏乙「隹亦」作「亦隹」，讀「𧭼毇」作「折毀」，皆是也。但「折毀」是敗
壞義，不是誹毀義。玥乍，讀作「鞏助」。兒，讀為陊、墮，亦敗壞義。

（33）有女（汝）隹（唯）㳆（沖）子，余亦隹（唯）肇𥄂（耆）女（汝）悳（德）行，隹（唯）穀（穀）罕非穀（穀）

整理者曰：耆，致也。穀，善也。句謂我以德行之善與不善致告汝。
（P119）

按：某氏曰：「『稽』整理者讀耆釋為致，今改讀為稽，是稽考的意思。」
〔註67〕「有」同「又」。

讀稽可從，亦可讀作覩，俗作睹，《廣雅》：「覩、睯，視也。」《廣韻》：
「睹，同『覩』。」即察視義。覩、睯一聲之轉，王念孫未聯繫二字〔註68〕，
蓋偶疏。《說文》：「睯，省視也。」

〔註65〕「暮四郎說」說，《初讀》，簡帛網2018年12月4日。
〔註66〕參見裴學海《古書虛字集釋》，中華書局1954年版，第873頁。
〔註67〕「ee」說，《初讀》，簡帛網2018年11月18日。
〔註68〕王念孫《廣雅疏證》，收入徐復主編《廣雅詁林》，江蘇古籍出版社1992年版，
　　　　第80～81頁。

（34）余既明䦘（啟）劼𢔶（毖）女（汝）

整理者曰：䦘，讀為啟。（P119）

按：王寧曰：「䦘，懷疑相當於清華簡三《說命下》簡 7『余既訳劼祕（毖）女（汝）』的『訳』字。」〔註 69〕某氏曰：「䦘，讀為開。」〔註 70〕「開」、「啟」同源，一聲之轉，讀啟、讀開並無不同。《說文》：「闓，開也。」又「启，開也。」《廣雅》：「闓，明也。」是「启」、「開」亦明也。

二、《邦家之政》校補

（1）宮室少（小）𥧲（卑）以埻（迫），其器少（小）而𧰼（粹）

整理者曰：𥧲，即「卑」，低矮。埻，讀為迫，狹窄。𧰼，從家聲，讀為粹，素純。（P123）

按：讀𧰼為粹，于文義不洽。𧰼，讀為橢，字亦省作楕、隋，亦借隨、擶、墮為之，指器物狹長之形，與「小」字之義相會。《爾雅》：「蟦，小而橢。」郭璞注：「橢，謂狹而長。」《廣韻》：「橢，器之狹長。」山形小而狹長者謂之隨，羱羊之角小而狹長者謂之𤟲，都是橢之分別字。《詩·般》：「隨山喬嶽。」毛傳：「隨山，山之隨隨小者也。」亦以「隨隨」狀其小。房屋卑小之專字作「庳」，《說文》：「庳，中伏舍，一曰屋庳。」

（2）其型（刑）壆（易），邦寡㝱（稟）

整理者曰：壆，讀為易。《荀子·富國》「則其道易」，楊注：「平易可行。」《大戴禮記·子張問入官》：「善政行易則民不怨。」㝱，即「稟」，讀為懍，恐懼。（P123）

按：石小力讀㝱為禁，訓作法禁〔註 71〕，是也。此簡「易」當訓簡易不繁雜。《管子·禁藏》：「以有刑至無刑者，其法易而民全；以無刑至有刑者，其刑煩而奸多。」「易」與「煩」對文，正謂簡易。其刑易，言其刑法簡易而不苛。《御覽》卷 635 引《尚書大傳》：「孔子曰：『古之刑者省之，今之刑者繁之。其教，古者有禮，然後有刑，是以刑省也。今也反是，無禮而齊之以刑，是以繁也。』」（下文整理者注（26）引《孔叢子·刑論》略同，當亦是

〔註 69〕《初讀》，簡帛網 2018 年 12 月 1 日。

〔註 70〕「心包」說，《初讀》，簡帛網 2018 年 12 月 1 日。

〔註 71〕石小力《清華簡第八輯字詞補釋》，《論文集》，第 300 頁。

引《大傳》）《管子・八觀》：「是故明君在上位，刑省罰寡。」「刑易」即「刑省」也。

（3）其〔民〕志傢（遂）而植（直）

整理者曰：傢，讀為遂，成也。植，讀為直，謂正直。（P123）

按：傢，讀為遂，順遂、通達。「植」讀如字，立也。

（4）其君執棟，父兄與於終（終）要，弟子不敷（轉）遠人

整理者曰：執，持也。棟，棟樑。與，參與。終，即「終」，成也。要，關鍵。敷，讀為轉，猶避也。遠人，關係疏遠的人。（P124）

按：某氏曰：「敷，似以讀為專好，專擅、專嚮也。」〔註72〕棟，讀為重，指權勢。終，讀作中。「要」是「腰」古字。中腰，比喻政權之重要部門。敷，讀為摶、團，團聚、結交。遠人，指國外的諸侯。言弟子不與諸侯結交以借其勢。《晏子春秋・內篇問上》：「景公問：『佞人之事君如何？』晏子對曰：『……外交以自揚，背親以自厚。』」又「景公問晏子曰：『忠臣之行何如？』對曰：『……君在不事太子，國危不交諸侯。』」大臣與諸侯結交樹立勢力是治國者之大忌。《史記・楚世家》無忌讒太子建於楚王曰：「且太子居城父，擅兵，外交諸侯，且欲入矣。」《伍子胥列傳》略同，此即以外交諸侯讒之之例。

（5）女（如）是……上下相敷（復）也

整理者曰：敷，讀為復，報也。（P124）

按：敷，讀為孚，信也。或讀作附，親附。上下相附，猶言上下相親，與下文「上下絕德」對文。

（6）其祭弜（拂）以不時以婁（數）

整理者曰：弜，讀為拂，違也。不時，不按時節。數，頻繁。（P124～125）

按：上文云「其祭時而敬」，此處與之對文。二個「以」字用法不同，上「以」是介詞；下「以」是連詞，猶言而且。「時以婁」即「時而婁」，受副詞「不」修飾。婁，讀作僂，曲腰，謹敬兒。睡虎地秦簡《為吏之道》：「四曰受

〔註72〕「ee」說，《清華八〈邦家之政〉初讀》，簡帛網 2018 年 11 月 17 日。下文引省稱作《初讀》。

令不僂。」整理者注：「僂，鞠躬，表示恭敬。《左傳‧昭公七年》：『一命而僂。』」〔註73〕其後出專字作慺。《慧琳音義》卷98引《說文》：「慺，謂謹敬皃也。」P.2011王仁昫《刊謬補缺切韻》：「慺，敬。」字亦作謱，《集韻》：「謱，謹也。」日本名古屋七寺所藏卷子本《佛說安墓經》：「無忌無謱，蕩蕩無澄，適得其中願。」不時以婁，即不時而敬。訓違的本字作咈，拂亦借字。《說文》：「咈，違也。《周書》曰：『咈其耈長。』」《集韻》：「咈，通作拂。」字亦省作弗，《說文繫傳》：「弗，違也。」又音轉作悖（「悖」本義是心亂，作違背解是借字）。

（7）其立（位）用忞（愁）民，眾譿（脆）焉怠（誥）

整理者曰：忞，讀為愁。《廣雅》：「愚也。」譿，讀為脆，弱也。焉，訓「乃」。誥，謹小慎微。（P125）

按：石小力曰：「忞應讀為侮，欺侮。」〔註74〕上文云「其立（位）授能而不外」，此處與之對文。「忞民」即指無能者。陳民鎮曰：「忞，或可讀作督……也有可能讀作媚。」〔註75〕其前說是。《廣雅》：「恟愁，愚也。」是雙音合成詞「恟愁」，王念孫指出音轉亦作「穀督」、「溝督」、「傋霿」、「區霿」、「婁務」〔註76〕，又作「佝愁」、「愪愁」、「愍督」、「散霿」、「雊督」等形〔註77〕。單言則可作「督」，亦借「務」字為之，與「愚」也是一聲之轉。怠，讀作造，至也。簡文言任用愚蒙之人，那麼大批弱智無能者就來至矣。

（8）新則折（制），者（故）則榑（傅）

整理者曰：折，讀為制，裁也。榑，讀為傅，依也。（P125）

按：某氏曰：「『折』不必破讀為制，此意是說新的容易折斷，故舊的容易依傅、黏合。」〔註78〕「新則制裁」、「新的容易折斷」二說都不好理解。折，讀為逝，字亦作跐、趀，猶言離去也。簡文言新人則易離去，故人則易

〔註73〕《睡虎地秦墓竹簡》，文物出版社1990年版，第169頁。
〔註74〕石小力《清華簡第八輯字詞補釋》，《論文集》，第301頁。
〔註75〕陳民鎮《清華簡（捌）讀札》，清華大學出土文獻網站2018年11月17日。
〔註76〕王念孫《廣雅疏證》，收入徐復主編《廣雅詁林》，江蘇古籍出版社1992年版，第77～78頁。
〔註77〕參見方以智《通雅》卷7，中國書店1990年影印康熙姚文燮浮山此藏軒刻本，第90頁。郝懿行《荀子補注》，收入《郝懿行集》第6冊，齊魯書社2010年版，第4572頁。蕭旭《新語校補》，收入《群書校補（續）》，花木蘭文化出版社2014年版，第535～536頁。
〔註78〕「ee」說，《初讀》，簡帛網2018年11月17日。

親附。《晏子春秋·內篇襍上》晏子曰：「衣莫若新，人莫若故。」《御覽》卷 689、907 引《古豔歌》：「衣不如新，人不如故。」也是說的「故人易親附」。

三、《邦家處位》校補

（1）人甬（用）唯遇利，御必审（中）其備（服）

整理者曰：遇，得也。御，用也。備，讀為服，任也。（P130）

按：程浩曰：「『利』字不能解釋成『利益』，而應作『仁義』之類的訓釋。《廣雅》謂『利，仁也』。把『利』訓為『仁』，本篇中就有內證：簡 10『小民而不知利政』一句，所謂『利政』顯然就是『仁政』。」〔註79〕陳民鎮曰：「遇，合也。利御，利於統治。『御』屬上讀。『利御』相當於簡 10 的『利政』。」〔註80〕此簡「利」仍當「利益」解。遇，讀作虞，候望也。《方言》卷 12：「虞，望也。」《廣雅》同。中，當也，合宜也。備，讀為服，事也。《淮南子·修務篇》高誘注：「備，猶用也。」亦借字。言人被任用，只是冀望獲利耳；任用其人，則必與其事相宜。

（2）唯瀎（浚）良人能敀（造）御柔

整理者曰：敀，讀為造，就也。御，治也。柔，安。（P130）

按：御，用也。御柔，猶言「執柔」、「持柔」。《書·洪範》：「高明柔克。」孔傳：「喻臣當執剛以正君，君亦當執柔以納臣。」《新語·輔政》：「故懷剛者久而缺，持柔者久而長。」

（3）還內（入）它（弛）政，敝（弊）政欄（更）政（正）

整理者曰：它，讀為弛。《禮記·樂記》「庶民弛政」，鄭注：「去其紂時苛政也。」敝，疑為「敝」字異體，讀為弊，惡也。弊政，即惡政。欄，「梗」字異體，讀為更，改也。政，讀為正。更正，《晏子春秋·問上》：「臣聞問道者更正，聞道者更容。」（P130）

按：陳民鎮曰：「三者並舉，均非善政，與中正之典政相對。『欄政』應

〔註79〕程浩《清華簡第八輯整理報告拾遺》，清華大學出土文獻網站 2018 年 11 月 17 日。下引程說亦見此文。

〔註80〕陳民鎮《清華簡（捌）讀札》，清華大學出土文獻網站 2018 年 11 月 17 日。下引陳說亦見此文。

讀作『猛政』。猛政者，嚴酷之政。『它』或讀作施或迤，訓邪曲。」劉信芳從其說讀「樞政」作「猛政」〔註81〕。三「政」字當同義，末「政」字不當改讀，且所引《晏子》，「正」與「容」對舉，疑是「止」譌，「止」與「容」對文，猶言容止、禮貌也。簡文讀作：「還內（入）它政、數政、樞政。」三政平列。它，讀作迤。《說文》：「迤，衺行也。」字或作迆，《廣雅》：「迆，衺也。」馬王堆帛書《經法・君正》：「〔上〕下不𧗵，民無它志。」整理者曰：「它，邪。」〔註82〕「它」亦讀作迤。迤字音轉亦作施、侈、迻、哆，亦省作多〔註83〕。迤政，即邪政，不正之政。「數」字待考。樞（梗），讀為荒。古音更、康相通，康、荒亦通。下文「㱦政」亦其音轉，古音亢、更相通。《書・周官》：「怠忽荒政。」《周禮・地官・大司徒》：「以荒政十有二。」

（4）㱦（炕）政眩（眩）邦

整理者曰：㱦，疑是「抗」字異體，讀為炕，《玉篇》：「乾極也。」《漢書・五行志中》顏師古注：「凡言炕陽者，枯涸之意，謂無惠澤於下也。」眩，讀為眩，訓為惑。（P131）

按：陳民鎮曰：「炕，讀作罔，訓害。」「炕政」不辭。㱦，讀作荒。古音亢、康相通，康、荒亦通。「狼荒」音轉作「狼抗」，是其例。「㱦政」即上文之「樞（梗）政」。

（5）埶（勢）朁（僭）萬（列）而方（旁）受大政

整理者曰：埶，讀為勢，權勢。朁，讀為僭，下犯上謂之僭。萬，讀為列，行列、位次。（P132）

按：陳民鎮曰：「埶，讀作設。」埶，讀為褻、媟。《方言》卷13：「媟，狎也。」郭璞注：「相親狎也。」《廣雅》：「褻，狎也。」或讀埶為邇、暱（昵），亦親近義。「萬」是「厲」省，故讀為列。埶僭列，言親狎近臣。方，讀為秉〔註84〕，執持也。

〔註81〕劉信芳《清華藏八〈邦家處位〉章句一則》，簡帛網 2018 年 11 月 24 日。

〔註82〕《馬王堆漢墓帛書〈經法〉》，文物出版社 1976 年版，第 15 頁。

〔註83〕參見汪東《法言疏證別錄》，《華國月刊》第 1 卷第 6 期，1924 年版，第 3～4 頁。蕭旭《賈子校補》，收入《群書校補（續）》，花木蘭文化出版社 2014 年版，第 652～653 頁。

〔註84〕例證參見張儒、劉毓慶《漢字通用聲素研究》，山西古籍出版社 2002 年版，第 443 頁。

（6）民甬（用）率欲逃，救（求）喑政

　　整理者曰：率，大都。救，讀為求。喑，從日，舀聲，當有「明」義。或疑讀為慆，《說文》：「說（悅）也。」（P132）

　　按：陳民鎮曰：「喑，疑讀作韜，《廣雅》：『韜，寬也。』」「救」讀如字，阻止、救治也。喑，讀為謟，字亦作慆。《爾雅》：「謟，疑也。」《釋文》：「謟，字或作慆。」

（7）豈能昌（怨）人

　　整理者曰：昌，讀為怨，恚也。（P133）

　　按：昌，讀為悁、懇。《說文》：「悁，忿也。懇，籀文。」又「忿，悁也。」悁、恚一聲之轉。《治邦之道》「則亡（無）悁」，「悁」即「悁」字。清華簡（八）《攝命》簡4「昌」亦讀作悁、懇。

四、《治邦之道》校補

（1）古（固）寁為弱，以不膚（掩）於志，以至於邦家昏亂

　　整理者曰：古，讀為固，鄙固。寁，《說文》：「礙不行也。」愚儒不毅曰弱。膚，讀為掩，取也。不掩於志，指不能實現其目標。或說「膚」為「闔」字異體，疑讀為盇，《爾雅》：「合也。」（P139）

　　按：陳民鎮曰：「寁當讀作懥，又作懫，指忿恨。弱當讀作溺，無節制。」〔註85〕古，讀為固，固執。寁，讀為墊，很戾也。字或作懥、怏、詯、駤、踬、痓、窒、室、至、懫、鷙〔註86〕。《大戴禮記·武王踐阼》：「《杖之銘》曰：『惡乎，危于忿寁。』」亦用借字。「固」、「寁」義近。弱，愚劣。「掩」訓取者，是「揜」借字，謂覆取、襲取，沒有「實現」之義。「掩於志」不辭。此「膚」是「盇」增旁字，讀為猒，亦作厭，滿足、快。

（2）戋（戕）少（小）刟（削）毀（損），以迨（及）于身

　　整理者曰：戋，讀為戕，戕滅。「刟」即「削」，《說文》：「削，一曰析也。」毀，「損」字異體。戕小削損，意謂小國將被戕滅，大國則國土侵削。（P139）

　　按：整理者增出「大國國土」解之，非是。蘇建洲曰：「▨，該字無疑是

〔註85〕陳民鎮《清華簡（捌）讀札》，清華大學出土文獻網站 2018 年 11 月 17 日。
〔註86〕參見蕭旭《淮南子校補》，花木蘭文化出版社 2014 年版，第 643～645 頁。

『殺』字，讀為 shài，是消耗、衰微一類的意思。《商君書·說民》：『故能生力，不能殺力，曰自攻之國，必削。』〔註87〕其說是也。「少」讀如字。說「刿」即「削」，是也，但不訓析，「析」是分割義，不切。《廣雅》：「削，減也。」說「敵」即「損」亦是。《說文》：「損，減也。」「削損」皆減少義。「殺少削損」四字同義複詞，削弱義，其主語是上句的「邦家」。

（3）貴俴（賤）之立（位），幾（豈）或才（在）刨（它）？貴之則貴，俴（賤）之則俴（賤）

按：或，有也。刨，讀為多。

（4）不返（及）高立（位）厚飤（食），以居不還

整理者曰：食，祿也。還，猶退。（P140）

按：還，讀作懁，音轉亦作悁、狷，忿急、憂愁也。簡文言雖不得高位厚祿，亦居之不憂忿。

（5）是以恓（仁）者不甬（用），聖人以解

整理者曰：解，指離散其心。（P140）

按：解，同「懈」。

（6）既其不兩於恚（圖）

整理者曰：《逸周書·武順》：「無中曰兩。」圖，謀也。（P140）

按：既，讀作暨，及也。整理者引《逸周書》「無中曰兩」，不知何說？某氏讀兩作良〔註88〕，是也。

（7）卑（譬）之猶歲之不時，水雪（旱）、雨零（露）之不氒（度），則草木以返（及）百穀曼（慢）生，以痰不成

整理者曰：曼，讀為慢，遲。或曰「曼」讀為晚。痰，疑讀為瘠，病也。（P140）

按：曼，讀為莫。莫生，指草木百穀枯死也。痰，讀為欮。《說文》：「欮，

〔註87〕《清華八〈治邦之道〉初讀》，簡帛網 2018 年 11 月 18 日。下文引省稱作《初讀》。

〔註88〕「易泉」說，《初讀》，簡帛網 2018 年 11 月 18 日。

戰見血曰傷，亂或（惑）為憯，死而復生為欪。」〔註89〕P.2011 王仁昫《刊
謬補缺切韻》：「欪，死而復生。」《廣雅》：「欯（欪），病也。」〔註90〕簡文
正用死而復生為欪之義。

（8）亦若上之欲善人，侯〈医〉（殹）亂正（政）是御之

整理者曰：侯，疑為「医」字之訛，讀為殹。亂，治也。御，使也。（P141）

按：某氏曰：「『侯』為發語詞，猶維、伊。」〔註91〕其說是也。《爾雅》：
「維，侯也。」是侯亦維也、惟也〔註92〕，語詞。下文「侯吾作事，是其不
時乎」，「侯」亦非「医」之訛。此簡文尤可注意者，動詞「御」下有代詞賓
語「之」，則「是」決非前置複指賓語。雲夢秦簡《倉律》：「出禾，非入者是
出之。」《書·立政》：「惟正是乂之。」《孝經》：「天地之經，而民是則之。」
《說苑·至公》：「乃唐叔是賴之。」皆是其例。「侯亂正是御之」與「惟正是
乂之」文例相同，「侯」用法同「惟」。《墨子·經說下》：「且猶是，且然，必
然；且已，必已；且用工而後已，必用工而後已。」墨子用「是」釋「且」，
舉例則用「必」釋之，可知在墨子時代，「是」有副詞「必且」之義。

（9）毋襄（懷）樂以忘難，必慮前退，則悉（患）不至

整理者曰：退，疑為「後」字之訛。《大戴禮記·武王踐阼》：「見爾前，
慮爾後。」（P141）

按：「退」字不誤。退指退卻、退後，前指前進，正相對舉。《詩·常武》
鄭玄箋：「進，前也。」「前退」即簡 14 之「進退」。

（10）毋面悥（諒），毋复（詐）惥（偽），則身（信）長

整理者曰：悥，讀為諒，謂誠信。面諒，指當面信誓旦旦。《書·益稷》
「汝無面從，退有後言」，與此相類。（P141）

按：下文「則下不敢悥上」，整理者讀悥為讒。羅小虎曰：「悥，或可讀
為倞。《說文》：『倞，彊也。』《廣雅》：『倞，強也。』王念孫《疏證》：『《爾

〔註89〕「或」即「惑」，說見段玉裁《說文解字注》，上海古籍出版社 1981 年版，第
164 頁。黃侃《說文解字斠詮箋識》，收入《說文箋識》，中華書局 2006 年版，
第 370 頁。
〔註90〕《集韻》引「欯」作「欪」。
〔註91〕「悅園」說，《初讀》，簡帛網 2018 年 11 月 18 日。
〔註92〕例證參見《故訓匯纂》，商務印書館 2003 年版，第 127 頁。

雅》：「競，彊也。」競與倞通。倞、競、彊聲並相近。」面倞，當面非常強勢，凌辱於人。《禮記・中庸》：『在上位不陵下，在下位不援上，正己而不求於人，則無怨。』『在上位不陵下』與簡文『毋面倞』意思比較接近，而且簡文後面有『則下不敢上悫』之句。整個句子與《禮記》的辭例相近，『悫上』之悫也應釋讀為倞。前文意思是指君主而言，指君主對臣子不『面悫』。後文指臣子不敢悫君主。」〔註93〕某氏曰：「悫讀為諒，訓為信，是也，『面』字說解非也。面當讀為偭，訓為違背，『偭諒』即『背信』。」〔註94〕讀悫為倞，近是。字亦作勍，《說文》：「勍，彊也。」又「競，彊語也。」又「誩，競言也。」「勍（倞）」與「競（誩）」、「彊」、「堅」並一聲之轉，競、誩為彊語，勍為彊力，悫為心彊，其義一也。「面悫」與「詐偽」相對舉，「面倞」亦指臣下而言，與下文「則下不敢悫上」同。簡文悫讀作誩、競，指彊諫而言。《慧琳音義》卷3引《韻英》：「競，諍彊也。」「身」讀如字，謂不彊諫，不詐偽，則其身可長保無事。

（11）毋咎毋悫

整理者曰：廢，棄也。悫，疑讀作輟，止也。（P142）

按：某氏曰：「悫，可讀為誶，義為責讓、罵。」〔註95〕則「悫」與「咎」義近。可備一說。余謂「悫」與「咎」對文，讀為纍。《廣雅》：「纍（纍），謝也。」（從王念孫校）

（12）古（故）莫敢怠（悫），以弅（抗）其攸（修）

整理者曰：抗，疑讀為亢，《呂氏春秋・士節》「身亢其難」，高注：「亢，當。」攸，讀為修，善也。（P143）

按：弅，讀作亢，字亦作伉。《廣雅》：「亢，強也。」《漢書・宣帝紀》顏師古注：「伉，強也。」字亦作肮，睡虎地秦簡《語書》簡12：「阬閬強肮以視（示）強。」整理者括注「肮」為「亢」〔註96〕。攸，讀作道。下文「此之曰攸」，亦同。

〔註93〕《初讀》，簡帛網2018年11月17日。羅濤《〈清華大學藏戰國竹簡（捌）〉拾遺》，《出土文獻綜合研究集刊》第12輯，巴蜀書社2020年版，第77頁。

〔註94〕「心包」說，《初讀》，簡帛網2018年11月20日。

〔註95〕「紫竹道人」說，《初讀》，簡帛網2018年11月20日。

〔註96〕《睡虎地秦墓竹簡》，文物出版社1990年版，第15頁。

（13）舉而厎（度），以可士興；舉而不厎（度），以可士塴（崩）

　　整理者曰：崩，讀為背。孫詒讓曰：「崩，當為『倍』之叚字。『倍』與『背』同。」（P143）

　　按：王寧謂二「以可」屬上句〔註97〕，是也。以，猶且也。可，猶當也。下句「不」修飾「度以可」。塴，讀作崩，毀壞，與「興」對言。

（14）既聞其辭，焉少（小）觳（觳）其事，以稈（程）其攻（功）

　　整理者曰：觳，官俸，此處謂給予官職。小觳其事，指試探性地給予一個官職，以考察其能力。（P144）

　　按：某氏曰：「『觳』應讀為『由』。」〔註98〕石小力曰：「『觳』字在文中應為任用，承擔一類的意思，疑當讀為『由』。」〔註99〕王寧曰：「『觳』疑是『訆』假借字，《說文》：『訆，扣（敂）也。如求婦先訆叕（發）之。』《原本玉篇》：『野王案：以言相扣發也。』引申為叩問義。」〔註100〕余曉春曰：「與《鮑叔牙與隰朋之諫》簡1～2『周人之所以代之，觀其容，聽言，迿佁者使，凡其所以衰亡，忘其迿佁也。二三子勉之，寡人將迿佁』可以結合研究。比較可知，『觳』與『迿』無疑當表示一詞（『迿』的舊說中董珊讀為『考』於義最合），而『佁』可據以讀『事』。」〔註101〕王寧又曰：「馬王堆帛書《戰國縱橫家書·謂燕王章》『因迿韓魏以代齊』，《戰國策·燕策一》作『驅』。據余先生所言，也許《治邦之道》的『觳』和《鮑叔牙》中的『迿』亦均當讀驅，即驅使之驅。」〔註102〕林少平曰：「觳字之音可讀作菁，字或作構，積累之義。」〔註103〕某氏曰：「觳當讀為講。」〔註104〕胡敕瑞曰：「『觳』很可能用同『觳』，校量、比量義。」〔註105〕觳，讀作構，構結、設置。《淮南子·人間篇》：「其事已構矣。」字亦作搆，《史記·黥布列傳》：「事已搆。」《漢書》同，《索隱》：「搆訓成也。」顏師古曰：「搆，結也。言背楚之事已

〔註97〕《初讀》，簡帛網2018年10月12日。
〔註98〕「ee」說，《初讀》，簡帛網2018年10月10日。
〔註99〕石小力《清華簡第八輯字詞補釋》，《論文集》，第302頁。
〔註100〕《初讀》，簡帛網2018年10月12日。
〔註101〕《初讀》，簡帛網2018年10月14日。
〔註102〕《初讀》，簡帛網2018年10月16日。
〔註103〕《初讀》，簡帛網2018年10月21日。
〔註104〕「心包」說，《初讀》，簡帛網2018年11月20日。
〔註105〕胡敕瑞《讀清華簡（捌）札記》，清華大學出土文獻網站2018年11月26日。
　　　　下文引胡說亦見此文。

結成也。」

（15）女（如）亡（無）能於一官，則亦毌彌（弼）焉

整理者曰：弼，讀為畀，給予。（P144）

按：簡文從無能者設辭，「弼」不訓給予；且讀弼為畀，亦未見其例。「弼」本訓輔，《希麟音義》卷5引《廣雅》：「弼，備也。」《廣韻》同。毌弼，言不作輔臣，不備其位。

（16）其正（政）事（使）臤（賢）甬（用）能，則民允

整理者曰：允，信也，謂誠實不欺也。（P144）

按：允，讀作馴，字亦作順，又借訓字為之，服從也。馬服曰馴，人服曰順，其義一也。

（17）各堂（當）一官，則事寈（靖），民不援（緩）

整理者曰：堂，即「當」，任也。靖，安也。緩，怠慢。（P144）

按：某氏曰：「援似可讀為喧，訓為喧嘩、議論。」〔註106〕胡敕瑞曰：「援疑當讀如諼。《說文》：『詐也。』欺也。『民不援（諼）』與『則民允』正好相對。『則民允』謂百姓誠實，『民不援』謂百姓無欺。」林少平曰：「援當讀作換。《詩·皇矣》：鄭玄箋：『畔援，猶跋扈也。』《漢書·敘傳》『畔換』注引孟康曰：『畔，反也。換，易也。』顏師古注：『畔換，強恣之貌，猶言跋扈也。』『易』即輕易。」〔註107〕顏師古已經指出孟康說「非也」，而林氏仍引以為證，說「換」有輕易義，實無據矣。且「換」訓易是改易，非輕易，不是同一概念，郢燕之說，絕不可信。援，讀作爰、暖，愁恨也。《方言》卷6：「爰、暖，恚也。」郭璞注：「謂悲恚也。」字亦作愋，《玉篇》：「愋，恨也。」

（18）敳（謹）逄（路）室，叟（攝）洍（圯）梁

整理者曰：路室，客舍。「叟」即「攝」，整飭。洍，讀為圯。《說文》：「東楚謂橋為圯。」（P145）

按：攝，讀作接。

（19）夫邦之弱張臇落（落）有常

〔註106〕「悅園」說，《初讀》，簡帛網2018年10月12日。

〔註107〕《初讀》，簡帛網2018年10月27日。

整理者曰：𦩻，字不識，其義當與「落」意相反，表示上升，疑為「升」字異構。（P146）

按：某氏指出「弱」原作「溺」，曰：「溺，整理者讀為弱。應讀為『約』，與『張』文義相反。《淮南子·原道》：『約而能張，幽而能明，弱而能強，柔而能剛。』」〔註108〕讀「約」非是。溺，讀作弱。張，大也，彊也。《戰國策·西周策》：「謂薛公曰：『君以齊為韓、魏攻楚，九年而取宛葉以北以強韓魏……薛公必〔不〕破秦以張韓、魏。」〔註109〕「張」、「強」異字同義。高誘注：「張，彊也。」《史記·孟嘗君列傳》「張」作「彊」。

（20）古（故）墜（墜）逢（失）社禝（稷），子孫不逗（屬）

整理者曰：逗，讀為屬，續也。（P146）

按：逗，讀作豎、樹，置立也。

（21）乃恖（恤）其正（政），以禺（遇）其古（故）

整理者曰：恖，即「恤」，慎。遇，抵擋、對付。故，意外或不幸的事變。（P146）

按：禺，讀為遇，猶言對待。古，讀為故，指故人、舊臣。《國語·晉語四》：「昭舊族，愛親戚，明賢良，尊貴寵，賞功勞，事耈老，禮賓旅，友故舊。」又《晉語七》：「選賢良，興舊族。」「遇其故」即指昭舊族、興舊族、友故舊而言。

（22）侯〈医〉（殹）秅稅，是其疾至（重）乎

整理者曰：秅，疑為「秨」字之訛。秨，即「租」字。疾，疾苦也。（P147）

按：「侯」用法同「惟」。秅，讀為甿、氓，音轉亦作民。《說文》：「甿，田民也。」「秅」涉「稅」而易其偏旁。《宋書·後廢帝本紀》：「詔曰：『國賦氓稅，蓋有恆品。』」

（23）古（故）方（防）敓（奪）君目，以事之於邦，㤼（及）其野鄙（里）四邊，則亡（無）命大於此

整理者曰：方，讀為防。奪，猶亂也。（P147）

按：方，讀為妨。妨、奪平列。

〔註108〕「ee」說，《初讀》，簡帛網 2018 年 11 月 20、12 月 2 日。
〔註109〕「不」字據《史記·孟嘗君列傳》補。

五、《心是謂中》校補

（1）心，情母（毋）又（有）所至，百體四叟（相）莫不爾浸

整理者曰：爾，從馬省形，從田，疑為「奔逸」之「逸」字。浸，疑即「沃」字繁體，讀作「湛（沉）」。「逸沉」疑指放縱沉淪。（P150～151）

按：陳民鎮等以「心情」二字句，讀作「心靜」〔註110〕。王寧曰：「『爾』字當是從馬田聲，疑是『馳』字的或體，通作『顛』。『浸』整理者以為是『沃』字繁體，是，然又云讀作『湛（沉）』則恐非。『沃』字或作二水夾禾形，是洪水氾濫之『氾（泛）』的表意字，此當是用為『泛』……『馳氾（泛）』即『顛泛』，亦即『顛覆』，謂顛倒混亂也。」王寧又曰：「《繫年》第 16 章『為沃之師』，整理者指出『沃』，《左傳》作『氾』，是『沃』確為『氾』字，是像大水氾濫淹沒禾稼之形，是個表意字。」〔註111〕林志鵬曰：「簡文此字上從『馬』省，下所從『田』疑為馬足繫縶形之訛，實即『羈』字所從『馬』（或作『羈』、『縶』）。簡文『縶』訓為拘執，指身體四肢無法自如地行動。浸，或可讀作耽，指耳目等感官耽溺於物欲。若進一步考慮與『縶』字意義相類，疑讀作陷。陷訓為陷溺，與『耽』意義相近。」〔註112〕仍當從整理者句讀，「情」讀如字。爾，讀作承，因順也。浸，疑「浸」形誤，讀作委，隨順。爾浸，猶言順從、隨從。四肢形體皆心之所使，郭店楚簡《五行》「耳目鼻口手足，六者心之役也」，《尉繚子·戰威》「如心之使四肢也」，《管子·戒》「心不動，使四肢耳目」，是也。而四肢形體皆當順心而動，《尉繚子·兵教上》「如四肢應心也」，《管子·立政》「如百體之從心」，《鶡冠子·天則》「如體之從心」，《荀子·君道》「如四肢之從心」，《董子·為人者天》「心之所好，體必安之」，皆是也。

（2）人之又（有）為，而不智（知）其牢（卒），不唯（惟）愳（謀）而不厇（度）乎

整理者曰：卒，指終竟。惟，猶是也。（P151）

〔註110〕陳民鎮《清華簡（捌）讀札》，清華大學出土文獻網站 2018 年 11 月 17 日。注釋說高中華、陳偉說同。下文引陳說亦見此文。

〔註111〕《清華八〈心是謂中〉初讀》，簡帛網 2018 年 11 月 19、20 日。下文引省稱作《初讀》。

〔註112〕林志鵬《清華大學藏戰國竹書〈心是謂中〉疏證》，《第三屆國際古典學會議論文集》，北京大學 2019 年 11 月 22 日，第 87 頁。

　　按：唯，猶以也，字亦作惟，口語曰「因為」。

（3）必心與天兩事焉，果成

　　整理者曰：必，猶固也。果，意指必行。《孟子・梁惠王下》趙注：「果，能也。」（P151）

　　按：陳民鎮曰：「果，表示假設的連詞。」某氏讀作「必心與天兩，事焉果成」〔註113〕，是也。必，猶言必定，表示假設語氣。兩，耦合、配合。果，連詞，猶言遂也，乃也。

六、《天下之道》校補

（1）今之戰（守）者，高其墜（城），深其涩而利其櫨齘，菖其飲食，是非戰（守）之道

　　整理者曰：涩，疑「洼」字異體，《說文》：「深池也。」利，便利。櫨齘，疑為「渠譫」之類守城器備。渠譫，見於《墨子・備城門》「城上之備，渠譫、藉車……」，又作「渠幨」，《淮南子・氾論》：「晚世之兵，隆衝以攻，渠幨以守。」高注：「幨，幰，所以禦矢也。」菖，疑為「箐」之異體。箐，《說文》：「厚也。」該字亦見於上博簡《競公虐》第9簡，或讀作芳。（P154～155）

　　按：陳民鎮曰：「利，當理解作『使……利』。菖，或讀作享。」〔註114〕某氏曰：「『涩』以讀為『壑』好。櫨齘，似應讀為『阻障』。」〔註115〕某氏曰：「櫨齘，可讀『柤陷』。柤指木欄，陷指陷阱，都是防守的攔截物。」〔註116〕某氏曰：「櫨齘，可能讀為『阻險』。」〔註117〕王寧曰：「《集韻》以『涩』為『洼』字，但恐非。此字從水亞聲，疑當讀為『汙池』之『汙』，是不流動的水，這裡是指護城河。『菖』字是馬王堆帛書《周易》『少（小）蓺（畜）』的『蓺』字的省寫，此亦當讀為畜（蓄），是積蓄義。」〔註118〕蘇建洲指出「菖」

〔註113〕「lht」說，《初讀》，簡帛網2018年11月19日。
〔註114〕陳民鎮《清華簡（捌）讀札》，清華大學出土文獻網站2018年11月17日。下文引陳說亦見此文。
〔註115〕「ee」說，《清華八〈天下之道〉初讀》，簡帛網2018年11月17日。下文引省稱作《初讀》。
〔註116〕「無痕」說，《初讀》，簡帛網2018年11月18日。
〔註117〕「哇那」說，《初讀》，簡帛網2018年11月18日。
〔註118〕《初讀》，簡帛網2018年11月19日。

與「筥」聲符不同，當取一說讀為「芳」，解釋作「簡文意思是說上位者不能一味追求飲食的芳香美味，蓋致味飲食，必厚歛飲食而失民心，這不是守天下之道」〔註119〕。《說文》：「窊，污衺，下也。」指衺下，字亦作汙、洿、洼、窪、漥、窐、滐，俗字作凹。故「涇」讀作洼與讀作汙一也，《集韻》以「涇」為「洼」不誤。「涇」為「洼」之異文，乃改易聲符所致，黃德寬等說「疑由『亞』之局背之形派生而得」〔註120〕，非是。「渠幨」、「渠譫」指溝渠與幨帷，為二種守城之設施，整理者如此通讀，頗為迂曲。楮隦，讀為「柤障」，指木柵等阻攔物。「利」謂便其用，善也。「菖」即「言」，不得與「羲（畜）」相通，蘇說是。「言」異體字作「𠅀」，讀作饗，指以酒食慰勞之。《墨子·號令》：「守之所親……其飲食酒肉勿禁。」

（2）女（如）不得其民之情偽、眚（性）教，亦亡戰（守）也

整理者曰：《左傳·僖二十八年》：「民之情偽，盡知之矣。」楊伯峻注：「情，實也。情偽猶今言真偽。」（P155）

按：楊說是也，然其說實本於王引之。王氏曰：「情者，誠也。《淮南·繆稱篇》：『情繫於中，行形於外。』高注曰：『情，誠也。』《僖二十八年左傳》云云，謂民之誠偽也。」〔註121〕王說未盡，「情」即「誠」聲轉字。

（3）今之攻者，多其車兵，至（臻）其橦（衝）階

整理者曰：至，讀為臻，聚也。橦，讀為衝，衝車也。階，《釋名》：「梯也。」（P155）

按：陳民鎮曰：「至，可讀作致。」某氏說同〔註122〕。至，讀為緻，堅緻也，精緻堅固也。《釋名》：「磬，罄也，其聲罄罄然堅緻也。」《詩·鴇羽》毛傳：「鹽，不堅緻也。」又《四牡》毛傳：「鹽，不堅固也。」是「堅緻」即「堅固」之誼。《淮南子·時則篇》：「是月也，工師効功，陳祭器，案度呈，堅致為上。」高誘注：「堅致，功牢也。」《說文》：「飭，致堅也。讀若敕。」「致堅」即「堅致（緻）」倒文，猶言堅密。《廣韻》：「飭，牢密。」字又作侄。《廣

〔註119〕蘇建洲《清華簡（八）〈天下之道〉考釋兩則》，復旦古文字網2018年11月26日。下文引蘇說亦見此文。

〔註120〕黃德寬主編《古文字譜系疏證》，商務印書館2007年版，第1255頁。

〔註121〕王引之《經義述聞》卷15，江蘇古籍出版社1985年版，第365頁。今本《淮南子·繆稱篇》當是許慎注。

〔註122〕「ee」說，《清華八〈天下之道〉初讀》，簡帛網2018年11月17日。

雅》：「侄、固、攻、牢、鞏，〔堅〕也。」〔註123〕「階」指鉤梯，《詩‧皇矣》：「同爾兄弟，以爾鉤援。與爾臨衝，以伐崇墉。」毛傳：「鉤，鉤梯也，所以鉤引上城者。臨，臨車也。衝，衝車也。」

（4）昔三王者之所以取之之器……一曰遺（歸）之謀人以敓之心

整理者曰：敓，讀為悅，服也。《孟子‧公孫丑下》：「以力服人者，非心服也，力不贍也。以德服人者，中心悅而誠服也。」《戰國策》：「昔先王之攻，有為名者，有為實者。為名者攻其心，為實者攻其形。」（P155～156）

按：「之心」猶言「其心」，「其」指三王所取者。敓，讀作娖，俗作採，音轉亦作揣、敊、掇、敠、捶〔註124〕，揣量、料度也。《說文》：「娖，量也。」又「揣，量也，度高曰揣，一曰捶之。」《鬼谷子》有《揣篇》，《漢書‧藝文志》兵權謀有《娖篇》。

（5）一曰脈（戾）其脩以纍（麗）其眾

整理者曰：脈，「戾」字異體。戾，定也。脩，謂脩德。纍，讀為麗，訓為附。（P156）

按：王寧曰：「脩，當讀為道。『纍』字讀『麗』義通，也可能讀為『羅』。」〔註125〕蘇建洲曰：「**茶**，此字應該就是『纚』。整理者引《詩‧桑柔》毛傳『戾，定也』，似可從。『戾』又可訓為『善』，《廣雅》：『戾，善也。』脩，整理者認為是『脩德』可備一說。還可考慮……簡文的『脩』可指『修教化』……簡文的『脩』也可指『脩政』。」二「其」字都指三王所取者，「其脩」非三王所能定、所能善。戾，相反也，違背也。脩，王寧讀作道，是也。簡文言與所欲取者的治道相反，以附從其眾也。

（6）一曰礪（礪）之，二曰慭（勸）之，三曰敄（騖）之，四曰慭（壯）之，五曰戲（鬭）之

按：礪，讀作勸，亦作勵，又省作厲。《說文》：「勸，勉力也。」敄，讀作懋、忞。《說文》：「懋，勉也。忞，或省。」慭，讀作獎。《方言》卷6：「聳、

〔註123〕「堅」字據王念孫說補。蔣斧印本《唐韻殘卷》引《廣疋》作「侄，堅」，《玉篇》云「侄，牢也，堅也」，尤為確證。王念孫《廣雅疏證》，收入徐復主編《廣雅詁林》，江蘇古籍出版社1992年版，第106頁。

〔註124〕參見王念孫《廣雅疏證》，收入徐復主編《廣雅詁林》，第271頁。

〔註125〕《初讀》，簡帛網2018年11月19日。

獎，欲也。荊、吳之閒曰聳，晉、趙曰獎。自關而西，秦、晉之閒相勸曰聳，或曰獎。」《小爾雅》：「獎，勸也。」勴、勸、懋、獎皆勸勉激勵之義，在簡文所指的具體激勵措施當各有不同，不可得詳矣。

七、《八氣五味五祀五行之屬》校補

（1）〔酸〕為酓（斂），甘為緩，欸（苦）為固，辛為發，鹹為淳

整理者曰：發，散。淳，《廣雅》：「漬也。」《黃帝內經·素問》：「辛散，酸收，甘緩，苦堅，鹹耎，毒藥攻邪……此五者，有辛酸甘苦鹹，各有所利，或散或收，或緩或急，或堅或耎，四時五藏，病隨五味所宜也。」（P159）

按：書名是《黃帝內經素問》，簡稱《素問》，所引之文出《藏氣法時論篇》。五味中「甘」、「苦」相反。《莊子·天道》：「斲輪，徐則甘而不固，疾則苦而不入。」《釋文》引司馬彪曰：「甘者，緩也。苦者，急也。」《淮南子·道應篇》：「大疾則苦而不入，大徐則甘而不固。」許慎注：「苦，急意也。甘，緩意也。」此二例皆以「甘緩」、「苦急」作比喻。整理者引《廣雅》「淳，漬也」，非是。淳，淳和、柔和也，與《素問》作「耎」之義相會。

（2）木曰隹（唯）從毋柫（拂）

整理者曰：拂，違逆。（P160）

按：本字作咈，拂亦借字。

（3）金曰隹（唯）䜌（斷）毋紉

按：陳民鎮曰：「紉，亦可讀作韌或肕。」〔註126〕其說是也，字亦作韌、忍、牣。《玉篇殘卷》：「紉，柔紉之紉，為韌字，在《韋部》。」《玄應音義》卷14引《通俗文》：「柔堅曰肕。」P.2011王仁昫《刊謬補缺切韻》：「肕，牢。韌，柔韌。」《說文新附》：「韌，柔而固也。」帛書《老子》作「仞」。《說文》：「刃，刀堅也。」諸字並「刃」之孳乳字。

（4）水曰隹（唯）攸毋㳘（止）

按：《說文》：「攸，行水也。」俗作㳠、㳘。P.2011王仁昫《刊謬補缺切韻》：「㳘，水流兒。」楚文字亦作㴱〔註127〕。

〔註126〕陳民鎮《清華簡（捌）讀札》，清華大學出土文獻網站2018年11月17日。
〔註127〕參見李守奎《楚文字編》，華東師範大學出版社2003年版，第644頁。

（5）土曰隹（唯）定毋困

按：《方言》卷 13：「困，逃也。」《廣雅》、《廣韻》同。《書‧洛誥》：「公無困哉！」章太炎曰：「《方言》：『困，逃也。』留公，故言公無逃哉，語意自完。且困之訓逃，非專於《書》見之，《春秋‧襄公傳》：『蕩子馮朝，與申叔豫言，弗應而退。從之，入於人中，又從之，遂歸退朝。見之，曰：子三困我於朝。』即子三逃我於朝也。」〔註128〕疑即「遯」字疊韻轉語，字亦作遁、踳，又轉作遜。《說文》：「遯，逃也。」又「遜，遁也。」

2018 年 12 月 6 日完稿。

〔註128〕章太炎《古文尚書拾遺定本》，《制言》第 25 期，1936 年版，本文第 49 頁；又收入《章太炎全集》第 2 輯，上海人民出版社 2015 年版，第 309 頁。

清華簡（十）校補

清華簡（十）收錄《四告》、《四時》、《司歲》、《行稱》、《病方》五篇文獻〔註1〕，茲據整理者釋文注釋作校補。

一、《四告》校補

（1）又（有）殷競戈（蠢）不若，傻（竭）脫（失）天命，昏敗（擾）天下

整理者曰：戈，讀為蠢，蠢動。「傻」字右上部疑為「匂」，讀為竭。清華簡《厚父》「王乃渴（竭）脫（失）其命」。簡文都應讀為「竭失」。（P112）

按：清華簡（五）《厚父》「渴脫」，蘇建洲曰：「『渴』整理者讀為『竭』，似不通。應讀為遏。《漢書·王莽傳》：『我嗣事子孫，大不克共上下，遏失前人光。』也就是《書·君奭》『惟人在我後嗣子孫，大弗克恭上下，遏佚前人光，在家不知，天命不易』的『遏佚』。」〔註2〕侯乃峰曰：「『傻脫』讀為『遏佚』或『遏失』也許更合適些。」〔註3〕孔傳：「絕失先王光大之道。」「先王光大之道」可言遏失、絕失，「其命」、「天命」不可言遏失。傻、渴，疑讀為蹶（蹩、蹶），匣母轉作見母，同為月部字。蹶，猶言顛覆、敗亡。失，謂失敗。字亦作跌。《方言》卷13：「跌，蹩也。」《廣雅》：「跌，蹶也。」

（2）示（離）戔（殘）商民，暴虐百眚（姓）

〔註1〕 黃德寬主編《清華大學藏戰國竹簡（十）》，中西書局 2020 年版。
〔註2〕 《清華簡五〈厚父〉初讀》，簡帛網 2015 年 4 月 24 日。
〔註3〕 侯乃峰《清華簡〈四告〉篇字詞箋釋》，《出土文獻綜合研究集刊》第 13 輯，巴蜀書社 2021 年版，第 27 頁。

按：戔，讀為散。《老子》第 64 章：「其微易散。」馬王堆帛書同，郭店楚簡「散」作「㦚」。《荀子·榮辱》：「家室立殘，親戚不免乎刑戮。」《說苑·貴德》「立殘」作「離散」。清華簡（十）《行稱》：「㡭貨資速㦚芒（亡）。」整理者讀㦚作散〔註4〕。此其音轉之證。《墨子·非攻下》：「賊虐萬民，百姓離散。」簡文「𣲗（離）戔（散）」作使動詞。《晏子春秋·內篇諫上》「離散百姓，危覆社稷」，亦同。

（3）盍盍（藹藹）爭詍（怨），登聞於天

整理者曰：「盍」聲字與「謁」聲字相通。藹藹，爭怨的樣子。（P113）

按：某氏曰：「『藹藹』也見於《琴舞》14『威儀藹藹』，『藹藹』相當於『濟濟』，形容文武多士容止之盛。這個意思與簡文不合。簡文是否讀為『偈』，《莊子·天道》：『又何偈偈乎揭仁義，若擊鼓而求亡子焉？』偈偈，用力貌。或讀為『嗐／喝』，《廣雅》：『嗐，怒也。』《慧琳音義》：『嗐，怒聲也。』『嗐，大聲而怒也。』」〔註5〕某氏曰：「『盍』讀《廣雅》『諂／媕』。」〔註6〕

王寧曰：「盍讀嗑，《說文》：『嗑，多言也。』《集韻》：『嗑、謚：嗑嗑，語也。或從言。』『嗑嗑』是多言之貌。」〔註7〕王說是也。盍 P.2011 王仁昫《刊謬補缺切韻》、裴務齊《正字本刊謬補缺切韻》、蔣斧印本《唐韻殘卷》並云：「謚，多言。」

（4）廼命朕文考周王罷（一）戎又（有）殷，達又（有）四方

整理者曰：戎，動用武力、征伐。《國語·吳語》：「寡人其達王於甬句東。」韋注：「達，致也。」（P113）

按：達訓致是送致義，今言送達，非簡文之誼。簡文「達」當訓通達、周徧。

（5）即服於天，𥎊（效）命于周

整理者曰：𥎊，從㡰聲，讀為效。（P114）

按：𥎊，讀為告，報告。

〔註4〕《清華大學藏戰國竹簡（十）》，中西書局 2020 年版，第 152 頁。

〔註5〕「海天遊蹤」說，《清華十〈四告〉初讀》，簡帛網 2020 年 11 月 26 日。下稱作「《初讀》」。

〔註6〕「tuonan」說，《初讀》，簡帛網 2020 年 12 月 2 日。

〔註7〕王寧《讀清華簡拾〈四告一〉散札》，復旦古文字網站 2021 年 8 月 10 日。

（6）箴告乳=（孺子）甬（誦），弗敢惷（縱）覓

按：王寧曰：「『覓』字又見金文，此字非是尋覓之『覓』，當是『曼』之或體，簡文中當讀為慢或嫚。」〔註8〕覓，讀為視、眽，俗作睍（睨）。《說文》：「視，袞視也。」又「眽，目財（邪）視也。」〔註9〕引申為輕視、欺慢義。音衍為雙音節詞則曰「眽蜴」，《方言》卷10：「眠娗、眽蜴（郭璞注：『蜴，音析。』）、賜施、菱媞、譠謾、憛怞，皆欺謾之語也。楚郢以南、東揚之郊通語也（郭璞注：『六者亦中國相輕易蚩弄之言也。』）。」《集韻》：「眽，眽蜴，欺慢也，楚人語。」

（7）氏尹九州，夏用配天

按：氏，讀為諟，理也，正也，亦省作「是」。尹，治也。「氏尹」同義連文。

（8）弋（式）卑（俾）曾孫有潛墍墍（壯壯）

按：「墍墍」即「壓壓」、「臧臧」，高大貌，又音轉作「將將」、「壯壯」。

（9）母（毋）恋（變）于義，母（毋）壾（愍）于到（恤）

整理者曰：壾，即「失」字，讀為愍。《書·大誥》：「無愍于恤，不可不成乃寧考圖功。」（P118）

按：某氏曰：「可改釋為：『毋恋（變／煩）于義（儀），毋失于到（節）。』《列女傳·節義》『則是失儀節也』，亦『儀』、『節』連言，而『至』與『節』語音很近。」〔註10〕某氏曰：「『失』與『愍』聲紐太遠，不能相通。『至』與『恤』聲紐也不近，恐也不能通讀。這裡提出兩種讀法供參考，文獻常見『失實』的說法，據此簡文可讀為『毋變于義，毋失于實』。或讀為『毋變于義，毋失于制』，『制』即節制、控制。」〔註11〕某氏曰：「到應讀為質，和『義』對文。」〔註12〕恋，讀為反。「壾」即「失」，讀如字，失敗。到，讀為怪，很戾、剛愎也。

〔註8〕《初讀》，簡帛網2020年11月26日。其說又見王寧《讀清華簡拾〈四告一〉散札》，復旦古文字網站2021年8月10日。
〔註9〕《廣韻》引《說文》「財」作「邪」。
〔註10〕「ee」說，《初讀》，簡帛網2020年11月21日。
〔註11〕「海天遊蹤」說，《初讀》，簡帛網2020年11月27日。
〔註12〕「好好學習」說，《初讀》，簡帛網2020年12月12日。

（10）卑（俾）姚姚（斐斐）戔戔（善善）

整理者曰：《禮記・曲禮上》鄭注：「踐，讀曰善。」（P119）

按：王寧曰：「當讀為『斐斐諓諓』，《說文》：『諓諓，善言也。』或作『戔戔』、『截截』。」〔註13〕某氏曰：「『戔』從三戈，『戈』為『或』之省寫，即『詩』的初文……簡文中的『戔戔』，應該讀為『郁郁』，文采盛貌，與『斐斐』含義接近。」〔註14〕某又曰：「讀為『沸沸』、『勃勃』似更直接一些。」〔註15〕戔，讀作羧。《廣雅》：「羧羧，武也。」斐斐者文貌，羧羧者武貌，言其既文且武也。

（11）黽黽（亹亹）畣（答）話，窒窒（節節）義（宜）阤（持）

整理者曰：亹亹，勤勉不倦貌，又作「勉勉」。答，問也。話，告諭。（P119）

按：某氏曰：「『黽黽』即『繩繩』，《管子・宙合》：『故君子繩繩乎慎其所先。』尹知章注：『繩繩，戒慎也。』」〔註16〕某氏說是也，「黽」、「繩」并從蠅省聲。《詩・螽斯》「宜爾子孫繩繩兮」，《抑》「子孫繩繩」，毛傳、鄭箋皆據《爾雅》訓戒訓慎。亦作「憴憴」、「䚧䚧」，實「慎慎」之音轉。《詩・下武》「繩其祖武」，毛傳：「繩，戒。」《後漢書・祭祀志》劉昭注引「繩」作「慎」。《詩・抑》：「慎爾出話，敬爾威儀。」窒窒，讀作「秩秩」，盛大貌。《說文》：「趆，讀若《詩》『威儀秩秩』。」又「载，大也。讀若《詩》『载载大猷』。」《詩・巧言》作「秩秩大猷」。「载」同「载」。《詩・駉駓》，《漢書・地理志》引作「四载」。「至」聲字與「失」聲字相通。《詩・柏舟》：「胡迭而微？」《釋文》：「迭，《韓詩》作『载』，音同。」姪」或作「姝」（《廣韻》），「昳」或作「眰」，「獻」或作「齻」，「躾」或作「矬」（以上皆《集韻》），「蛈蜴」轉作「螳螂」，均其比也。義，讀作儀，容也。阤，讀止。「義阤」即「儀止」，猶言容止，指儀容舉止。

（12）昊天又（有）好，惠痼被被

整理者曰：痼，讀為厚。（P119）

按：某氏曰：「痼似應讀穀，訓為善，與『好』相對。」〔註17〕王寧曰：

〔註13〕《初讀》，簡帛網2020年11月26日。

〔註14〕「覆簣堂」說，《初讀》，簡帛網2020年12月8日。

〔註15〕「覆簣堂」說，《初讀》，簡帛網2020年12月11日。

〔註16〕「好好學習」說，《初讀》，簡帛網2020年12月11日。

〔註17〕「聞道神仙笑我」說，《初讀》，簡帛網2020年11月21日。

「『痌』當是《說文》『牶』字，段玉裁認為『古蓋讀如倉』，則疑當讀『臧』訓『善』。」〔註18〕惠，仁愛也。痌，讀為愨，俗作慤，誠厚老實也，質樸也，謹敬也。被被，讀為「丕丕」，大貌。

（13）天子賜我饒（林寶）、金玉庶器，黿（黿）贛（貢）饗蒸（餼）

整理者曰：黿，進獻、貢納。簡文的「黿」、「貢」應理解為賞賜，這就是所謂的施受同詞。《儀禮·聘禮》「君使卿韋弁歸饗餼五牢」，鄭注：「牲，殺曰饗，生曰餼。」（P119）

按：某氏曰：「甲骨金文裏的『黿』可讀為『輸』，有奉獻、交納的意思。《鹽鐵論·本議》『郡國諸侯各以其物貢輸』、『所以齊勞逸而便貢輸』，正是『貢』、『輸』連言。」〔註19〕某氏曰：「黿或當讀為重。貢，謂賜予。重貢，即多多賜予之義。」〔註20〕天子於下不得言「輸貢」。「黿」即「黿」，讀作投，賜也，贈也。《詩·木瓜》：「投我以木瓜。」《史記·鄒陽列傳》「文侯投之以夜光之璧」，《御覽》卷 806、《事類賦》卷 9 引「投」作「賜」，《漢書》同。「贛」從贛省聲，讀作贛。《說文》：「贛，賜也。從貝，贛省聲。」字亦作貢，《爾雅》：「貢，賜也。」

（14）襄（攘）去忞（懋）疾，畢易（逖）庶訧（尤）

按：「忞」是「懋」省文，讀作瞀，昏亂也，愚闇也。字亦作愁，《廣雅》：「愁，愚也。」亦作務，《集韻》：「務，昏也。」畢，讀作辟、避。《周禮·秋官·大司寇》「使其屬躃」，鄭玄注：「故書『躃』作『避』。」易，讀為逖，遠也。辟易，猶言遠避。《史記·項羽本紀》：「項王瞋目叱之，赤泉侯人馬俱驚，辟易數里。」本篇簡49「畢逖不恙（祥）」，金文《敗狄鐘》「敗狄不恭」（《集成》00049），「畢逖」、「敗狄」亦是「辟易」。

（15）曾孫團（滿）拜手稽首，敢截告

整理者曰：「截」的本義為截斷、割斷，可引申為直接、坦誠一類意思。（P121）

〔註18〕《初讀》，簡帛網 2020 年 11 月 26 日。

〔註19〕「ee」說，《初讀》，簡帛網 2020 年 11 月 21 日。

〔註20〕「汗天山」說，《初讀》，簡帛網 2020 年 12 月 17 日。侯乃峰《清華簡〈四告〉篇字詞箋釋》，《出土文獻綜合研究集刊》第 13 輯，巴蜀書社 2021 年版，第 36 頁。

按：某氏曰：「簡26『曾孫滿拜手稽首，敢截告』、簡40『乃蟲（沖）孫虎哀告截詢』，這兩個『截』似乎都應該讀為『詰』，這兩段禱辭都有詰問的意義在內。簡40『詢』或即『詬』之異體，有責的意思。」〔註21〕「截告」即簡40「哀告截詢」省文，詳下文。

（16）剝達（撻）乓家

整理者曰：剝，傷害也。（P122）

按：某氏曰：「達當讀為徹，有毀壞義。」〔註22〕其說是也。剝，割裂也，剝裂也。達，讀為徹，俗作撤，毀壞也，拆毀也。《易·剝》「小人剝廬」，鄭玄注：「小人傲很，當剝徹廬舍而去。」即「剝徹」連文。《釋名·釋言語》：「達，徹也。」此乃聲訓。帛書《老子》甲本：「善行者無轍跡」，北大漢簡本「轍」同，帛書乙本作「達」。《呂氏春秋·古樂篇》「六曰達帝功」，《漢書·司馬相如傳》顏師古注、《文選·上林賦》李善注引張揖說「達」作「徹」。《國語·晉語三》「臭達於外」，《書·盤庚中》孔疏、《左傳·僖公十年》孔疏引「達」並作「徹」。《大戴禮記·本命》「三月徹昀」，《說苑·辨物》「徹」作「達」。《淮南子·原道篇》「徹於心術之論」，《文子·九守》「徹」作「達」。均其音轉之證。

（17）茲隹（唯）窓（恐）箮（懼）亡（無）爽譽（振）贏（羸）

整理者曰：窓，疑「恐」字異體。箮，從臣，昔省聲，讀為懼。爽，差錯。振贏，振弱。（P122）

按：據《說文》，「恐」字古文作「㤅」，「窓」是「㤅」增旁字。九店楚簡621號墓簡13「㤅懼」即「恐懼」。箮從昔省聲，不得讀為懼，余讀為慻，又作慻、悚、竦、憽，心母雙聲，鐸部、東部旁轉。《說文》：「慻，懼也。」恐悚，猶言恐懼。或讀箮為惜，哀傷悲痛也。

（18）於（嗚）虎（乎）！乃蟲（沖）孫虎哀告截詢（叩）

整理者曰：詢，讀為叩。（P124）

按：截，讀為節，猶言制止。《禮記·大學》引《詩》「節彼南山」，《釋文》：「節，徐音截。」「節」借作「巀（嶻）」，《玉篇殘卷》「巀」字條引《詩》

〔註21〕「ee」說，《初讀》，簡帛網2020年11月21日。
〔註22〕「紫竹道人」說，《初讀》，簡帛網2020年12月7日。

作「巖彼南山」。「詢」讀如字。節詢，猶言忍恥。

（19）小子恩（竦）瞿（懼）敬悳（德）

整理者曰：恩，讀為竦。（P125）

按：恩，讀為愯，又作懼、悚、竦、㥪。

二、《四時》校補

（1）佝（縮）弱

整理者曰：佝，《說文》「宿」的古文，讀為縮。弱，指星象暗淡。（P132）

按：佝弱，讀作「縮朒」。《說文》：「朒（朒），朔而月見東方謂之縮朒（朒）。」〔註23〕其語源是「縮衂」，謂收縮不申。《說文》：「縮，一曰蹴也。」《慧琳音義》卷36引「蹴」作「衂」〔註24〕。又稱作「側匿」、「側慝」、「仄慝」，《類聚》卷1引《尚書大傳》：「朔而月見東方謂之側匿。」有注：「側匿，行遲貌。」《漢書·五行志下》：「《京房易傳》：『朔而月見東方謂之仄慝。』劉向以為仄慝者不進之意。」《漢書·孔光傳》「側慝」，顏注引孟康曰：「側慝，行遲也。」

（2）張㫃（施）

整理者曰：張施，星象出現。（P133）

按：「㫃」當是「弛」異體字，亦作「弛」。

（3）東風乍（作），二十四日四門皆䇐（逾）

整理者曰：䇐，從立，亞聲，疑讀為逾。（P135）

按：王寧曰：「『䇐』疑是『疰（住）』之或體。」〔註25〕「四門皆䇐」與上文「四門皆發」對文。䇐，讀為闔，接合也，猶言關閉、閉合。簡14「融門昏䇐」，簡31「寒門昏䇐」，簡24「白維旦䇐」，等等，並同。

（4）青龍趑㢊（次）

整理者曰：趑㢊，讀為「趑次」，欲進又退。（P135）

〔註23〕《文選·月賦》李善注引「朒」作「朒」。

〔註24〕段玉裁說：「蹴者，躡也。」非是。段玉裁《說文解字注》，上海古籍出版社1981年版，第646頁。

〔註25〕《清華十〈四時〉初讀》，簡帛網2020年11月29日。下稱作《初讀》。

按：「赹」即「次」，「赹次」不辭。疑「爨」上部當從就作「熟」。「赹熟」是「次且」轉語，又作「赹趄」、「趑趄」、「趑跙」、「趺跙」。

三、《司歲》校補（闕）

四、《行稱》校補（闕）

五、《病方》校補

（1）🔲瓠（瓠）㵼（煮）以酉（酒），飲之，以瘥（瘥）肩、𦙶（背）疾

整理者曰：🔲，不識。瓠，董珊分析為從亞、瓜聲，此讀為瓠。🔲瓠，當為植物類藥名。一說指瓜蔞，主治背癰。（P155）

按：「瓠」即壺蘆，《本草》沒有壺蘆治療肩背疾的記載。瓠從瓜得聲，「🔲瓠」疑是「茈胡」，又作「柴胡」。《證類本草》卷 6 引劉禹錫等引《藥性論》：「茈胡能治熱勞、骨節煩疼、熱氣、肩背疼痛，宣暢血氣，勞乏羸瘦，主下氣消食，主時疾內外熱不解，單煮服，良。」《本草綱目》卷 13 引甄權說同。唐人甄權著《藥性論》。肩背疾當指肩背氣鬱煩熱導致的疼痛疾病，不是指背癰。

（2）菩㵼（煮）之以酉（酒），飲之，以瘥（瘥）憖

整理者曰：菩，當為植物類藥名。一說讀為酢。憖，《說文》：「怖也。」（P155）

按：讀菩為酢必誤。「憖」指驚怖之疾，「酢」沒有治療此疾的功效，且酢、酒合煮，殊無此理。「菩」疑是「茮」異體字，亦作「葄」、「葙」。P.2011 王仁昫《刊謬補缺切韻》：「葙，茹草。」《玉篇》：「葙，草名。」《集韻》：「茮、葙：茹艸也。或從昨。」又「茮，艸也。」根曰柴胡，苗曰茹草，葉曰芸蒿，一物以不同部位而有三個異名。《新修本草》卷 6：「柴胡，一名茹草。」《證類本草》卷 6 引《日華子》說茈胡「味甘，補五勞七傷，除煩止驚，益氣力」云云。

本文完成於 2022 年 6 月 18 日～6 月 22 日。